ern

Unstrut

Veimar

Apolda

Dornburg

Eisenberg

Crossen

Altenburg

Jena

Bad Köstritz

Hermsdorf

Gera

Renthendorf

Weiße Elster

SAALELAND

Weida

Rudolstadt

Saale

OSTTHÜRINGEN

Pößneck

Greiz

Saalfeld

Schleiz

nneberg

Jochen Klauß

Wege nach Weimar

Literarische Streifzüge
durch Thüringen

Artemis & Winkler

Veröffentlicht mit freundlicher Unterstützung
des Freundeskreises Goethe-Nationalmuseum e.V.

Die Deutsche Bibliothek verzeichnet diese Publikation
in der Deutschen Nationalbibliographie; detaillierte bibliographische
Daten sind im Internet unter http://dnb.ddb.de abrufbar.

© 2003 Patmos Verlag GmbH & Co. KG
Artemis & Winkler Verlag, Düsseldorf und Zürich
Alle Rechte vorbehalten.
Satz: UMP Utesch Media Processing GmbH, Hamburg
Druck und Bindung: Clausen & Bosse, Leck
ISBN 3–538-07172–1
www.patmos.de

Inhalt

Vorbemerkung
Thüringen – Dichterland und Land der Dichter   7

1. Kapitel
Von Eisenach nach Nordhausen
      Im Dunstkreis der Wartburg   10
      Zu Füßen der Burg – Eisenach   31
      Die Hufelandstadt Bad Langensalza   38
      Die Thomas-Müntzer-Stadt Mühlhausen   43
      Das Heilbad Heiligenstadt   48
      Im Umland von Nordhausen   56

2. Kapitel
Von Stolberg nach Gotha
      Die Harzstadt Stolberg   62
      Die Wipperstadt Sondershausen   63
      Wenigensömmern und Sömmerda   66
      »Salzmanien« in Schnepfenthal   68
      Die Residenzstadt Gotha   71

3. Kapitel
Von Gotha nach Coburg
      Waltershausen   93
      Schmalkalden   96
      Die Theaterstadt Meiningen   99
      Schiller in Bauerbach   114
      Otto Ludwig in Eisfeld   118
      Unter der Veste Coburg   120

4. Kapitel

Von Coburg nach Erfurt

Hildburghausen	122
Goethe in Ilmenau	124
Das Jagdhaus Gabelbach auf dem Kickelhahn	132
Das Kneippdorf Stützerbach	134
Die Bachstadt Arnstadt	136
Ichtershausen	141
Die Thüringer Landeshauptstadt Erfurt	142

5. Kapitel

Die Doppelstadt Weimar – Jena

Die 500jährige Residenz Weimar	152
Die Universitätsstadt Jena	203
Die Dornburger Schlösser	222

6. Kapitel

Von Rudolstadt über Gera nach Altenburg

Die Residenzstadt Rudolstadt	231
Saalfeld – Stadt der Feengrotten	240
Renthendorf – Mekka der Tierforscher	242
Greiz im Vogtland	244
Gera, Bad Köstritz und Crossen	246
Die Skatstadt Altenburg	250

Nachbemerkung

Literarische Streifzüge als Blütenlese 257

Literaturverzeichnis	260
Bildnachweis	269
Personenregister	270
Ortsregister	283

Thüringen –
Dichterland und Land der Dichter

In anderthalb Jahrtausenden hat sich innerhalb der natürlichen, harmonischen Landschaft zwischen Harz und Frankenland eine charakteristische, unverwechselbare Lebens-
kultur herausgebildet, von der Inge von Wangenheim, eine
Berlinerin, meinte, »daß sie das ›eigentlich Deutsche‹ an uns
Deutschen – soweit es das überhaupt gibt – gleichsam klas-
sisch repräsentiert.« »Da ist Geformtes, wohin das Auge blickt
– Landschaft, Architektur, eine gediegene Kulturtradition von
Weltoffenheit und -geltung, ein ebenso offenes, freiheitliches,
rundum unbefangenes Wesen der Bewohner ..., so die Quelle
bildend für eine Wissenschaft von Weltrang.«
Thüringen war in der Vergangenheit ein vorrangig geografi-
scher Begriff; nur vier herausragende historische bzw. kultur-
historische Perioden sind zu nennen: das Reich der Thüringer
im 5. und 6. Jahrhundert; die Zeit der Landgrafen, beginnend
mit Hermann I., im 13. Jahrhundert; die Periode Luthers und
der Reformation im 16. Jahrhundert und die Zeit der Weimarer Klassik und Nachklassik im 18. und 19. Jahrhundert.
Fränkische, sächsische und slawische Kulturen wirkten ins
Thüringer Land und auf die Genesis seiner Bewohner. Erst die
Weimarer Republik brachte wieder ein Land Thüringen hervor (1919–1933), das erneut 1990, nach nationalsozialistischer
Gleichschaltung und realsozialistischer Bezirksteilung, als
Freistaat innerhalb der Bundesrepublik Deutschland seine
Wiedergeburt erlebte. Im Selbstverständnis seiner Bewohner

gab es dieses politische Sein oder Nichtsein nie: Als Thüringer fühlten sich die Bewohner dieser Region jahrhundertelang, gleichgültig ob als reußischer Geraer, sachsen-meiningischer Hildburghäuser oder schwarzburgischer Sondershäuser. Freilich gab es kleine landsmannschaftliche Eifersüchteleien, aber sie sprengten den festen Rahmen der thüringischen Identität nicht, auch nicht bei den 1803 preußisch gewordenen ehemaligen freien Reichsstädten Nordhausen und Mühlhausen und auch nicht bei der ehemals kurfürstlich-mainzischen Stadt Erfurt, die 1802 preußisch wurde, 1806/15 als Domaine reservée à l'empereur galt, 1815 endgültig von Preußen einverleibt wurde und nun die Hauptstadt des Freistaats Thüringen ist. In den anderthalb Jahrtausenden, die sich mit dem Begriff »Thüringen« verbinden lassen, ist das mitteldeutsche Land viele Male geteilt, zerstückt, wieder vereint und erneut zertrennt worden. Politische Größe und militärische Macht, dem Thüringer Königreich einst zweifellos eigen, gingen dabei unwiederbringlich verloren, was den Historiker Heinrich von Treitschke vor 100 Jahren dazu verleitete, abfällig von der völligen politischen Ohnmacht Thüringens zu sprechen. Doch er übersah, daß etwas anderes, viel Wichtigeres an die Stelle dieser scheinbaren Ohnmacht trat: Kultur und Kunst! Kaum eine deutsche Landschaft weist eine solche Dichte von ehemaligen Residenzstädten auf; damit verbunden ist ein fast unglaublicher Reichtum an musealen und universitären Sammlungen, an Theatern, Orchestern, an Burgen, Schlössern, Parks und Herrensitzen, an Klöstern, Stadt- und Dorfkirchen, Bürgerhäusern und dörflichen Fachwerkbauten.

Kunst und Literatur – das war es, womit sich die Fürsten, später das vermögende Bürgertum schmückten, was als Kompensat fehlender militärischer Macht diente. Da die wirklichen Potentaten ausblieben, traten statt dessen die oft stillen Mäzene hervor. Thüringen ist ein Land der Literatur und der Dichter. Deutsche, europäische, ja weltliterarische Einflüsse fanden über das Medium der Dichtkunst Einzug in Thüringen, und in diesem Sinne ist das äußerlich provinzielle Land durchaus als Weltprovinz anzusprechen.

Treten wir also eine Reise an, entlang der Autobahn A 4 von West nach Ost, mit Abstechern nach Nord und Süd, immer auf den Spuren der Dichter und Autoren, die hier lebten, fühlten und schrieben.

1. Kapitel

Von Eisenach nach Nordhausen

Im Dunstkreis der Wartburg

Im Verlauf der anderthalbtausendjährigen Geschichte Thüringens entstanden zahllose Wehr- und Befestigungsbauten. Vermutlich jeder vierte Ort in Thüringen besaß irgendwann seine Burg oder burgähnliche Befestigung, wovon heute nur ein kleiner Teil ganz oder in Relikten erhalten ist. Daß unter diesen Tausenden von Anlagen gerade der Wartburg in Thüringen die unbestrittene Vorrangstellung, sogar eine deutschland-, ja europaweite Bekanntheit zufiel, ist das Ergebnis historischer Prozesse des 19. Jahrhunderts. Vor allem und zunächst aber erklärt sich die geheimnisvolle Kraft ihres Zaubers durch die landschaftliche Schönheit ihrer Lage: Gleich einer Königin thront die Burg auf felsiger Höhe über bewaldeten, sanft geschwungenen Bergrücken. Mit dem unvergleichlichen Pathos der Zeit, getragen von Thüringer Heimatstolz, beschrieb ein Eisenacher Autor um 1900 den Blick, der sich dem Betrachter von der Plattform des kreuztragenden Bergfrieds eröffnet (sofern man die Gunst des Burghauptmanns besitzt, der heute wie damals jenes Privilegium allein zu erteilen sich vorbehält): »Und welch herrliches Landschaftsbild breitet sich hier oben vor den Blicken aus! Die Berge des Thüringer Waldes schlingen ihre grünen Arme ineinander. Es wallet und woget zu deinen Füßen wie Meereswellen, und dein Auge hängt trunken an dem satten Grün und der wundersamen Gliederung. Hier zackige Felsen und tiefe Schluchten, dort grüne Matten und freundliche Thäler. Hoch über allen Wellenhäup-

Die Wartburg im Winter, Fotografie von Roland Dreßler

tern aber reckt sich breit und hoch der Inselsberg heraus. Und
drüben überm Waldmeer blicken die vorgeschobenen Rhön-
kegel: der Öchsen, der Dietrichsberg und der Baier, zu uns
herüber.«

Kaum weniger pathetisch äußerte sich Goethe, als er, der als
der eigentliche Wiederentdecker der damals verfallenden Burg
gelten darf, am 13. September 1777, nach anstrengender Sitzung im Geheimen Conseil unten in der Stadt Eisenach, das
alte Gemäuer betrat und beim Kastellan und Burgwirt im Rit-
terhaus Quartier nahm. »Hier wohn ich nun, liebste«, setzt
der Brief an Charlotte von Stein ein, nächtens, wenige Stunden vor Mitternacht, geschrieben, »und singe Psalmen dem
Herrn der mich aus Schmerzen und Enge wieder in Höhe und
Herrlichkeit gebracht hat. der Herzog hat mich veranlasst her-
auszuziehen, ich habe mit den Leuten unten, die ganz gute
Leute seyn mögen nichts gemein, und sie nichts mit mir, ei-

11

nige sogar bilden sich ein, sie liebten mich, es ist aber nicht gar so. Liebste diesen Abend denck ich mir Sie in Ihrer tiefe um Ihren Graben im Mondschein beym Wachfeuer denn es ist kühl. In Wilhelmsthal ist mirs zu tief und zu eng, und ich darf doch noch in der Kühle und Nässe nicht in die Wälder die ersten Tage. Hieroben! Wenn ich Ihnen nur diesen Blick der mich nur kostet aufzustehn vom Stuhl hinüberseegnen könnte. In dem grausen linden Dämmer des Monds die tiefen Gründe, Wiesgen, Büsche, Wälder und Waldblösen, die Felsen Abhänge davor, und hinten die Wände, und wie der Schatten des Schlossbergs und Schlosses unten alles finster hält und drüben an den sachten Wänden sich noch anfasst wie die nackten Felsspizzen im Monde röthen und die lieblichen Auen und Thäler ferner hinunter, und das weite Thüringen hinterwärts im dämmer sich dem Himmel mischt. Liebste ich hab eine rechte fröhlichkeit dran …

Wenns möglich ist zu zeichnen, wähl ich mir ein beschränkt Eckgen, denn die Natur ist zu weit herrlich hier auf ieden Blick hinaus! Aber auch was für Eckgens hier! – O man sollte weder zeichnen noch schreiben! –«

Weder zeichnen noch schreiben, nur schauen und genießen wollte der 28jährige Frankfurter Stadtmensch, so erfüllt war der Dichter in ihm von diesem Landschaftsbild. Der schlichten Schönheit der Landschaft entspricht die Sage von der Entstehung der Burg: Ein Wild verfolgend, erreichte Graf Ludwig der Springer jene malerische Höhe, und, angetan von der herrlichen Aussicht und der vorzüglichen Lage des Berges, rief er aus: »Wart; Berg, du sollst mir eine Burg werden!« Unverzüglich ging er ans Werk, klug erkennend, daß die steil abfallenden Felswände eine Burg uneinnehmbar machen würden. Dann aber traten die Herren von Frankenstein, Eigentümer des benachbarten Metilsteins, widerstrebend auf den Plan, erklärten den Berg als zu ihrem Besitz gehörig und erhoben Klage gegen den Grafen. Dem richterlichen Schiedsspruch folgend, sollte Ludwig mit zwölf Rittern sein Recht auf den Berg beschwören. Damals dachte man symbolisch, und Ludwig handelte symbolisch: In dunkler Nacht wurde körbeweise Erde aus seinem rechtmäßigen Besitztum auf den Berg geschleppt, dann schwor er – die Schwerter in die Erde stoßend – mit seinen Eideshelfern, auf eigenem Grund und Boden zu stehen. Da erhielt er den Berg. Eine Hungersnot trieb ihm, der Getreide die Menge besaß, Tausende von Bauwilligen zu, und so soll er die Wartburg in nur drei Jahren mit Türmen und Zinnen erbaut haben. Soweit die Überlieferung.

Die Begründung der Wartburg fällt vermutlich in die Jahre 1060/65. Es sind die Jahrzehnte schwindender Königsmacht in Thüringen und der Erstarkung einheimischer Dynastengeschlechter. Stammvater der für Thüringen wichtigen Ludowinger wurde Ludwig der Bärtige, der aus dem Rhein-Main-Gebiet eingewandert war und einer Seitenlinie des fränkischen Geschlechts der Grafen von Rieneck entstammte. Er gründete 1060 eine Rodungsherrschaft im Gebiet des heutigen Friedrichroda und erbaute die Schauenburg. Sein Sohn, Ludwig der Springer, heiratete die Witwe des sächsischen Pfalzgrafen Friedrich III., an dessen Ermordung er beteiligt gewesen sein soll. Seinen Beinamen verdankt er angeblich einem kühnen Sprung von der Burg des Pfalzgrafen, Giebichenstein, in die vorbeifließende Saale, da ihm offenbar die Hinrichtung drohte. Die Ehe mit der Witwe Adelheid brachte ihm zwar nicht die begehrte Pfalzgrafschaft Sachsen, aber große Gebiete an der Unstrut um die heutige Stadt Freyburg ein. Dort errichtete er 1100 die Neuenburg, die als jüngere Schwester der Wartburg gilt.

Nach wechselvoller Geschichte wurde die Wartburg um 1160 von Landgraf Ludwig II., dem Eisernen, prachtvoll um- und ausgebaut. Damit war der großartige Rahmen geschaffen für den Hof des Landgrafen Hermann I., der die Wartburg zu einem Zentrum ritterlich-höfischen Lebens in Deutschland ausgestaltete. Eine neue Sage entstand, verbunden mit dem Jahr 1206: der Sängerkrieg auf der Wartburg. Im sogenannten Sängersaal der Burg hat Moritz von Schwind in seinen eindrucksvollen spätromantischen Fresken dieser Sage Ausdruck und Bildhaftigkeit verliehen, wovon sich wiederum Richard Wagner zu seiner Oper *Tannhäuser und Der Sängerkrieg auf der Wartburg* inspirieren ließ. Sylvia Weigelt beschreibt den Kern der Sage wie folgt: »Am Hofe des thüringischen Landgrafen Hermann I. haben sich sechs Sänger versammelt: Walther von der Vogelweide und Wolfram von Eschenbach, Heinrich Schreiber, Reinmar von Zweter (oder Zwechtin, Zwetzen); unter ihnen auch zwei Bürger Eisenachs, Biterolf und der vor allem durch Novalis' Dichtung bekannt gewordene Heinrich von Ofterdingen. Diese Sänger streiten – auf Leben und Tod – in ihren Liedern darum, welchem Fürsten wohl größeres Lob zukomme, dem Landgrafen Hermann von Thüringen oder dem Herzog von Österreich, hinter dem Leopold VII. zu vermuten ist.

Heinrich von Ofterdingen steht dabei mit seinem Lob˚ des Österreichers allein gegen alle anderen. Als es schon so weit ist, daß Ofterdingen – durch Walther mit unlauteren Mitteln besiegt – dem eigens zu diesem Zwecke herbeigerufenen Henker Stempfel aus Eisenach übergeben werden soll, stellt ihn die Landgräfin Sophia unter ihren Schutz und erbittet ein Jahr Aufschub der Entscheidung. Zur Schlichtung des Streites begibt sich Ofterdingen nach Siebenbürgen, zu Klingsor, dem Meister der Schwarzen Kunst. Dieser reist am letzten

Tag der gesetzten Frist gemeinsam mit Ofterdingen in nur einer Nacht von Siebenbürgen nach Eisenach. Aus den Sternen weissagt er die Geburt der Heiligen Elisabeth, der späteren Gemahlin Ludwigs IV. In einem Streitgespräch zwischen Klingsor und Wolfram von Eschenbach erweist sich Wolfram gelehrter als Klingsor. Erst durch einen von dem Zauberer zu Hilfe gerufenen teuflischen Gesellen kann Wolfram besiegt werden. Seinen Triumph dokumentiert Klingsor, indem er an die Wand von Wolframs Herbergszimmer den bekannten Satz schreibt: ›Du bist ein Laie, ein Schnippenschnap!‹ Später beendet Klingsor den Streit der Sänger gütlich und zieht, von Hermann reich beschenkt, wieder nach Ungarn. Soweit die Sage.«

Wendet man sich freilich den belegbaren Fakten zu, wird das Bild lückenhaft. Der Thüringer Hof unter Hermann I. und der Babenbergische in Wien unter Leopold VII. bildeten zweifellos die wichtigsten Zentren der hochmittelalterlichen deutschen Kultur und Dichtung. Heinrich von Veldeke, Wolfram von Eschenbach und Walther von der Vogelweide erfreuten sich der Gunst des Mäzens Hermann, und Walther erging sich auch lyrisch im Lob des Thüringer Landgrafen:

> Ich bin des gebefrohen Landgraf' Ingesinde:
> es ist mein Brauch, daß man mich immer bei
> > den Besten finde.
> Auch andre Fürsten teilen Gaben aus, jedoch
> sie bleiben nicht dabei: er gab und gibt auch
> > heute noch.
> Darum versteht er besser sich als sie darauf,
> und keiner Laune läßt er freien Lauf.
> Wer heuer prahlt und ist dann übers Jahr so
> > karg wie eh,

dem grünt der Ruhm – und welkt dann wie
der Klee.
Die Blume Thüring's leuchtet aus dem Schnee:
sein Ruhm wächst alle Zeit wie in den ersten
Jahren auf.

Wolfram von Eschenbach soll u. a. einige Bücher des *Parzival*
unter der Schirmherrschaft des Landgrafen gedichtet haben.
Während also Begegnungen zwischen diesen berühmten
Dichtern und dem frühen thüringischen Kunstförderer nachweislich bzw. sehr wahrscheinlich sind, ist der Ort – die Wartburg – eher zweifelhaft. Zunächst läßt sich nicht ausschließen,
daß sich der Sängerkrieg – sofern er denn stattgefunden hat –
auch andernorts abspielte. »Hermanns Hof« kann ebensogut
im heute nicht mehr existierenden »Steinhof« in Eisenach, auf
der Creuzburg an der Werra, der Runneburg bei Weißensee,
der Eckartsburg bei Eckartsberga oder eben der Neuenburg
bei Freyburg an der Unstrut residiert haben. Wir wissen es
nicht.
Auch die Konturen der anderen sagenhaften Gestalten des legendären Sängerwettstreits verschwimmen im Dunkel der Geschichte: Entweder ist ihre Identifizierung nicht zweifelsfrei
möglich, so bei Reinmar von Zweter und Heinrich Schreiber,
oder die Namen lassen sich überhaupt keiner wissenschaftlich
nachweisbaren Dichterexistenz zuordnen, wie etwa Biterolf
oder Klingsor und Heinrich von Ofterdingen, die die Phantasie der nachgeborenen Dichter und Forscher am heftigsten
angeregt haben, ohne daß sie über spekulative Thesen hinausgekommen wären. Zur breiten Popularisierung dieser mittel-

*Walther von der Vogelweide. Miniatur aus der Großen Heidelberger
Liederhandschrift (Codex Manesse), 14. Jh.*

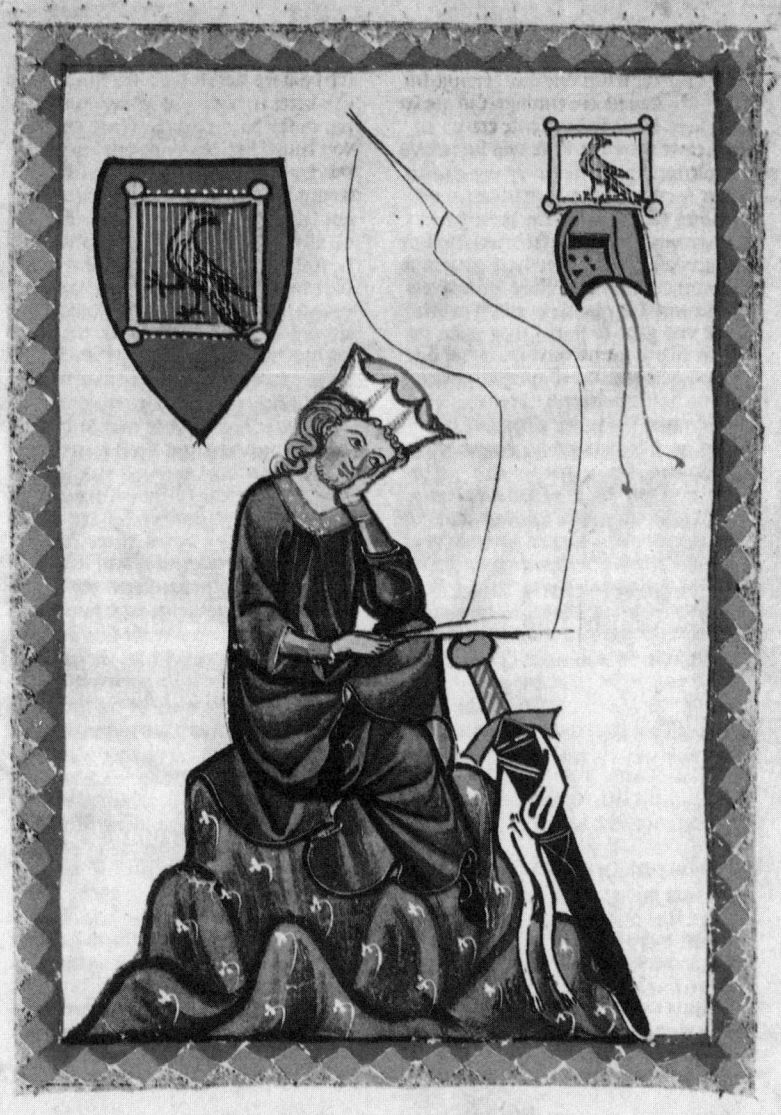

hochdeutschen Dichtung haben die Romantiker beigetragen, zur Volkstümlichkeit des Heinrich von Ofterdingen namentlich der Dichter Novalis, der eigentlich Friedrich Freiherr von Hardenberg hieß, Salinenschreiber war, keine 30 Jahre alt wurde und in seinem gleichnamigen Romanfragment die »Blaue Blume« zum Hauptsymbol der Frühromantik stilisierte. Doch wurde die Sagengestalt des Heinrich von Ofterdingen tatsächlich »volkstümlich«, d. h. Allgemeingut zumindest der gebildeten Deutschen? Mitnichten, lautet die ernüchternde Antwort, und es stellt sich die prekäre Frage nach der wirklichen Geschichte der deutschen Literatur. »Das verschollene Mittelalter« überschreibt Heinz Schlaffer seine Ausführungen zur literaturgeschichtlichen Periode von Walther von der Vogelweide, Wolfram von Eschenbach und Gottfried von Straßburg. Weder *Parzival, Tristan und Isolde* noch Walthers Lieder waren im Mittelalter bekannt, und sie hatten keine Wirkung auf die nachfolgende Literatur. »Trotz der grundsätzlichen Verehrung für diese Dichtungen haben sich die Gebildeten im 19. und 20. Jahrhundert nicht zur ernsthaften Lektüre der wiedergefundenen Texte bewegen lassen«, schreibt Schlaffer, und er benennt die Gründe für die nicht wirklich erfolgte Überlieferung: den sprachlichen Wechsel vom Mittelhochdeutschen zum Frühneuhochdeutschen gegen Ende des 14. Jahrhunderts, der die Texte den Hörern und Lesern entfremdete, und die Erfindung des Buchdrucks, denn die frühe Neuzeit produziert aus Absatzgründen fast ausschließlich lateinische Fachtexte, nicht aber volkssprachliche Literatur. Diese fand sich in den Handschriften des Hoch- und Spätmittelalters, die z.T. mehrfach abgeschrieben, so gut wie nie aber gedruckt wurden. »Gerade die bedeutendere deutsche Dichtung des Mittelalters erreichte also nicht das rettende Ufer des Buchdrucks, sondern verschwand oder verharrte in Klosterbibliotheken und Adelsarchiven, bis der literaturhistorische Sinn der romantischen Moderne wieder hervorzog, was sich erhalten hatte«, führt Schlaffer aus. Ein Schicksal übrigens, das z. B. bei der italienischen Literatur – man denke an die volkssprachlichen Werke Dantes, Petrarcas, Boccaccios – ganz anders war. Im Unterschied dazu währte das eigentliche Nichtvorhandensein deutscher Literatur – »Literatur im strengen Sinn ist nur, was ein ästhetisches Vergnügen bereitet« (Schlaffer) – vom 14. bis zum Beginn des 18. Jahrhunderts. Was wir also heute auf der Wartburg und mit der Wartburg bewundern, sind Moritz von Schwinds Fresken und das beispielhaft wiederhergestellte romantische Baudenkmal, das wir dem Willen des damaligen Bauherrn, des Großherzogs Carl Alexander von Sachsen-Weimar und Eisenach, sowie dem künstlerischen Geschick des Gießener Architekturprofessors Hugo von Ritgen verdanken.

Teil der nationalbedingten Wartburglegende des 19. Jahrhunderts ist die Geschichte von der Heiligen Elisabeth, mit der das weltliche Treiben der Dichter abgelöst wurde durch den Geist frommer Schwärmerei: »Es war im Jahre 1211, als in die Thore der Wartburg ein liebliches Kind von vier Jahren in silberner Wiege einzog. Es war Elisabeth, die ungarische Königstochter, die mit Ludwig, dem 11jährigen Sohn Hermanns, verlobt war und auf der Wartburg erzogen werden sollte. Wie hat die fromme Sage das kurze aber reiche Leben dieser Landgräfin so herrlich ausgeschmückt! Als ein Segensengel wandelte sie unter der leidenden Menschheit, als ein Ideal christlicher Demut und Milde brachte sie in die Hütten der Armut und Krankheit nicht bloß leibliche Erquickung, sondern auch die Rosen der Liebe, den süßen Trost des Mitgefühls, die milde Pflege ihrer sanften Hand. Und mit ihr wetteiferte ihr Gatte in Werken der Liebe und Barmherzigkeit. Aber der fromme Wahn, der mit diesen Werken Hand in Hand ging, riß beide Gatten auch frühzeitig auseinander und trieb den Landgrafen, am Kreuzzuge nach dem heiligen Lande teilzunehmen.

Mit dem jähen Tode, der Ludwig IV. in Italien hinwegriß, fangen für die Wartburg die trüben Tage an. (Heinrich Raspe, der neue Landgraf, vertrieb die Witwe und stürzte sie in großes Elend; Anm. d. A.)

Tief ergreifend gestaltet sich Elisabeths Los. In rauher Winterszeit mit ihren vier Kindern von der Wartburg vertrieben, muß sie selbst in bitterer Armut leben und beschließt schon mit 24 Jahren in schlichter Zelle zu Marburg ihr tugendreiches, streng asketisches Leben.« Soweit jener schon genannte Eisenacher Autor.

Franz Liszt hat das mildtätige und fromme Leben seiner schon 1235 heiliggesprochenen ungarischen Landsmännin in seinem Oratorium *Die Heilige Elisabeth* gefeiert und verewigt. Als um 1400 die Wartburg aufhörte, Sitz eines Fürsten zu sein, begann der Verfall.

Nur einmal noch rückte der Berg ins Rampenlicht deutscher Geschichte, da jedoch mächtig und tiefe Spuren hinterlassend: Am 4. Mai 1521, gegen Mitternacht, wird die Stille um die Burg plötzlich rauh unterbrochen. Pferdegetrappel hatte schon minutenlang die nächtliche Ankunft eines Reitertrupps angekündigt, nun rasselte die Zugbrücke nieder, die Reisigen sprengten auf den Burghof, einen Gefangenen mit sich führend. Der Mönch Martin Luther, der dem Kaiser und den versammelten Reichsfürsten auf dem Reichstag zu Worms wenige Tage vorher den Widerruf seiner ketzerischen Lehren verweigert und die gefährlich-sturen Sätze: »Deshalb kann und will ich nichts widerrufen, weil wider das Gewissen zu handeln beschwerlich, nicht ratsam und gefährlich ist. Gott helfe mir. Amen!« entgegengeschleudert hatte, dieser von Kirchenbann und Reichsacht bedrohte Mann wurde in jener Nacht heimlich als Schutzhäftling des Kurfürsten von Sachsen, Friedrich des Weisen, in die Sicherheit der Wartburg verbracht. Der Ritter von Sternberg und der Schloßhauptmann Hans von Berlepsch empfingen den Mann, der in der Folgezeit als »Junker Jörg« in einem kleinen Raum der Burgvogtei lebte und arbeitete. Dort verfaßte er zahlreiche Schriften in deutscher Sprache (*Hauspostille*), um dann Anfang 1522 in nur zehn Wochen das *Neue Testament* aus dem Griechischen ins Deutsche, die damalige sächsische Kanzleisprache, zu übersetzen. Dieser gewaltige Wurf leitete nicht nur die Reformation über in eine Volksbewegung, sondern schuf auch die fundamentalen Grundlagen für eine einheitliche deutsche Schriftsprache und Literatur. Am 1. März 1522 verließ Luther trotz weiterbestehender Acht und Bann seine »Einsiedelei«, sein »Pathmos« auf der Wartburg. Fast exakt für ein Vierteljahrtausend verschwindet die Burg Ludwigs des Springers aus dem Bewußtsein. Mit dem Vergessen geht der Verfall einher.

Am 9. September 1777 betrat Johann Wolfgang von Goethe, Mitglied des Geheimen Conseils des Herzogs Carl August von Sachsen-Weimar-Eisenach, erstmals die Burg. Sein Eisenacher Aufenthalt war dienstlicher Natur, hatte am 4. September mit dem Ritt von Ilmenau nach Eisenach begonnen und ließ sich zunächst sehr unangenehm an. Eine schmerzhafte Zahnentzündung und der ständige, teils peinvolle Umgang mit der ihm noch fremden Hof- und Beamtenwelt versetzten ihn in eine zeitweilig bedrückte Stimmung. Zunächst nahm er in der Stadt Quartier, doch fühlte er sich zunehmend unwohl. Öfters verkehrte er im Haus des Bürgermeisters Johann Lorenz Streiber, dessen Frau die von Klopstock besungene »Fanny« (Maria Sophia Schmidt) war. Deren Tochter Victoria machte sich eine Zeitlang Hoffnung, Goethes Frau zu werden. Mehr noch war Goethe aber Gast beim späteren eisenachischen Kanzler Johann Ludwig von Manckenheim, genannt von Bechtolsheim, dessen Gattin Juliane – von Wieland als »Psyche« besungen – ihn in ihren Bann zog. In dem klassizistischen Gebäude, das sich Bechtolsheim später an der Westseite des alten Jakobsplanes bauen ließ, weilte Goethe in der Folge noch öfter.

Nach der Besichtigung zog Goethe am 10. September in die Burg um, wo er auf Betreiben des Herzogs Carl August sein Dauerquartier für den restlichen Aufenthalt nahm. Der abklingende Zahnschmerz und die allmähliche Öffnung für Eindrücke von außen führten dann zu jenem geradezu hymnischen Brief vom 13. September 1777 an Charlotte von Stein, in dem er seine beglückende Entdeckung der »überherrlichen« Thüringer Landschaft artikulierte.

Tage später, am 16. September, berichtete er: »Heute früh war wieder alles neu. Philip (Seidel) weckte mich und lies mich ans Fenster gehn! es lagen unten alle Thäler im gleichen Nebel, und war völlig See, wo die vielen Gebürge, als Ufer, hervorsahen. Darnach hab ich gezeichnet.« Zweifellos war dieser erste Wartburgaufenthalt prägend, Goethes Liebe zur Wahlheimat bekam neue Nahrung, und zugleich verstärkte sich sein Wille, über den befreundeten und ihn protegierenden Herzog Carl August und gegen den massiven, obzwar versteckten Widerstand der Höflinge und Beamten seinen Einfluß auf die Landespolitik auszuloten. »Eisenach und die Sau Wirthschafft schind mich nicht«, lautet ein trotziger Kernsatz im Brief an Charlotte von Stein.

Mit dem hohen Wohnsitz auf der Burg erhob er sich nicht nur metaphorisch aus der Tiefe des unten gelegenen Jagd- und Lustschlosses Wilhelmsthal, das die höfische Welt par excellence repräsentierte; es war auch das befreiende naturselige

Auftauchen aus dem gesellschaftlichen »Mansch«, aus der »Armuth des Hof treibens«. Knebel, der ebenfalls anwesend war, und Carl August dürften die Klagen Goethes mehrfach vernommen haben. Umso befreiender wirkte die Burg: »Diese Wohnung ist das herrlichste was ich erlebt habe, so hoch und froh, dass man hier nur Gast seyn muss, man würde sonst für Höhe und Fröhlichkeit zu nicht werden.«

Eisenach vermittelte Goethe 1777 aber auch eine wichtige amtliche Erkenntnis: »Hier hab ich weit weniger gelitten als ich gedacht habe, bin aber in viel Entfremdung bestimmt, wo ich doch noch Band glaubte. … (Carl August) wird mir immer näher und näher u(nd) Regen und rauher wind rückt die Schaafe zusammen. – – Regieren!!!« Seine briefliche Bemerkung: »Ich wohne auf Luthers Pathmos, und finde mich da so wohl als er« deutet an, in welchem Vergleich er sich sah. Ein wohltuender Besuch Mercks verstärkte Goethes Zuversicht, die sich auch in der beginnenden Produktion eines kleinen Stücks – *Triumph der Empfindsamkeit* – niederschlug und nicht zuletzt Zeichnungen hervortrieb, die das Burg- und Naturleben festhielten.

In den Jahren nach 1777 war er mehrfach in Eisenach und auch auf der Wartburg, meist als Begleiter des Hofes, der sich zu Jagd und Vergnügung nach dem Sommersitz Wilhelmsthal verfügte. Goethes Beobachtung der Verschwendung bei diesem Leben, seine bereits verarbeiteten Erfahrungen bei den armen Bergleuten von Ilmenau und den hungernden Strumpfwirkern von Apolda sowie sein Einblick in die Finanzen des Landes führten ihn zu nüchternen Analysen: »Bey Bechtolsheim hab ich viel gegessen denn mich hungerte und es war gut, nun seh ich für den abend einem peinlichen Nachtmal bey Herdern entgegen. … Er ist hier unter den Menschen ein mehr geniesender Geist als bey uns, die Verdammniß daß wir des Landes Marck verzehren lässt keinen Segen der Behaglichkeit grünen.«

Diese im Brief an Charlotte von Stein formulierte Einsicht erklärt, warum es ihm vor Eisenach »graue« und warum ihn gerade dort »die Sorgen wie hungrige Löwen anfallen.« Was Goethe 1782 deutlich formulierte, hatte er schon vorher verspürt, wenngleich er es noch hinter fast scherzhaften Bildern versteckte. Von einem Besuch Eisenachs 1788 schrieb er: »Die Felsen hab ich truz dem bösen Wetter gemessen. Mit dem Jagen wirds morgen schweinisch werden. Und Vier bis fünf Herzoge von Sachsen in einem Zimmer machen auch nicht die beste Conversation. ... Oft schüttl ich den Kopf und härte mich wieder, und endlich kom ich mir vor, wie jenes Ferckel dem der Franzos die knupperig gebratne Haut abgefressen hatte, und es wieder in die Küche schickte, um ihm die zweite anbraten zu lassen.«

Im Brief an die befreundeten Herders vom 20. Juni 1784 findet sich ein dazu passender Satz, der die Wandlung Goethes vom optimistischen »Regieren« von 1777 bis zur einsetzenden Resignation vor Beginn der Italienreise belegt: »Das arme Volck muß immer den Sack tragen und es ist ziemlich einerley ob er ihm auf der rechten oder lincken Seite zu schweer wird.«

Nach der Italienreise war Goethe noch mehrfach in Eisenach, wobei er auch die Abriß- und Aufbauarbeiten auf der Burg zur Kenntnis nahm. 1795 z. B. blieb er mehr als zwei Wochen in der Stadt, bis ihn die kriegerischen Ereignisse endgültig zum Abbruch einer Reise nach Frankfurt zwangen; erst 1797 gelang der Besuch in der Heimatstadt. Letztmalig weilte er, diesmal in Begleitung der Familie und des Kunstfreundes Meyer, im August 1801 auf der Wartburg. In den »Tag- und Jahresheften« notierte er, daß sie am 27. August nach Eisenach gelangten, wir »begrüßten die Wartburg und den Mädelstein, wo sich manche Erinnerung von zwanzig Jahren her belebte.« Spätere Berührungen Eisenachs hängen mit den letzten Reisen Goethes in die Rhein-Main-Regionen zusammen.

Das Interesse des Dichters an der Wartburg-Stadt blieb indessen ungebrochen. Zutiefst erschreckt war er z. B., als er die Nachricht von der verheerenden Explosion eines Pulvertransports in der Stadt am 1. September 1810 erhielt, die zahlreiche Tote und großen Sachschaden gefordert hatte.

Nach der Übernachtung am 26. Juli 1814 in Eisenach beobachtete Goethe einen »herrlichen Duftmorgen um die Wartburg«. Ergebnis dieser Beobachtung war ein Gedicht, das später als eine der frühesten *Divan*-Poesien galt, »Im Gegenwärtigen Vergangnes«:

> Ros' und Lilie morgenthaulich
> Blüht im Garten meiner Nähe;
> hinten an bebuscht und traulich,
> Steigt der Felsen in die Höhe;
> Und mit hohem Wald umzogen
> Und mit Ritterschloß gekrönet,
> Lenkt sich hin des Gipfels Bogen,
> Bis er sich dem Thal versöhnet.

Fand damit Eisenach in der Alterslyrik seinen Niederschlag, so spielte die Burg auch bei kulturpolitischen und naturwissenschaftlichen Aktivitäten des alten Goethe eine Rolle. Auf seine Anregung wurden 1815 erstmals museale Einrichtungen auf der Wartburg realisiert, lange bevor anderswo Pläne zu öffentlichen Museen auftauchen, so z. B. für das Alte Museum in Berlin 1823 oder die Alte Pinakothek in München 1826. Höchst modern erscheint Goethe auch dadurch, daß er seit 1820 aus Eisenach Wetterbeobachtungen nach Weimar übermitteln ließ, was als Anfang einer landesweiten meteorologischen Forschung angesehen werden darf. Eisenach und seine Umgebung gehören zu den Thüringer Städten und Landschaften, die Goethe zum Wahlthüringer werden ließen.

Einmal noch stand die Wartburg im 19. Jahrhundert im Brennpunkt deutscher Geschichte: mit dem Burschenschaftstreffen am 18. und 19. Oktober 1817. Jahre später, 1838, regte die regierende Großherzogin, die Großfürstin Maria Pawlowna, ihren Sohn Carl Alexander an, die mittelalterliche Burg wieder aufzubauen. Dieser großen Herausforderung stellten sich von 1849 bis 1890 u. a. der Architekt Hugo von Ritgen und der österreichische Maler Moritz von Schwind. Fest- und Sängersaal der Wartburg beeindruckten später den bayrischen König Ludwig II. derart, daß er um eine noch prächtigere Variante dieses Sängersaals herum sein neuromantisches Schloß Neuschwanstein im Allgäu errichten ließ. Auch der adaptierte Prunksaal mit seinen vielen Wandgemälden zeigt Ausschnitte aus der Parzifalsage. Ferdinand Piloty und August Spieß, die bekannten Künstler der Wandgemälde von Schloß Neuschwanstein, malten im Stile eines Moritz von Schwind, der im benachbarten Schloß Hohenschwangau tätig war. Richard Wagner, enger Freund des romantischen Bayernkönigs, besuchte die Wartburg im Mai 1849, vier Jahre nach der Uraufführung des *Tannhäuser*. Durch Zufall kam es zu einer folgenreichen Begegnung: Er wollte eigentlich, wie er seiner Frau schrieb, »die reizende Umgegend ein wenig zu Fuß durchwandern: Liszt, welcher auf 2 Tage nach Frankfurt ging, begleitete mich auf der Eisenbahn bis hierher; zufällig fuhr auch die Großherzogin (Maria Pawlowna von Sachsen-Weimar-Eisenach, Anm. d. A.) mit demselben Zuge nach Eisenach u. ließ mich sogleich bitten, sie am Abend in Eisenach zu besuchen. ... als ich von der Wartburg kam (die Du jedenfalls mit

Richard Wagner
(1813–1883).
Lithografie von
Clementine
Stockar-Escher,
undat.

mir besuchen mußt) ging ich … zur Großherzogin, die mich
ungemein freundlich empfing u. sich lange mit mir unterhielt:
Ich mußte ihr versprechen, sie in Weimar zu besuchen«.
Dazu kam es freilich nicht mehr: Wagner mußte seine Flucht
fortsetzen, die ihn Ende Mai 1849 in die Schweiz führte. Aus
dem weiteren Kontext dieser Begegnungen und Gespräche allerdings erwuchs der Entschluß des 1853 zur Herrschaft gelangten Großherzogs Carl Alexander, eine großangelegte Wie-
derherstellung der Wartburg zu beginnen. Zurückgehend auf

Goethesche Überlegungen in dessen Aufsatz »Zum Reformationsfest«, nannte er dazu vier Zielpunkte, die dem Wiederaufbau zugrunde gelegt wurden:

»Die historisch- und politisch-faktische Bedeutung der Wartburg, ihre Bedeutung für die Entfaltung des Geistes und namentlich der Poesie, ihre Bedeutung für die Reformation und ihre katholisch-religiöse Bedeutung.«

Wolfgang Albrecht faßte dieses ungemein wichtige Jahrhundert von 1780 bis 1880 für die Burg zusammen: In dieser Zeit »rückte die Wartburg nach vielen Jahrzehnten, eigentlich erstmalig wieder seit Luthers Jahrhundert, ins Blickfeld öffentlichen Interesses. Zunächst erlebten Goethe und einige seiner Freunde sowie Zeitgenossen unmittelbar, tief beeindruckt die Faszination der ganzen Burglandschaft. Dann schufen namhafte Vertreter der frühromantischen Literaturbewegung die entscheidenden Voraussetzungen dafür, daß die – längst verfallene – Wartburg als einstiges Zentrum deutscher Literatur und Kultur überhaupt wiederentdeckt wurde, auch von bildenden Künstlern. Die Romantiker erhoben die Wartburg in den Rang eines Nationalsymbols. Dessen politische Gewichtigkeit wurde bestärkt und aktualisiert durch das von den Burschenschaften durchgeführte Wartburgfest. Solcherart bildeten sich – stark dann auch von Wagner (besonders *Tannhäuser*) beeinflußte – Traditionsbeziehungen heraus, an die während des gesamten 19. und noch Anfang des 20. Jahrhunderts Künstler wie Politiker und Wissenschaftler anknüpfen konnten. Mit einem Wort: Um 1800 avancierte die Wartburg im Bewußtsein größerer Kreise zu einer der kulturgeschichtlich bedeutendsten deutschen Burgen. Dies ist sie wohl unbestritten bis zur Gegenwart geblieben«.

Keineswegs darf das segens- und folgenreiche Wirken des langjährigen Burghauptmanns Bernhard von Arnswald un-

beachtet bleiben, auch und gerade in Hinsicht auf literarische Bemühungen auf der Wartburg in der Mitte und zweiten Hälfte des 19. Jahrhunderts. 1806 geboren, absolvierte er
den üblichen Bildungsgang eines jungen Adligen im Forst-
und Militärwesen. Aufgrund seines zeichnerischen Talents
kam er 1831 sogar noch kurz mit Goethe und dessen Freund
Meyer in Kontakt. Von 1841 bis zu seinem Tode 1877 nahm er
die Stelle des Burghauptmanns ein und begleitete damit direkt Aufbau und Restaurierung. Er war ein romantisch ver-
anlagter, liebenswerter Sonderling, der sich nicht nur bild-
künstlerisch, sondern in seinen Tagebüchern auch literarisch
betätigte.

Die erst in späten Jahren für Arnswald eingerichtete Kommandantenwohnung sollte sich zum vielbeachteten Ort
künstlerisch-literarischer Geselligkeit wandeln. Der Reise-
schriftsteller Philipp Freytag, selbst Gast in den anheimelnden
Räumen, durchschritt die leicht dämmrige Diele und betrat
»mehrere schöne Gemächer und die unentbehrlichen Wirt-
schaftsräume. Auch in alter Zeit diente dieser Complex dem
Amtshauptmann Johann von Berlepsch. In ihrem heutigen
Zustande ist die Kommandantenwohnung ein kleines Museum. Die dazu gehörigen Gemächer sind genau im Geschmack des späteren Mittelalters ausgestattet und zwar nicht
minder durch die stylvolle Dekoration der Wände und Dek-
ken, als namentlich durch das schöne, reichhaltige Geräth,
welches dort Platz gefunden. Das Arbeitszimmer enthält kostbare Stiche aus alter Zeit, Stücke, die in mancher großen Kupferstichsammlung fehlen. Mit besonderer Liebe aber ist das
Empfangszimmer des Kommandanten ausgeschmückt und
hier bewahrt Herr von Arnswald seine auch in weiteren Kreisen bekannte Sammlung ausgezeichneter, mittelalterlicher
Trinkgefäße.«

Historische Interessen sowie die Liebe zu Kunst und Natur waren in Arnswalds Wesen eine seltene sympathetische Symbiose eingegangen. Es ist also kaum verwunderlich, daß auch der Thüringer Sagen- und Märchendichter Ludwig Bechstein in dieses Ambiente eintauchte und nach 1842 bald zum Freund des Burghauptmanns avancierte. 1841 weilte Bechstein erstmals auf der Burg; im Bericht an den Erbgroßherzog Carl Alexander schrieb Arnswald: »Der Herzog von Meiningen sandte am 30. Mai seinen Landbaumeister (August Wilhelm Doebner, Anm. d. A.), ferner den rühmlichst bekannten Dichter und Bibliothekar Bechstein, der über Thüringer Volkssagen so viel geschrieben hat, und mit ihm noch den durch seine Fresken auf Hohenschwangau in Tyrol rühmlichst bekannten Historienmaler Lindenschmit, um die Bauten und Alterthümlichkeiten der Wartburg genau in Augenschein zu nehmen.«
Eine herzliche Männerfreundschaft zwischen Arnswald, Bechstein, Schwind und Lindenschmit mündete bereits Ende 1842 in den scherzhaften *Orden von der heimlichen Kreide*, eine Vereinigung, in der Gespräch, Musik, Gesang und Trinkfreuden gepflegt wurden. Eisenacher und Meininger Herren stießen dazu, die Weimarer Fürsten nahmen gelegentlich teil. Später gehörte der Thüringer Dichter August Trinius dazu. Ende der 50er Jahre begann sich der Männerbund allmählich aufzulösen. Arnswalds Notiz zur *Heimlichen Kreide* vom Mai 1858 im Tagebuch ist symptomatisch: »Bei Bechstein gehört der Wein zur Poesie des Lebens, mir ist das saure Zeug zuwider und macht mich unfähig für den ganzen Tag.« Die Wartburg und ihre Umgebung hat Bechstein in zahlreiche seiner Werke einbezogen; 1860 starb er. In Arnswalds Tagebuch findet sich der schönste Beweis der jahrelangen Freundschaft:
»Wäre ich Dein Landesherr, solltest Du nicht darben. Unter Hermann I. stand keines Sängers und Edlen Freudenbecher

leer, und kostete ein Fuder Wein 1.000 (Pfund) ... rühmt der Ofterdingen ... Du hast doch eine himmlische Gabe, Dein und Deiner Mitwelt Bestes in würdigster, schönster Form auszusprechen. Auch Dein Schillertag wird einstens kommen.«

In den 13 Stammbüchern der Wartburg, die sich von 1803 bis 1840 füllten, finden sich die Namen zahlreicher deutscher Dichter, die als Gäste auf der Burg weilten, so Ludwig Tieck, die Brüder Hardenberg, Jacob Grimm, Ernst Moritz Arndt und Heinrich Heine. Weitere 14 Bücher, von 1842 bis 1856, belegen den enormen Zuspruch einer wachsenden Besucherschar. Auch hierunter sind bedeutende Namen der deutschen Literaturgeschichte, etwa August Heinrich Hoffmann von Fallersleben, Friedrich Hebbel, Joseph Victor von Scheffel, Karl Simrock und Fritz Reuter. Stellvertretend für die zahlreichen Maler und Musiker seien Moritz von Schwind, Wilhelm von Kaulbach, Franz Liszt und Richard Wagner genannt.

Zu Füßen der Burg – Eisenach

Unterhalb der Hörselberge, am Fuße der Wartburg, liegt Eisenach. Johann Sebastian Bach wurde 1685 hier geboren, Martin Luther ging hier 200 Jahre vorher zur Schule; im jetzigen Lutherhaus soll er von 1498 bis 1501 gewohnt haben. Eisenach, das um 1150 gegründet worden war, bildete schnell den Mittelpunkt der Landgrafschaft Thüringen. 1264 fiel die Stadt an die Wettiner, bei der Leipziger Teilung 1485 an die ernestinische Linie. Mehrfach Residenzstadt, ging sie 1741 endgültig an das Herzogtum Sachsen-Weimar. Die beiden territorial nicht zusammenhängenden Herzogtümer Sachsen-Weimar und Sachsen-Eisenach bildeten dann den politischen Rahmen für

die Wirksamkeit des Ministers Goethe. 1869, auf dem sogenannten Eisenacher Kongreß, gründete sich hier die spätere
SPD.

Ein wahrhaft historischer Boden also, und in der Tat stößt man
allenthalben auf bedeutsame Plätze und Gebäude. Geht man
zu Fuß den gewöhnlichen Weg von der Wartburg stadtwärts,
so erreicht man nach kaum halbstündiger Wanderung am
Stadtrand Eisenachs eine malerisch am Hang gelegene Neore-
naissance-Villa. Hier wohnte von 1868 bis an sein Lebensende
1874 der Mecklenburger Schriftsteller Fritz Reuter. Das weitgehend original überlieferte Mobiliar und Interieur der Beletage
vermittelt einen dichten atmosphärischen Eindruck von der
Wohn- und Arbeitsumwelt des Dichters. In seinem platt-
deutsch verfaßten Roman *Ut mine Stromtid* (1862) lieferte er
ein großangelegtes Zeitgemälde seiner mecklenburgischen
Heimat; damit war sein Ruhm fest begründet, sein Einkom-
men gesichert. 1863 war er, aus Neubrandenburg kommend,
nach Eisenach übergesiedelt. Hermann Grimm, Neffe der
Hausmärchen sammelnden Brüder Wilhelm und Jakob und
wie sie ein berühmter Germanist, nannte das Haus »das getreue Abbild einer echt römischen Villa«. Einen »wüsten, fel-
sigen Berggarten« am Ende des Helltales suchte sich der ehemalige Festungshäftling Reuter aus – die Preußen hatten den
ehemaligen Burschenschaftler einst wegen Majestätsbeleidi-
gung sogar zum Tode verurteilt –, um sein Prestigehaus, das er
selbst als »Feenpalast« bezeichnete, errichten zu lassen. Den
umgebenden Garten besorgte sein Freund Ferdinand Jühlke,
der als Hofgartendirektor der Anlagen von Schloß Sanssouci
bei Potsdam der Nachfolger des Gartenarchitekten Peter Joseph Lennés geworden war. Das schloßartige Anwesen, das die
Reuters seit April 1868 bewohnten, lockte schnell namhafte Besucher aus ganz Deutschland an. Die Schriftsteller Gustav

Freytag, Hans Christian Andersen, Friedrich Spielhagen, Paul Heyse und Theodor Fontane erschienen und genossen die Atmosphäre des Anwesens und die Gastfreundschaft des Hausherrn. Reuters Arbeitslust erlahmte bald; seine *Urgeschichte von Mekkelnborg* blieb unvollendet. 1874 starb er in Eisenach.

Es ehrt die Stadtväter von Eisenach, daß sie die Reuter-Villa bereits 1895 ankauften und zur Gedenkstätte ausbauten. Im gleichen Jahr kam die etwa 2000 Bände umfassende Wagner-Sammlung Nicolaus Oesterleins, eines Wiener Wagner-Enthusiasten, hinzu. Sie enthält fast lückenlos die primäre und sekundäre Wagner-Literatur des 19. Jahrhunderts. Seit 1987, dem 100jährigen Gründungsjubiläum, wird diese Sammlung in neuer Auswahl im Erdgeschoß des Reuter-Wagner-Museums präsentiert. Unter anderem ist hier der gesamte *Tannhäuser*-Stoff aufbereitet. Als Wagner daraus seine Oper komponierte, konnte er bereits auf eine lange Reihe von Vorgängern zurückgreifen.

Der Tannhäusermythos geht auf eine historische Figur zurück, den Minnesänger Tannhäuser (ca. 1200–1260). Sein Hauptgönner war der Herzog Friedrich II. von Österreich, an dessen Wiener Hof er sich aufhielt und wo er neben Neidhard als der bedeutendste Sänger galt. Nach dem Tod seines Gönners 1246 führte ihn ein unstetes Wanderleben an verschiedene ostmitteldeutsche Höfe. In der Manessischen Handschrift aus der 1. Hälfte des 14. Jahrhunderts ist er auf einer Miniatur als Deutschordensritter dargestellt; er galt als der mittelhochdeutsche Dichter, der einer natürlichen, anmutigen Sinnlichkeit sein Wort lieh, und vor allem in dieser Eigenschaft blieb er dem Mittelalter lebendig: als Ritter, den Frau Venus in den Zauberberg (Venusberg) lockt, wo er ihr verfällt. Die Sage, die darum erwächst, ist seit dem 15. Jahrhundert in ihrem Kern unverändert:

»Tannhäuser war ein edler Mann aus dem Frankenland. Er besaß nicht nur die Eigenschaften eines Ritters, sondern auch die Gabe des Minnesangs. Als Landgraf Hermann von Thüringen wieder einmal auf der Wartburg Dichter versammelte, war Tannhäuser unter ihnen. Als lebenserfahrener Mann, der viele Länder bereist hatte und von den seltsamsten Dingen singen konnte, errang er großen Ruhm und viel Ehre. Eines Tages, es ging schon auf den Abend zu, kam Tannhäuser auf dem Wege zur Wartburg am Hörselberg vorbei. Da sah er am Fuße des Zauberberges eine wunderschöne Frau stehen. Sie war leicht gekleidet, und ihre Reize zogen Tannhäuser mit unwiderstehlicher Gewalt an. Sie winkte ihm, und er winkte zurück, und zugleich erklang aus dem Berg der Schall süßer Lieder.

Es war Frau Venus, deren Liebeslockungen Tannhäuser folgte. Sie geleitete ihn in den Berg, und er genoß ein Jahr lang ihre heiße, sinnverwirrende Liebe. Allmählich aber spürte Tannhäuser Überdruß, und er trachtete danach, wieder aus dem Berge zu kommen. Davon wollte Frau Venus nichts wissen; sie beschwor ihren Gast, sie nicht zu verlassen. Der aber war entschlossen, wieder auf die Erde hinaufzusteigen und Vergebung für sein Buhlen mit Venus zu erlangen. Da ließ sie ihn betrübt ziehen, und Tannhäuser trat aus dem Berg.

Zu jener Zeit regierte Papst Urban in Rom. Zu ihm zog Tannhäuser, sich die Sünde vergeben zu lassen. Der Papst aber war ein strenger Mann. Er zeigte auf seinen weißen Kreuzesstab und sagte: ›Sowenig dieser dürre Stab jemals wieder grünen wird, sowenig erlangst du Gnade!‹ Da verließ Tannhäuser Rom und kehrte zurück in den Hörselberg zu Frau Venus.

Nicht lange danach begann der Kreuzesstab des Papstes wider alles Erwarten zu grünen und zu blühen. Da schickte Urban viele Boten aus, um Tannhäuser suchen zu lassen und ihm die Sünde zu vergeben. Aber der Ritter war nirgends zu finden. Er blieb bei Frau Venus. Sie liebte ihn heißer als zuvor, und er wird dort bleiben bis an das Ende der Welt.« (E. K. Wenig)

1806 veröffentlichten Achim von Arnim und Clemens Brentano das Tannhäuser-Lied in ihrer Sammlung *Des Knaben Wunderhorn*; schon 1799 hatte Ludwig Tieck seine Novelle *Der getreue Eckart und der Tannhäuser* publiziert. Heinrich Heine dichtete eine Legende, und auch Emanuel Geibel bearbeitete den Stoff. Der Romantiker E.T.A. Hoffmann ging mit seiner Erzählung *Der Kampf der Sänger* diesen beiden voraus. Wagner fand also eine reiche Überlieferung vor. 1845 vollendete er die Oper, im Oktober des gleichen Jahres wurde sie in Dresden uraufgeführt.

Im Altstadtkern Eisenachs, unmittelbar an der Annenkirche mit dem St. Annenstift, liegt der »Hellgrevenhof«, ein Profanbau Eisenachs von fünf unterschiedlich alten Gebäuden. Das älteste Haus ist die Kemenate, die, über die Jahrhunderte mehrfach umgebaut, wohl auf die Zeit um 1200 zurückgeht. Der Sage nach diente sie als Minnesängerherberge; Klingsohr und Ofterdingen sollen hier erstmals in Eisenach beherbergt worden sein, wie es unter anderem bei E.T.A. Hoffmann heißt. Real ist daran wohl nur der Name des um 1291/92 bezeugten wohlhabenden Heinrich Hellgreve, eines Eisenacher Bürgers.

400 Jahre später spielte der Hellgrevenhof nochmals eine literatur- und kulturgeschichtliche Rolle, als er zwischen 1667 bis 1677 von dem Dichter und Sprachforscher Kaspar Stieler bewohnt wurde. Er diente dem Schwarzburger Hof in Rudolstadt als Kammer-, Lehns- und Gerichtssekretär, ehe er in den Dienst des Herzogs von Sachsen-Eisenach wechselte. Stieler wurde unter dem symbolischen Namen »der Spate« Mitglied der »Fruchtbringenden Gesellschaft«, nach ihrem Wappenschild mit Palmbaum auch »Palmenorden« genannt, einer 1617 im Weimarer Schloß gestifteten Sprachgesellschaft nach

dem Vorbild der Florenzer »Accademia della Crusca«. Namhafte Dichter und Gelehrte des Barock gehörten ihr an, so u. a. Martin Opitz, Andreas Gryphius, Friedrich von Logau, Georg Neumark und Johann Michael Moscherosch. Ihren Grundsätzen folgend betrachtete es auch Kaspar Stieler als seine Aufgabe, für die Pflege und Reinerhaltung der deutschen Muttersprache zu sorgen. Davon zeugen sein erotischer Gedichtband *Die geharnischte Venus oder Liebeslieder im Kriege* von 1660 sowie seine in Eisenach entstandenen Werke *Teutsche Sekretariatslust* von 1673 und *Der teutschen Sprache Stammbaum und Fortwachs*, mit denen er zu den wichtigen Vorläufern der deutschen Sprachforschung des 19. Jahrhunderts zählt. Zudem gilt Stieler als erster deutscher Zeitungshistoriker, der mit seinem Buch *Von der Zeitungs Lust und Nutz* (1695) Pionierarbeit leistete.

Wenige Meter östlich des Hellgrevenhofs befindet sich das Stadtschloß, das Herzog Ernst August von Sachsen-Weimar und Eisenach zwischen 1741 und 1755 nach Entwürfen des berühmten Thüringer Barockbaumeisters Gottfried Heinrich Krohne errichten ließ. In einem Seitenflügel des Schlosses soll 1742 Charlotte von Schardt geboren worden sein, die als spätere Frau von Stein für Goethe so wichtig wurde. Ihr Vater diente dem Eisenacher, später dem Weimarer Hof und besaß eine Dienstwohnung im Schloß. Auch Louise von Göchhausen, spätere Hofdame der Herzogin Anna Amalia, wurde 1752 hier geboren; ihr Vater war der Eisenacher Schloßhauptmann. Die Literaturgeschichte verdankt ihr die einzige überlieferte Abschrift von Goethes *Urfaust*. Der Dichter wiederum, nun in seiner Eigenschaft als Geheimer Legationsrat mit Sitz und Stimme im Geheimen Conseil, verkehrte im September 1777 mehrfach dienstlich im Stadtschloß, wo er bis Anfang Oktober an den Sitzungen der Landstände teilnehmen mußte. »Ein

Monster von dickem Backen ganz wider allen Sinn meiner dürren Constitution«, wie er am 6. September 1777 an Frau von Stein schrieb, und quälende Zahnschmerzen verdarben ihm die Tage und ließen ihn nachts nicht schlafen, so daß das knurrige Resümee von Mitte September über die Eisenacher »Sauwirtschaft« nicht verwundert: »Ich sehe täglich mehr dass weniger aber länger zu leiden ist in diesem Mansch«.

Nicht die kriecherischen Höflinge und dienstbeflissenen Beamten im Schloß, sondern andere Bekanntschaften erwiesen sich 1777 für Goethe als menschlich bereichernd: Wenige Straßenzüge vom Schloß entfernt wohnte der umgängliche Kanzler Ludwig von Bechtolsheim, der als Statthalter des Herzogs in seinem Palais residierte. Dessen Frau Juliane Auguste Christine, geborene Gräfin Keller aus Stedten bei Erfurt, hatte Goethe durch Vermittlung Wielands bereits Anfang Januar 1776 kennengelernt; Wielands Gedicht »An Psyche« schildert poetisch überhöht diesen Tag und besonders die »niedliche Bechtolsheim«. Goethe verkehrte in Eisenach gern in diesem Kreis und blieb bis zur Italienreise aufs engste mit der Kanzlerfamilie verbunden.

Weniger warm und herzlich war Goethes erste Bekanntschaft mit Baron Friedrich Melchior von Grimm, dem Journalisten und Schriftsteller, der als Freund Rousseaus und Diderots mit den Pariser Enzyklopädisten zu tun hatte und jahrzehntelang seine *Correspondance littéraire, philosophique et critique* an die europäischen Höfe verschickte. Goethe lernte ihn erstmals am 8. Oktober 1777 auf der Wartburg kennen und traf ihn im Bechtolsheimschen Palais sowie in späteren Jahren mehrfach wieder, ohne eine nähere Beziehung anzustreben.

Spricht man von Eisenach als Ort der Dichter, verdient auch Wilhelmsthal der Erwähnung. Hier im Eltetal lag das herzogliche Jagd- und Lustschloß, wohin Goethe seinen jagdlustigen

Herzog oft begleitete. Das mehrflügelige Schloß, Park, Teiche, Mühle und Mooshütte der *Wahlverwandtschaften* lassen sich – bei aller schriftstellerischen Freiheit im Detail – der Wilhelmsthaler Umgebung zuordnen. Die Sängerwiese hat E.T.A. Hoffmann zum Ausgangspunkt seiner Erzählung *Der Kampf der Sänger* gemacht. Und auch Ludwig Bechstein hat in seinen *Wanderungen durch Thüringen* diese wildromantische Landschaft beschrieben.

Die Hufelandstadt Bad Langensalza

Nur eine gute halbe Autostunde nordöstlich von Eisenach liegt Bad Langensalza. Im Jahre 932 taucht der Name Salzaha erstmals aus dem geschichtlichen Dunkel auf, 1212 wird dem Ort das Stadtrecht verliehen. Das Augustinerkloster, 1280 von Günther von Salza gestiftet, heute nur noch in wenigen Resten erhalten, beherbergte bis 1540 seine Mönche. Nach der Säkularisierung 1558 diente es als Stadtschule. Schloß Dryburg aus dem 12./13. Jahrhundert war einst die Residenz des vierten Deutschordensmeisters Hermann von Salza; als geschickter Diplomat stand er in Diensten des Kaisers Friedrich II. und verbrachte sein Leben überwiegend in Italien; nach dem Umbau diente das Schloß den Herzoginnen von Weißenfels als Witwensitz.

1761, während des Siebenjährigen Krieges, siegten hier gemeinsam die Preußen und die Hannoveraner über die Franzosen und die Reichsarmee. Es erscheint wie bittere Ironie der deutschen Geschichte, daß sich hier, über einhundert Jahre später, die seinerzeitigen Verbündeten Preußen und Hannover in einer Schlacht gegenüberstanden, die als letzter deutscher Bruderkrieg in die Annalen einging. Am 27. Juni 1866 versuchte

Christoph Wilhelm Hufeland (1762– 1836), Stahlstich von Johann Georg Nordheim, 1802

die hannoversche Armee nach Bayern durchzubrechen und wurde daraufhin bei Bad Langensalza von einem preußischen Korps angegriffen. Zwar konnten sich die Hannoveraner in einem blutigen Treffen zunächst durchsetzen – es gab 573 Tote und Hunderte von Verletzten –, mußten aber dennoch am 29. Juni, eingekesselt von nachrückenden Preußen, mit 18000 Mann kapitulieren. Mit der Kapitulation König Georgs V. ging zugleich das Königreich Hannover unter.

In diesem Langensalza wurde am 12. August 1762 Christoph Wilhelm Hufeland im heutigen Hufelandhaus am Kornmarkt 8 geboren. Die Vorfahren der Familie lebten über 100 Jahre lang im benachbarten Tennstedt und waren angesehene Handwerker. Christoph Wilhelms Großvater, Johann Christoph Hufeland, zunächst Physikus und Bürgermeister von Tennstedt, wurde schließlich von Anna Amalia als herzoglicher Leibmedikus nach Weimar berufen. Auch dessen Sohn war Arzt in Langensalza, erhielt aber 1765 gleichfalls den Ruf als Leibarzt der Weimarer Herzogin. Mit 3 Jahren kam Christoph Wilhelm Hufeland in die Ilmresidenz.

Nach dem Medizinstudium in Jena und Göttingen war er als junger praktischer Arzt in Weimar tätig. Trotz schier übermäßiger beruflicher Belastungen begann bereits in Weimar seine publizistische Tätigkeit. Hufeland polemisierte gegen die Theorie des »animalischen Magnetismus« des Franz Anton Mesmer, veröffentlichte 1789 seine Erfahrungen im Kampf gegen die Blattern und gehörte noch vor Edward Jenner zu den entschiedenen Verfechtern einer prophylaktischen »Inokulationsmethode«, des Impfens. 1792 begründete er in Weimar das erste Leichenschauhaus Deutschlands, das »Vitae Dubiae Asylum«, um dem Phänomen des Scheintods zu begegnen.

1792 las Hufeland auf Einladung Goethes, dessen Hausarzt er zugleich war, vor dessen »Freitagsgesellschaft« aus seinen Studien zur Makrobiotik ein Kapitel über das organische Leben. Der anwesende Herzog Carl August fand den Vortrag so überzeugend, daß er seinen Hofmedicus 1793 als Professor an die Universität nach Jena berief. 1797 erschien sein berühmtestes Buch: *Makrobiotik oder die Kunst, das menschliche Leben zu verlängern,* das bald zum meistgelesenen medizinischen Werk der ersten Hälfte des 19. Jahrhunderts avancierte. Bereits 1805 erschien es in dritter Auflage; umgangssprachlich bürgerte sich der Titel »Makrobiotik Hufelands« ein. Nicht zufällig wählte der Verfasser als Motto ein Zitat aus Goethes Trauerspiel *Egmond,* 5. Aufzug: »Süßes Leben! schöne freundliche Gewohnheit des Daseins und Wirkens! von dir soll ich scheiden?« Hufeland, der Goethes Werke kannte und schätzte, schrieb im Vorwort zur 1. Auflage: »Das menschliche Leben ist, wenn man es physisch betrachtet, eine eigentümliche, animalisch-chemische Operation. Wie jede Operation kann auch diese gefördert oder gehindert, beschleunigt oder retardiert werden. Die Wissenschaft nun, die die Regeln der diätetischen und medizinischen Behandlung des Lebens, um dieses zu verlängern, aufbaut und zusammenfaßt, ist die Makrobiotik. Die gewöhnliche Medizin verfolgt andere Zwecke und darf deswegen nicht mit ihr verwechselt werden. Zweck der Medizin ist Gesundheit, Zweck der Makrobiotik ist langes Leben.«

Allein in dem u. a. von Hufeland seit 1795 herausgegebenen *Journal der praktischen Arzneykunde und Wundarzneykunst* erschienen über 400 Beiträge aus seiner Feder. Zu seinen Universitätskollegen in Jena zählten Fichte, Griesbach, Schiller, Schlegel und Schelling. Ehrenhafte und lukrative Berufungen nach Kiel, Leipzig, Pavia und als Leibarzt der russischen Zaren schlug der patriotisch gesinnte Hufeland aus.

Am 20. November 1798 traf den berühmten Mediziner ein harter körperlicher Schlag. Durchnäßt und erschöpft von einem abendlichen Krankenbesuch zurückgekehrt, las Hufeland bis weit nach Mitternacht Goethes gerade erschienenes Gedicht *Hermann und Dorothea*. Als er am nächsten Morgen erwachte, war sein rechtes Auge völlig erblindet. Keine Therapie konnte ihm helfen, keine Kur das Auge wieder sehend machen. Seine starke Persönlichkeit, seine beneidenswerte Energie und sein eiserner Wille ließen ihn diesen Schicksalsschlag klaglos erdulden. 1801 folgte Hufeland einem Ruf Friedrich Wilhelms III. nach Berlin, wo er die Stelle eines Königlichen Leibarztes einnahm und zum Direktor des »Collegium medico-chirurgicum« ernannt wurde. 1810 – nach Gründung der Universität –

erfolgte die Ernennung zum Professor für Pathologie und Therapie und Leiter der Charité.

»Der im ärztlichen Fache so umsichtige und mit mannichfachem Talent der Behandlung und der Darstellung begabte Christoph Wilhelm Hufeland war nach Berlin berufen,« rühmte Goethe den populären Medizin-Schriftsteller in den *Tag- und Jahresheften* von 1803. Hufeland hat seiner Geburtsstadt Langensalza alle Ehre gemacht.

Versteckter als die Beziehung Hufelands zu Langensalza ist die von Friedrich Gottlieb Klopstock. Der spätere *Messias*-Dichter war am 2. Juli 1724 in Quedlinburg geboren worden. Seine Mutter, Anna Maria Schmidt, war gebürtig aus Langensalza, wo sie 1723 auch ihren Mann, Gottlieb Heinrich Klopstock, heiratete. Der junge Friedrich Gottlieb besuchte die Klosterschule Pforta und studierte anschließend Theologie in Jena. Aufgrund der Verarmung seiner Eltern war es dem jungen Studenten erst durch die finanzielle Unterstützung seiner Langensalzaer Verwandtschaft möglich, sein Studium 1746 in Leipzig fortzusetzen. Hier in der Pleißestadt lernte der 23-Jährige seine sechzehnjährige Cousine Maria Sophia Schmidt kennen, in die er sich verliebte und die er unter dem Namen Fanny in zahlreichen Gedichten besang. Um seiner »unsterblichen Liebe« nahe zu sein, ließ sich Klopstock 1748, vermittelt von seinen dortigen Verwandten, als Hauslehrer bei der vermögenden Kaufmannsfamilie Johann Christian Weiß anstellen. In Langensalza verfaßte er die berühmten Fanny-Oden, was indes die sozialen Schranken zwischen dem bitterarmen Dichter und der angebeteten Tochter des Bürgermeisters nicht niederreißen konnte.

Neben den Liebesgedichten entstanden in zwei Jahren im Haus der Familie Weiß in der heutigen Salzstraße 3 auch bereits Teile des *Messias*, der dann erst in Dänemark abgeschlossen wurde. 1750 jedenfalls verließ Klopstock Langensalza; Fanny hatte ihn nicht erhört und heiratete 1753 einen Eisenacher Kaufmannssohn.

Die Thomas-Müntzer-Stadt Mühlhausen

Nur etwa 20 Kilometer nordwestlich von Bad Langensalza, erreicht man das vieltürmige Mühlhausen. Die Stadt liegt eingebettet in das weite Unstrut-Tal zwischen Dün und Hainich. Eine bedeutende Geschichte hatte die alte Reichsstadt aufzuweisen, bevor sie im 19. Jahrhundert in provinzielle Bedeutungslosigkeit zurücksank. Auf der Burg Mulhus, einem wichtigen Ort des Thüringer Königreichs, soll sich im 5. Jahrhundert – so die Legende – König Attila als Gast seiner thüringischen Verbündeten aufgehalten haben, bevor sie zur Schlacht auf den Katalaunischen Feldern aufbrachen. 775 ist Mühlhausen erstmals erwähnt, und 967 vermacht König Otto II. das Gebiet zwischen Eschwege und Schlotheim seiner Gemahlin Theophano, berichtet eine alte Urkunde. Deutsche Könige wie Otto III. und Heinrich III. weilten mehrfach in einer bei Mühlhausen befindlichen Pfalz. Mit der Stadtbefestigung begann um 1170 der Verselbständigungsprozeß der Stadtbürger und die Abnabelung von der königlichen Zentralgewalt, seit 1251 spricht man von einer Reichsstadt, die sich neben und nach Erfurt zum mächtigsten Gemeinwesen in Thüringen heranbildete. Der Tuchhandel und sehr gut ausgebaute Handelsbeziehungen zur Hanse machten das Patriziat reich und mächtig. Mit Leipzigs Aufstieg zum mitteldeutschen Handels- und Messezentrum begann der Niedergang Mühlhausens und Erfurts, der durch die geografische Ferne neuer bedeutender Handelswege, wie z. B. der via regia, noch verstärkt wurde. Soziale Auseinandersetzungen und Differenzierungen, schließlich offen ausbrechende Konflikte waren die Folge. Reformation und Wandel der religiösen Gebräuche begleiteten diese eskalierenden Auseinandersetzungen zwischen der zunehmend verarmenden Stadtbevölkerung und dem herrschenden Adel. Thomas Müntzer und seine Mitstreiter, die 1525 das Stadtregiment an sich gerissen hatten, führten den Mühlhäuser Bauernhaufen schließlich in die Niederlage der Frankenhäuser Entscheidungsschlacht.

Zunächst ein Anhänger Luthers – er nahm an dessen Leipziger Disputation gegen Dr. Eck teil –, geriet Müntzer durch die zunehmende Radikalisierung seiner gesellschaftsreformerischen Anschauungen in immer stärkeren Gegensatz zu seinem ehemaligen Mentor. Nach seiner Flucht aus Zwickau, wohin ihn Luther noch vermittelt hatte, und einem böhmischen Zwischenaufenthalt 1521 wurde Müntzer Ostern 1523 Prediger in Allstedt, wo er den Gottesdienst in deutscher Sprache einführte. Diese bedeutende Leistung und seine zahlreichen gegen Luther gerichteten Streit- und Schmähschriften in deutscher Sprache berechtigen dazu, Müntzer – wie Luther selbst – als einen unverzichtbaren Vertreter der deutschen Literatur des 16. Jahrhunderts zu behandeln. Ausdruck des gänzlichen Bruchs mit dem Wittenberger Reformator waren die kämpferischen Druckschriften *Ausgedrückte Entblößung* und die *Hochverursachte Schutzrede und Antwort wider das geistlose sanftlebende Fleisch zu Wittenberg*. Luther blieb seinem Widersacher nichts schuldig. Zunehmend härter gegen den »Satan zu Allstedt« auftretend, richtete er einen *Brief an die Fürsten zu Sachsen von dem aufrührerischen Geist*, eine der schärfsten Schriften, die er je verfaßte. Hierin forderte Luther die Landesverweisung des Allstedter Predigers aus Kursachsen, der auch prompt am 1. August 1524 zum Verhör nach

*Thomas Müntzer
(1489–1525), Kupferstich
von Christoph van
Sichem, 1608*

Weimar beordert wurde. Die Flucht aus Allstedt in die Freie
Reichsstadt Mühlhausen im August war die fast zwangsläufige
Folge.

Zu der Zeit, da Müntzer und Andreas Bodenstein von Karlstadt, der gleichfalls abtrünnige Prediger von Orlamünde, aus
dem Kurfürstentum Sachsen vertrieben wurden, brach im
Südwesten des Reiches der Bauernkrieg aus. In den Wintermonaten leicht abebbend, flammte der Aufstand im Frühjahr 1525
heftig wieder auf, erfaßte ganz Süddeutschland mit Ausnahme
Bayerns, dann das Neckartal, den Odenwald, die Rhein-Main-
Gegend, Franken und schlug dann wuchtig auf Thüringen
über. Zwischen Ostern und Pfingsten 1525 stand vom Boden-
see und dem Elsaß bis nach Thüringen alles in hellen Flammen. Auf einer Agitationsreise im April 1525 berührte Luther
die mansfeldischen und thüringischen Aufstandsgebiete, wo
ihm der aufrührerische Geist Müntzers entgegenschlug. Der

hatte höhnisch im derben Stil der Zeit gegen ihn geschrieben: »Ich röche dich lieber gebraten, du hast ein fein eselisch Fleisch.« Luther verfaßte darauf die Kampfschrift *Wider die räuberischen und mörderischen Rotten der Bauern*, in der er die Feudalherren zur rücksichtslosen Niederwerfung des Aufstands aufforderte. »Drum liebe Herren, loset hie, rettet hie, helft hie, erbarmet euch der amen Leute, steche, schlage, würge hie, wer da kann … denn Aufruhr ist nicht ein schlichter Mord, sondern wie ein groß Feuer, das ein Land anzündet und verwüstet, also bringt Aufruhr mit sich ein Land voll Morde, Blutvergießen und macht Witwen und Waisen und verstöret alles wie das allergrößte Unglück. Drum soll hie zuschmeißen, würgen und stechen, heimlich oder öffentlich, wer da kann, und gedenken, daß nicht Giftigeres, Schädlichers, Teuflischers sein kann, denn ein aufrührerischer Mensch, gleich als wenn man einen tollen Hund totschlagen muß, schlägst du nicht, so schlägt er dich und ein ganz Land mit dir.«

Luthers Aufruf fand bekanntlich eine blutige Verwirklichung: Am 15. Mai 1525 wurde das thüringische Bauernheer bei Frankenhausen vernichtet, 6000 Bauern fielen dem Gemetzel zum Opfer. Müntzer, gefangengenommen, erlitt im mansfeldischen Wasserschloß Verhör und Folter und wurde am 27. Mai 1525 vor Mühlhausens Mauern hingerichtet. Müntzer und Luther sind beide mit der Reformation und dem Bauernkrieg aufs engste verknüpft. Beider Wirken erklärt sich nur in Beziehung aufeinander, gerade weil ihre sozialen Positionen sich weit voneinander unterschieden und ihre Sicht auf die Bedeutung der Bibel gegensätzlicher nicht sein konnte. Von Müntzer wird berichtet, »daß ihm gelegentlich der schnell kolportierte Ausdruck entfuhr ›Bibel, Bubel, Babel‹, was nichts anderes besagt als dies, daß man sich nicht unbedingt an die Bibel zu halten brauche. Müntzer verwarf aber die Bibel nicht etwa in

Bausch und Bogen, und er hörte auch nicht auf, christlicher Theologe zu sein. Aber er hatte eine andere Auffassung von der Bibel als Luther, und er vertrat eine andere Theologie. Luther hatte sich die Bibel von Paulus her erschlossen, Müntzer jedoch deutete sie sich von den Propheten und von der Apokalypse her. Der Gegensatz ist markant. Paulus ist der am meisten ›intellektualistische‹ unter den Aposteln, lehrhaft, durchreflektiert, ganz auf Christus und den Glauben konzentriert und die weltlichen Dinge gern der Obrigkeit überlassend, da sie angesichts der nahe gewähnten Parusie (der Wiederkunft Christi; Anm. d. A.) ohnehin bedeutungslos sind. Die Propheten jedoch sind das unruhige Element unter den Geistern, die die Bibel prägen. Sie geben dem Volke Mut in der Gefangenschaft und fordern es zum Durchhalten auf. Sie wettern gegen den Abfall vom Glauben der Väter, und wenn sie vom Willen Gottes reden und vom Glauben, dann meinen sie die weltliche Ordnung mit. Es sind Männer aus dem Volk ... Martin Luther war Lehrer der ›Heiligen Schrift‹, Thomas Müntzer Prophet einer neuen Welt. Das macht ihren geistigen Gegensatz aus. Luther war kursächsischer Universitätsprofessor, Müntzer thüringischer Gemeindepfarrer; Luther hatte Umgang vornehmlich mit Mönchen, Studenten, Gelehrten, Ratsherren, landesherrlichen Amtspersonen, und er korrespondierte mit Fürsten; Müntzer sprach zu Tuchknappen, Bergknappen, kleinbürgerlicher und plebejischer Stadt- und Vorstadtbevölkerung. So unterscheiden sich die sozialen Positionen«, urteilte Gerhard Brendler.

»Literatur im strengen Sinne ist nur, was ein ästhetisches Vergnügen bereitet«, postuliert Heinz Schlaffer in seiner *Kurzen Literaturgeschichte* und meint leicht sarkastisch, mit Hans Sachs (der auch nicht gelesen werde) und Sebastian Brants *Narrenschiff* (das stärker jedoch von Dürers Holzschnitten als vom Text lebe) sei die deutsche Literatur des 16. Jahrhunderts eigentlich erledigt, zumal sie ohnehin eine »verspätete« gewesen sei. Wer aber will leugnen, daß nicht auch die Sprache Luthers und Müntzers »ästhetisches Vergnügen« bereitete?

Philipp Melanchthon und andere lutherfreundliche Humanisten sorgten zunächst dafür, daß Müntzer der Nachwelt als »Schwärmer« und »Fanatiker« in abwertender Erinnerung blieb. Erst die revolutionäre Bewegung von 1848 sowie später die Geschichtsschreibung der Arbeiterbewegung drehten dieses Bild um und glorifizierten Müntzer als herausragenden deutschen Revolutionär des 16. Jahrhunderts, dessen Wirken eng mit dem Schicksal Mühlhausens verbunden blieb. Denn die damalige freie Reichsstadt verlor ihren Status nach den Ereignissen von 1524/25 und geriet unter wettinische und hessische oberherrschaftliche Aufsicht. Nach dem Reichsdeputationshauptschluß kam Mühlhausen endgültig unter preußische Kuratel (ab 1815 Provinz Sachsen).

Das Heilbad Heiligenstadt

Die heute beeindruckend restaurierte Fachwerk-, Kur- und Badestadt Heiligenstadt im Eichsfeld soll der Geburtsort des berühmten Holzschnitzers Tilman Riemenschneider gewesen sein (nach anderen Quellen gebührt dieser Ruhm der Harzstadt Osterode). In literarhistorischer Beziehung allerdings hat die Leine-Stadt zunächst ein ganz anderes Kuriosum zu bieten: In der St. Martinsgemeinde unterzog sich der frisch zum Doktor der Jurisprudenz promovierte Jude Harry Heine am 28. Juni 1825 der Taufe. Mit dem Übertritt zum Protestantismus nahm er den Vornamen Heinrich an. Die Kaufmanns-

Heinrich Heine (1797–1856), Holzschnitt von Eduard Mandel nach einer Zeichnung von Franz Kugler, undat.

lehre in Frankfurt und Hamburg sowie das Jurastudium in Bonn, Göttingen und Berlin hatten seine schriftstellerischen Neigungen nicht unterdrücken können. Mit Liebesgedichten und dem Genre des »Reisebilds« machte sich der junge Düsseldorfer schnell einen Namen in Deutschland: *Über Polen* (1822) blieb noch relativ unbekannt, *Die Harzreise* aber (1825), das *Buch der Lieder* (1827) und vor allem *Deutschland. Ein Wintermärchen* (1847) ließen Heinrich Heine zu einem Begriff für die deutschen Leser und für die preußische Zensur werden. Die Heiligenstädter Konversion freilich – so akribisch genau sie im dortigen Literaturmuseum »Theodor Storm« auch dargestellt ist – sollte man nicht überbewerten. Heinrich Heine, der vor allem unter dem Einfluß Goethescher Schriften sowie Hegels in Berlin und seiner sonstigen Studien zum »Feind aller positiven Religionen« geworden war, sah in seiner Entscheidung wohl mehr einen Akt gesellschaftlicher Anpassung. »Die Pfaffen in der ganzen Welt, Rabbinen, Muftis, Dominikaner, Konsistorialräte, Popen, Bonzen, kurz das ganze diplomatische Korps Gottes« befand sich im Fadenkreuz seiner satirisch-kritischen Schriften, und in überwältigender Offenheit meinte er: »Der Taufzettel ist das Entrebillet zur europäischen Kultur.« Wenn also in früheren Veröffentlichungen etwa der Pastor Gottlob Christian Grimm, der die heilige Handlung durchgeführt hatte, in der Zeitschrift *Gartenlaube* von 1877 die »Taufe des deutschen Aristophanes« »als das Resultat einer aus dem Innern dringenden Notwendigkeit« darstellte und das anschließende Festessen als tränenreiches Ereignis schilderte, so sind Zweifel mehr als angebracht: »Nach Tisch empfahl sich Heine bald. Sein Abschied von dem Superintenden Grimm war ein besonders herzlicher und warmer, und als er, schon an der Tür, sich nochmals umwendete und demselben wiederholt die Hand reichte, schimmerte es ihm feucht im Auge.«

Heines Briefe aus der Zeit nach seiner Taufe sprechen da eine ganz andere Sprache. An den Berliner Freund Moses Moser schrieb er am 14. Dezember 1825 aus Hamburg, auf eine laufende Konversionsdebatte lebhaft ironisch eingehend: »Es wär mir sehr leid wenn mein eignes Getauftseyn Dir in einem günstigen Lichte erscheinen könnte. Ich versichere Dich, wenn die Gesetze das Stehlen silberner Löffel erlaubt hätten, so würde ich mich nicht getauft haben.« Und an anderer Stelle dieses Briefes: »Ich werde jetzt ein rechter Christ; ich schmarotze nemlich bey den reichen Juden.« Gleichfalls ironisch klingt das vorläufige Resümee der Taufhandlung Anfang Januar 1826, wieder in einem Brief an Moses Moser: »Ich bin jetzt bey Christ und Jude verhaßt. Ich bereue sehr daß ich mich getauft habe; ich sehe noch gar nicht ein daß es mir seitdem besser gegangen sey; im Gegentheil, ich habe seitdem nichts als

Unglück …« Heines Taufe fand in bewegter Zeit statt: Davor lagen die Harzreise und ein unter schlechtem Stern stehender Besuch bei Goethe, seine Promotion in Göttingen, danach das zunächst vergebliche Warten auf den Druck der *Harzreise*, die dann von der Zensur auch noch zerstückelt wurde, finanzielle Engpässe, im August eine Erholungsreise nach Norderney und schließlich vergebliche Bemühungen um eine berufliche Perspektive. Kurz: Die rührseligen Augen am Tisch des Heiligenstädter Superintendenten Grimm entsprangen wohl eher dessen Wunschdenken als der Heineschen Lebensrealität. Das 19. Jahrhundert war auch der Legendenbildung um Heine günstig, und in diesem Kontext ist zumindest eine Anekdote wichtig, die Max Heine, der Bruder des Dichters, überliefert hat und die im Nachhinein auf den Tauftag gelegt wurde:»An einem schönen Tage machten wir in einer leichten, offenen Kalesche einen Ausflug von Göttingen nach dem einige Meilen entfernten preußischen Städtchen Heiligenstadt. Ein anmutiger Chausseeweg führt dahin. Wir plauderten viel und mokierten uns über die lächerliche Titelsucht; Heinrich rief: ›Wer mich Doktor juris schimpft, dem mache ich einen Injurienprozeß, in welchem ich mit Hilfe der zehn römischen Tafeln selbst plädieren werde, oder prügele ihn so lange durch, bis er auch den Doktor der Medizin ruft.‹

Mittlerweile waren wir an die Grenze des preußischen Staats gelangt, wo an dem schwarzweißen Schlagbaume ein martialisches ›Halt!‹ gerufen wurde und ein Originalstück von Gamaschenfeldwebel mit purpurroter Nase zu uns herantrat. Er richtete an meinen Bruder folgende Fragen:

›Vorname?‹

Antwort: ›Heinrich.‹

›Zuname?‹

Antwort: ›Heine.‹

>Titel?‹

Antwort: ›Liegt schon im Namen.‹

Nachdem der Feldwebel dies in Hieroglyphen auf einer Schiefertafel protokolliert hatte, begann er abermals zu fragen:

›Und der andere Herr, Vorname?‹

Antwort: ›Maximilian.‹

›Zuname?‹

Antwort: ›Bruder.‹

›Titel?‹

Antwort: ›Haupthahn zu Mariahüpp.‹

Da ich gerade am letzten Sonntage zu Mariaspring (einem lieblichen Tanzorte in der Nähe von Göttingen und von den Studenten Mariahüpp genannt) sehr viel herumgetanzt hatte, so sollte der Haupthahn soviel als Haupttänzer heißen. Auch Obiges wurde von dem Grenzfeldwebel gewissenhaft notiert, dann kam die Frage:

›Nichts Zollbares?‹

›Nichts, außer Gedanken und Schulden.‹

Wieder eine Frage:

›Absicht der Reise nach Heiligenstadt?‹

Antwort: ›Um katholisch zu werden.‹

Bekanntlich ist das in diesem Winkel gelegene Heiligenstadt eine streng katholische Stadt.

Der Preuße machte ein gar ernstes Gesicht, schüttelte mit dem Kopfe und schloß mit der Frage:

›Kehren die Herren zurück?‹

Antwort: ›In der Nacht als Bischöfe.‹

So wurde damals bei den Studenten nach den bekannten Getränken jeder benannt, der vom ›Bischof‹ schon zuviel und vom ›Kardinal‹ noch zuwenig hatte.«

*Theodor Storm
(1817–1888), Ölgemälde
von Nicolai Sunde, undat.*

Keineswegs nur episodisch oder anekdotisch war dagegen der jahrelange Aufenthalt des Kreisrichters Theodor Storm in Heiligenstadt. Zu seinem 100. Todestag am 4. Juli 1988 wurde im alten »Mainzer Haus« ein Literaturmuseum eröffnet, dessen Ausstellung sich vor allem den Jahren von 1856 bis 1864 zuwendet und an die Novellen, Märchen und Gedichte erinnert, die in Heiligenstadt entstanden sind.

Als der niedergelassene Advokat Theodor Storm 1849 eine Protestresolution der Husumer Bürger an den dänischen Landeskommissar unterzeichnete und sich auch öffentlich zur schleswig-holsteinischen Volksbewegung bekannte, war klar, daß der Dichter in berufliche und damit auch finanzielle Turbulenzen geraten würde. Die den dänischen Behörden verweigerte Loyalitätserklärung führte 1852 fast zwangsläufig zur Aufhebung der Anwaltszulassung; schweren Herzens mußte sich Storm entschließen, nach Preußen zu emigrieren, wo er als Anwalt arbeiten konnte. Drei unbesoldete Potsdamer Jahre ab 1853 als Assessor am Kreisgericht brachten dem gebürtigen Husumer zwar bescheidenen Anschluß an die künstlerischen Kreise Berlins, waren aber andererseits durch finanzielle Nöte, Krankheiten und hohe Reizbarkeit gekennzeichnet. Im »Militärkasino« Potsdam konnte sich der Schleswig-Holsteiner, der »eine moderat liberal-demokratische Ordnung« (K. E. Laage) kennengelernt hatte, nicht wohlfühlen. Im August 1856 erhielt er endlich eine feste Anstellung als Kreisrichter im preußischen Heiligenstadt. Acht Jahre seines Lebens sollte der protestantische Norddeutsche hier im katholischen Eichsfeld verbringen, was dem Dichter, der den Verlust von Heimat, Familie und Haus immer schmerzlich beklagte, jedoch »zu einer langsamen Erweiterung seines Lebenshorizontes« verhalf und zugleich seiner Novellistik zugute kam. In den ersten Heiligenstädter Novellen *Auf dem Staatshof* (1856/58), *Im Schloß*, *Veronika* (1861) und *Auf der Universität* (1862) hat er jenen Stil gefunden, der auch die folgenden Arbeiten bis zum Alterswerk auszeichnen wird: nämlich »ein Gewebe aus Kausalem und Irrationalem, das niemals in allen Faktoren ergründet werden kann« und welches das Tragische sowie ein auf komplexe psychologische Vorgänge gerichtetes Erzählen in seinen Text trägt (F. Martini).

Bedenkt man die räumliche Enge der Familie in der Wilhelmstraße 73, direkt gegenüber dem Haus »Vom goldenen Kreuz«, wo sich damals das Gefängnis befand, so bleibt die literarische Produktion jener Zeit eigentlich erstaunlich, denn außer den oben genannten Novellen schrieb er die Spukgeschichtensammlung *Am Kamin* (1861) und entwarf die Konzeption für die Märchen *Die Regentrude*, *Bulemanns Haus* und *Der Spiegel des Cyprianus*.

Vielleicht hat das quirlige und laute Treiben der »Kinderbande«, womit er die eigenen wie die Nachbarskinder meinte, den Dichter tatsächlich angeregt, denn sein Arbeitstag als Bagatell- und Kriminalrichter in Heiligenstadt konnte ihn keinesfalls ausfüllen. Zwei sehr charakteristische Beispiele beleuchten sowohl das turbulente Familienleben als auch das soziale Mitgefühl der Storms. An seine Mutter Lucie Storm schrieb der Dichter am 6. Dezember 1861:

»Also jetzt zur Schilderung unseres Winterlebens! In der Mittel- und in Constanzens daran angrenzender Schlafstube … ist unsre Welt: darin sitzen Hans und ich, zu arbeiten, Constanze, zu flicken, Ernst, Losche und Lite, zu malen und zu schnitzeln, darin schläft das Piepchen, tänzelt mit ihr, wenn sie wach ist, das Kindermädchen Ottilie; dahinein kommen jeden Nachmittag noch wenigstens drei Nachbarskinder, zwei Mädchen und ein Junge von unsrem Nachbar Bäcker Herold, gute wohlerzogene Kinder, mitunter noch zwei andre kleine hungrige Mädchen, Töchter eines Conducteurs Borchardt, die Pietsch und ich diesen Sommer, weil sie immer da waren und durch alle Ritzen quollen, die Ritzenqueller tauften; darin – in diesem unsern Weltgebäude nämlich – setzt sich auf Tisch und Stühlen diese ganze Kinderbande und spielt und spielt unter lebhaftem Geschrei ›Tod und Leben‹.«

Und in einem Schreiben vom 8. Februar 1864 findet sich die Schilderung folgenden Vorfalls: »Vor etwa vier Wochen, da wir die starke Kälte hatten, hörten wir das laute Weinen eines Kindes auf der Straße; und aus dem Fenster blickend, sahen wir, wie drüben im Gefangenhaus der Inspektor ein junges Zigeunerweib mit zwei Kindern mit der Hundepeitsche auf die Straße trieb. Ihr Mann war wegen Diebstahlsverdacht (er wurde wenige Tage später freigegeben) eingezogen; und sie wollte nun mit Gewalt mit eingesperrt werden. Frierend und weinend irrte sie nun auf der Straße herum, der größere Knabe schrie laut nach seinem Vater; die Dämmerung brach schon an, und draußen fror es 17 Grad. Die armen Menschen waren ohne Obdach, keine Seele erbarmte sich des Zigeunergesindels. Da haben wir ... die fahrende Heidin mit ihren Kindern an unsern Tisch gesetzt und sie mit heißem Kaffee und Semmeln erquickt. Aber dem schwarzhaarigen jungen Weibe wollte es nicht schmecken; sie dachte nur, wie ›der da drüben‹ sich um sie quälen werde ... – als nun aber die Leute satt und warm waren, da hatten wir noch nicht viel gewonnen. Nun aber trat Hans in Tätigkeit. Er ging mit ihnen in die kleinen Herbergen, zankte sich mit den Wirten; und da keiner sie aufnehmen wollte, ging er aufs Rathaus und dann zum Bürgermeister, und endlich hat er sie nach dessen Anweisung persönlich im hiesigen Armenhause untergebracht.«

Anders als in den bedrückenden Potsdamer Jahren fand der Dichter reichlich Anschluß an das gesellige Leben der Stadt. Ein Klavier, Geschenk des Vaters zu Weihnachten 1858, gab dem Musikbegeisterten täglich Gelegenheit zu musischer Beschäftigung, und im Gesangverein Heiligenstadt wirkte Storm als Dirigent und Solotenorsänger, was ihn sehr beglückte. Entsprechend kommentierte Storm die freudig erwartete Rückkehr in die geliebte Heimat, die nach dem deutsch-dänischen Krieg von 1864 möglich wurde, auch mit einem tränenden Auge: »als schiede ich von einer zweiten Heimat«.

Im Umland von Nordhausen

Die am Südhang des Harzes gelegene alte Reichsstadt wurde am Ende des 2. Weltkriegs zu drei Vierteln zerstört, so daß besonders vom mittelalterlichen Charakter einer überwiegend

Sarah Kirsch (geb. 1935), Fotografie von Isolde Ohlbaum

aus Fachwerkhäusern bestehenden Stadt nur noch wenig üb-
riggeblieben ist. 1802 und dann 1815 endgültig zu Preußen ge-
schlagen, verblich der achthundertjährige reichsstädtische
Ruhm im 19. Jahrhundert, indes der Ruf des Nordhäuser
Korns von 1500 bis zur Gegenwart kontinuierlich wuchs. Wäre
von Nordhausens Geschichte also recht viel, so von der literar-
historischen Bedeutung der Südharzstadt recht wenig zu erzählen. Kommen wir freilich auf das jedem Freund deutscher
Gegenwartslyrik bekannte Limlingerode im Landkreis Nordhausen zu sprechen, so stehen wir unversehens vor dem am
30. November 2002 als Dichterstätte eröffneten Geburtshaus
der Ingrid Bernstein, die unter dem Künstlernamen Sarah
Kirsch heute zu den bedeutendsten Lyrikerinnen und Prosa-

dichterinnen deutscher Sprache zählt. Ihr erster Gedichtband *Gespräch mit dem Saurier* erschien 1965 noch in Zusammenarbeit mit ihrem damaligen Ehemann Reiner Kirsch, die neueste Arbeit *Schwanenliebe* erschien 2001; dazwischen liegen über 20 Bücher und zahlreiche Preise, darunter der Peter-Huchel-Preis 1993 und der Georg-Büchner-Preis 1996. Als Schriftstellerin, als Lyrikerin hat sie schon in den sechziger und siebziger Jahren ihre Themen, ihren Ton gefunden: Natur und Mensch, Erde und All, Anfang und Ende. In ihrer gesellschaftlichen, politischen Existenz gab es für die über Jahre privilegierte DDR-Schriftstellerin eine deutliche Zäsur: die dem Protest gegen die Biermann-Ausbürgerung 1977 nachfolgende Übersiedlung von Berlin-Ost nach Berlin-West. Schon als Heranwachsende berauschte sie sich an Literatur, las vor allem Stifter und Storm, aber auch Keller, Kleist und Raabe, erst aus dem Bücherschrank im großelterlichen Pfarrhaus, dann in den ausgeliehenen Bänden aus der Halberstädter Stadtbücherei. Während des Biologiestudiums in Halle kam Sarah Kirsch in Kontakt mit professionellen Schreibern, und es begann – wie sie selbst sagte – ihr »zweites Leben«: ein Studium am Literaturinstitut »J. R. Becher« in Leipzig. Dem Aufenthalt in West-Berlin ab 1977 folgten Reisen nach Italien, in die Provence sowie in die USA. 1983 übersiedelte sie nach Tielenhemme in Schleswig-Holstein, damit in gewissem Sinne, wiewohl zufällig, Storms Lebensstationen in umgekehrter Reihenfolge geografisch nachvollziehend. Heimweh habe sie nie empfunden, antwortete sie auf eine entsprechende Frage im Gespräch 1993, denn sie habe »unerhörtes Glück« gehabt: »Das Haus, in dem ich aufgewachsen bin, zu dem ich sehr viel Liebe empfunden habe – ein riesengroßes Haus mit allen Schichten von Bevölkerung, in dem ich auch schon alles lernen konnte über Menschen – das ist zusammengekracht. Das Haus gab es nicht mehr. Was

ich wiedersehen möchte, sind Landschaften, da kann ich ja
nun wieder hin, Leute kann ich auch wiedersehen. Also ich
hab keinen Grund zum Heimweh.« Über Sarah Kirschs lyri-
sches Gesamtwerk kann in der hier gebotenen Kürze nicht geschrieben werden. Einen zusammenfassenden Blick versuchte
Joachim Kaiser anläßlich einer Rezension 1989: »So dichtet sie
dahin in einer Welt, die für sie zu bestehen scheint aus vorin-
dustrieller bäurischer Einsamkeit und Literatur, auf die immer wieder angespielt wird. Was Politiker und Großstädter
›Realität‹ nennen oder ›Sachzwang‹ oder ›Industrie‹, kommt
nicht wirklich vor oder nur als vage mißbilligter Fortschritt.
Dafür bleiben, immer wieder neu erlebt, Sonne und Mond,
Saat und Ernte, Sommer und Winter, Tag und Nacht. Nach
den Elementen sieht Sarah Kirsch sich, mit zugleich anarchi-
scher und archaischer Bravour, oft als Füchsin, Wölfin, Krähe.
Heiter und selbstbewußt setzt sie ihre Worte, panisch und
gleichgültig, sorglos und apokalyptisch, spökenkiekerisch und
verhalten. Sie ist die Größte.« Dichte Bilder und tönende Stille
dominieren das Gedicht »Das Dorf«. Es liegt nahe, darin Eindrücke aus Limlingeröder Kindertagen und aus dem Tielen-
hemmer Alltag reflektiert zu sehen:

Das Dorf

Am Abend war die Stille vollkommen.
Die Grillen verstummten in ihren Löchern
Auf dem Hügel die Eiche
Stand schwarz vor lackrotem Himmel.

Da kam ich ins Dorf aus dem Moor.
Ging übers glänzende Stoppelfeld

Stern und Steine leuchteten hell
In den Häusern flammte das Licht auf.

Zermahlener Staub auf der Straße.
Knöterich unter den Füßen
Reichte von Tür zu Tür, ein Sommertagteppich.

Ein anderes Gedicht der Sarah Kirsch hat bereits selbst wieder zu einem Stück Literatur geführt:

Eine Schlehe im Mund komme ich übers Feld

Eine Schlehe im Mund komme ich übers Feld
Sie rollt auf der Zunge stößt Zähne an wenn ich geh
Mein Kopf eine Schelle klappert und macht
Einen traurigen Mund
                              meiner mit einer Schlehe
Deiner Sand schon und Kieselstein
Ich drüber du drunter
Ebereschen blutrot samtrot liegts auf dem Weg
Drosseln freßt freßt
Den Herbst lang euch vogelfett an.

Reiner Kunze hat diesen Text aufgenommen und sich als Leser angeeignet. In *Am Sonnenhang*, dem »Tagebuch eines Jahres«, heißt es dazu: »Die alte, uralte Geschichte vom Liebesleid – keine dürfte öfter erzählt worden sein als diese –, und Sarah Kirsch erzählt sie, wie sie noch nie erzählt worden sein dürfte. Einen Kirschkern hat jeder schon im Mund gehabt, im Kopf aber nicht den Einfall, dieser sei nun eine Schelle. Und der Einfall ist nur das eine. Das andere ist, nicht mehr zu brauchen als dieses eine einzige poetische Bild, um die ungezählte Male erzählte Geschichte vom Liebesleid unvergeßlich neu zu erzählen.

Und so zu erzählen, daß jeder eine etwas andere Geschichte erzählt bekommt – die, für die er geschaffen ist. Das Bild hält bereit, was jeder für seine Geschichte braucht. Das, was das eigene Gedicht der Dichterin erzählt, weiß vielleicht nur sie selbst. Falls nicht auch sie erst zu einem Teil weiß.

Und das ist Poesie.«

Kunze entdeckte erst später, daß das Gedicht auch leise auf den Todestag von Johannes Bobrowski anspielte.

Ein Förderverein organisiert in der Dichterstätte »Sarah Kirsch« in Limlingerode, dem ehemaligen Pfarrhaus der 294-Seelen-Gemeinde, literarische und musikalische Veranstaltungen sowie Ausstellungen zur bildenden Kunst, womit auch auf das Doppeltalent der Dichterin verwiesen ist, die mit ihren »Akwarellern« einen schöpferischen Ausgleich sucht. Das Haus in Limlingerode soll nicht in erster Linie Museum sein, sondern ein Ort lebendiger Begegnung zwischen Dichtern, Literaturwissenschaftlern und Lesern. Die »Limlingeröder Diskurse« versuchen seit fünf Jahren, genau dies zu erreichen, und moderne Autoren, wie Ines Geipel, Undine Materni, Wilhelm Bartsch, Lutz Seiler oder Wulf Kirsten, publizierten bereits in den Limlingeröder Heften, die die »Dichterstätte Sarah Kirsch« herausgibt. Die Nordhäuser Malerin Karin Kisker begleitet die Arbeit der Dichterstätte mit ihren Porträts und Collagen, die dem Geist der alten Pfarre nachspüren.

2. Kapitel

Von Stolberg nach Gotha

Die Harzstadt Stolberg

Kulturelle Regionen werden durch ein personelles, soziologisches und institutionelles Netzwerk verknüpft, das durch willkürliche Grenzziehung äußerlich wohl durchtrennt, aber dennoch nicht wirklich außer Kraft gesetzt werden kann. So wollen wir guten Gewissens von Nordhausen aus einen kleinen Abstecher nach Norden unternehmen und uns in das Harzstädtchen Stolberg begeben, das in seiner idyllischen Tallage von einem hoch oben thronenden gräflichen Schloß beherrscht wird. Die kleine Harzstadt ist der Geburtsort Thomas Müntzers. Knapp zweihundert Jahre nach dessen gewaltsamem Tod bei Mühlhausen zieht ein Mann von Querfurt nach Stolberg – von Profession Barbier und Wundarzt –, der in der frühaufklärerischen Literatur einen wichtigen Namen trägt: Johann Gottfried Schnabel. Goethe berichtet in *Dichtung und Wahrheit*, daß die abenteuerlichen Schicksale eines Robinson Crusoe zu seiner selbstverständlichsten kindlichen Lektüre gehörten, und »daß die Insel Felsenburg nicht gefehlt habe, läßt sich denken.« Von 1731 bis 1743 ließ Johann Gottfried Schnabel in 4 Büchern seine utopischen Abenteuer in die deutsche Lesewelt gehen, die unter dem noch barocken Titel *Wunderliche FATA einiger SeeFahrer ...* erschienen und den Literaturfreunden des 18. Jahrhunderts unter dem Namen *Insel Felsenburg* bestens vertraut sind. Die äußere Handlung ist im 30jährigen Krieg angesiedelt; der Roman greift Motive galanter und pikaresker Literatur sowie der beliebten Robinsonaden auf und ist einer Staats- und Sozialutopie im pietistischen Geist verbunden. Ludwig Tieck gab das Werk 1828 neu heraus. Schnabel, als Sohn eines Pfarrers 1692 geboren, durchlief die Franckeschen Stiftungen in Halle und wurde Feldscher. In Stolberg wandelte er sich, unter gräflicher Förderung stehend, zum Schriftsteller und Herausgeber, freilich ohne davon sicher leben zu können. Seine deutsche Robinsonade ergänzte er durch die bis 1744 herausgegebene Zeitung *Stolbergsche Sammlung neuer und merckwürdiger Welt-Geschichte*. Des gräflichen »Hofagenten« und Schriftstellers gedenkt heute eine Tafel, die anläßlich seines 300. Geburtstags 1992 an einem seiner Stolberger Domizile, dem Haus am Schloßberg 5, angebracht worden ist. Schnabels weiteres Schicksal, nachdem er 1744 Stolberg im Streit verlassen mußte, verliert sich im geschichtlichen Dunkel.

Die Wipperstadt Sondershausen

Südlich von Stolberg und Nordhausen liegt die ehemalige gräflich-schwarzburgische Residenzstadt Sondershausen. Wie überall im Deutschland des 18. Jahrhunderts bildete auch hier das protestantische Pfarrhaus die Keim- und Brutstätte der sich langsam entfaltenden deutschen Literatur. Der Pfarrer, der seine Kinder selbst unterrichtete, sorgte für deren nachhaltige Bildung – der katholische Priester dagegen war zum Zölibat verpflichtet. So ist es kein Zufall, daß zahlreiche deutsche Dichter des 18. Jahrhunderts aus evangelischen Pfarrhäusern stammten: Bodmer, Gottsched, Gellert, Wieland, Schubart, Claudius, Lichtenberg, Bürger, Hölty, Lenz, Jean Paul, die Brüder Schlegel oder – wie soeben gezeigt – der zeitweilige Stolberger Schnabel.

Die Pfarrstraße in Sondershausen wurde vor diesem historischen Hintergrund also nicht grundlos zu einem religiösen, kulturellen und dann auch literarischen Fixpunkt der Residenz. Der Superintendent der Jahre 1760 bis 1765 verdient hier besonders hervorgehoben zu werden: Nikolas Dietrich Giseke. Auch er war Sohn eines evangelischen Pfarrers im niederungarischen Nemes-Cro. Nach dem frühen Tod des Vaters zu den Verwandten nach Hamburg zurückgekehrt, erhielt Giseke dort eine gediegene Schulbildung und studierte danach in Leipzig Theologie – auch dies ein typischer Bildungsweg der sich im 18. Jahrhundert herausbildenden bürgerlichen Kulturelite in Deutschland. Die protestantische Universität als Institution sei »für Geschichte und Charakter der deutschen Literatur ... kaum zu überschätzen«, urteilt Schlaffer. Nach verschiedenen Bildungs- und Berufsstationen in Hannover und Braunschweig wurde Giseke 1753 Pfarrer in Traunstein im Harz, 1754 Stiftsprediger zu Quedlinburg. In diesen Jahren arbeitete er bereits an der Zeitschrift *Bremer Beiträge* mit, in denen u. a. Christian Fürchtegott Gellert und Friedrich Gottlieb Klopstock publizierten. Am braunschweigischen Carolineum, wo sich der Sondershäuser Erbprinz Christian Günther in Ausbildung befand, erwarb sich Giseke einen so guten Ruf, daß ihn der Schwarzburger 1759, nach seinem Regierungsantritt, in seine Residenz berief. Dies war auch der Grund für den Besuch Klopstocks in Sondershausen 1762.

Der bekannteste Literat freilich, den die schwarzburgische Residenz hervorgebracht hat, ist Johann Karl Wezel. Der begabte Junge wurde vom Superintendenten Giseke gefördert und studierte von 1765 bis 1769 mit Hilfe eines fürstlichen Stipendiums in Leipzig; danach nahm er Hofmeisterstellen in Bautzen, Leipzig und Berlin an. Seine literarische Tätigkeit umfaßt nur knapp 20 Jahre – von 1773 bis in die zweite Hälfte der achtziger

Jahre. In diesem Zusammenhang reiste Wezel nach St. Petersburg, nach Wien, wahrscheinlich auch nach Frankreich und England, was allerdings bislang nicht belegt ist. Der Romanautor Wezel – er schrieb u. a. den Roman *Belphegor* und galt lange Zeit als der Verfasser des Werkes *Die Nachtwachen des Bonaventura* – blieb dem Ideengut der Frühaufklärung verhaftet, was ihn in wachsende Widersprüche mit den literarischen Strömungen des ausgehenden 18. Jahrhunderts verwickelte. Wieland bezeichnete ihn 1811 als »sonderbare(n) Meteor an unserem literarischen Lufthimmel«, mit dem er es ehrlich gemeint habe; nachfolgende Generationen vergaßen jedoch den Dichter und sein Werk. Spätestens 1793 kehrte Wezel verarmt und verbittert, von der Zensur verfolgt und den Zeitgenossen verkannt, nach Sondershausen zurück, wo er die Existenz eines Eigenbrötlers und schrulligen Sonderlings führte. Geschrieben hat er nichts mehr. Ein einschlägiges Klischee förderte die Vorstellung vom »wahnsinnigen Wezel«, der erst Mitte des 20. Jahrhunderts literarhistorisch wiederentdeckt und gewürdigt wurde. Die »Johann-Karl-Wezel-Gesellschaft« pflegt heute sein Erbe. Wezel starb 1819 in Sondershausen; sein Sterbehaus wurde 1986 mitsamt den umgebenden Gebäuden niedergerissen. 1995 ehrte die Stadt ihren Dichter mit der Aufstellung einer Gedenkstele, deren Reliefporträt der Heiligenstädter Bildhauer Werner Löwe schuf. Wezels Werk und seine noch weitgehend ungeklärten Lebensumstände, seine »Gratwanderung zwischen Provinzialität und Weltläufigkeit« (H. Bärnighausen) blieben für immer schicksalhaft mit seiner thüringischen Heimatstadt Sondershausen verbunden.

Wenigensömmern und Sömmerda

Wenigensömmern, heute ein Ortsteil von Sömmerda, einer Kreisstadt nördlich von Erfurt, werden nur wenige Kenner einen Platz in der thüringischen Literaturgeschichte zuweisen können. Und doch ist das Rittergut von Wenigensömmern mit dem Namen des coburgischen Geheimen Rates und weimarischen Hofmarschalls Caspar von Teutleben verbunden, der dort lange Jahre auf seinem Besitz gelebt hat und im Februar 1629 starb. Caspar von Teutleben entstammte einem alten thüringischen Adelsgeschlecht, hatte an der Salana, der Jenenser Universität, Jurisprudenz studiert und auf mehreren Reisen Italien kennengelernt. Da er später in den Dienst der Herzöge von Sachsen-Weimar trat, nahm er als weimarischer Hofmarschall am 24. August 1617 an den Trauer- und Beisetzungsfeierlichkeiten der Herzoginmutter Dorothea Maria teil, die an den Folgen eines Reitunfalls gestorben war. Der Überlieferung nach unterbreitete Teutleben den anwesenden Fürsten Ludwig I. von Anhalt-Köthen und Johann Ernst d. J. von Sachsen-Weimar den Vorschlag, nach dem Vorbild der italienischen »Accademia della Crusca« eine deutsche Akademie zu gründen, auf die wir im Zusammenhang mit Weimar erneut stoßen werden. Die 1582 ins Leben gerufene italienische Sozietät hatte Teutleben im Jahre 1600 in Florenz kennengelernt, auf seinen Vorschlag hin erhielt die deutsche Neugründung den Namen »Fruchtbringende Gesellschaft«. Jedes Mitglied erhielt einen Gesellschaftsnamen, der aus der Pflanzenwelt entnommen wurde und die Gleichheit aller Mitglieder mit der Auflage zu »fruchtbringender« Tätigkeit festschrieb; dazu kam ein entsprechendes Gemälde, die »Imprese«, und ein bezeichnender Wahlspruch, die »Devise«. Gemälde und Wahlspruch der Gesamtgesellschaft waren der »Indianische Palmen- oder

Nussbaum« als Sinnbild der Nützlichkeit sowie der analoge Wahlspruch »Alles zu Nutzen«. In sorgfältig geführten Mitgliedsbüchern wurden die Teilnehmer mit Kupferstich, Imprese und Devise festgehalten. Caspar von Teutleben war »Der Mehlreiche«, Fürst Ludwig I. von Anhalt-Köthen, das erste Oberhaupt der Gesellschaft, erhielt den Namen »Der Mehrende«, Herzog Wilhelm IV. von Sachsen-Weimar, nach dem Tod seines Vorgängers zweites Oberhaupt des Palmenordens, wurde »Der Schmakkhafte« benannt.

Ziel der Gesellschaft war die programmatische Pflege, Reinigung und Reinerhaltung der deutschen Sprache, Bewahrung und Förderung ihrer Kraft und Schönheit in Verbindung mit sittlich-patriotischen Grundsätzen. Im Sinne einer beispiel- und tugendhaften Gesellschaft sollten bei der Aufnahme von neuen Mitgliedern weder deren Stand noch deren Konfession eine Rolle spielen, so daß in der Folge Adlige und Bürgerliche, Protestanten wie auch Katholiken aufgenommen wurden. Deutsche Dichter von Rang, die vor allem in den vierziger Jahren des 17. Jahrhunderts, der Blütezeit des Ordens, aufgenommen wurden, waren z. B. Martin Opitz, August Buchner, Georg Philipp Harsdörffer, Justus Georg Schottel, Johann Michael Moscherosch, Johann von Rist, Philipp Zesen und Friedrich von Logau. Als die »Fruchtbringende Gesellschaft« nach dem Tod ihres dritten Oberhaupts, des Herzogs August von Sachsen-Weißenfels, 1680 aufgelöst wurde, bildete sie mit 890 Mitgliedern die größte Sprachakademie im akademieträchtigen Europa. Caspar von Teutleben beschäftigte sich auch mit rhetorischen Fragen und deutschen Gedichten. Seiner Eloquenz und hochentwickelten Sprachfertigkeit im Deutschen – zu einer Zeit, da das Lateinische und das Französische die Konversationssprachen der europäischen Kulturelite bildeten – verdankte er den ehrenden Namen »deutscher Cicero«.

Teutlebens Ruhm verbindet sich in erster Linie mit der Einführung des Palmenordens 1617; wichtiger für die spätere Entwicklung der Sprachsozietät war der Mühlhäuser Tuchhändlerssohn und Dichter Georg Neumark, der 1652 als Bibliothekar, Registrator und Hofdichter in den Dienst Herzog Wilhelms IV. trat und 1656 als Sekretär und »Erzschreinhalter«, d. h. als Verwalter des Gesellschaftsarchivs, die Leitung übernahm. Andreas Gryphius z. B. trat unter Neumarks Geschäftsführung als letzter bedeutender Dichter dem Palmenorden bei. Neumark war es schließlich auch, der 1668 in Weimar die erste Geschichte dieser bedeutendsten deutschen Sprachakademie erscheinen ließ: *Der Neu-sprossende Teutsche Palmbaum.* Zu den Wenigensömmerer Zeitgenossen Caspar von Teutlebens zählte der dortige Pfarrer Johann Christoph Göring, der sich mit seiner 1645 in Hamburg erschienenen Gedichtsammlung *Liebes-Meyen-Blühmlein* einen Namen gemacht hatte, obwohl er sich selbst unter den »hohe(n) Zedern Beumen« des deutschen Poetenwaldes nur als »kleinstes Streuchlein« sah. Seine zumeist in Thüringen entstandenen Liebeslieder wollten ein breiteres Lesepublikum erreichen, Volkslieder sein und erreichten bis 1660 fünf Auflagen – eine beachtliche Tatsache vor dem Hintergrund des Elends in Deutschland.

»Salzmanien« in Schnepfenthal

In Schnepfenthal, südlich der Autobahnabfahrt Waltershausen, befindet sich heute das einzige noch erhaltene Philantropinum Deutschlands. Die Lokalität mit ihren landschaftlichen Reizen schien Christian Gotthilf Salzmann aus Sömmerda geradezu ideal für seine pädagogischen Zwecke geeignet, als er

*Christian Gotthilf
Salzmann (1744–1811),
Punktierstich von
Johann Friedrich Bolt,
undat.*

1784 seine Erziehungsanstalt begründete: »Und wenn ich die
Freiheit gehabt hätte«, schrieb er später begeistert, »ganz
Deutschland zu durchreisen und mir den Platz zu wählen, der
mir am besten gefiele, so zweifle ich, ob ich einen schickliche-
ren als Schnepfenthal hätte finden können … Die Gegend ist
so schön, daß sie gewiß mit vielen schweizerischen wetteifern
kann. Berg und Tal, Wald und Wiesen und Teiche sind in der
mannigfaltigsten Abwechslung. Ich kann in derselben nie
wandeln, ohne zur Fröhlichkeit und Tätigkeit gestimmt zurück zu kommen, und schwerlich wird ein Fremder sie besuchen, ohne durch sie bezaubert zu sein. Die Natur zu studieren, sind gewiß wenige Plätze schicklicher als Schnepfenthal.«

Salzmanns Refugium besuchten in der Tat zahlreiche namhafte Gäste, darunter Goethe und Wieland, Klopstock und Fichte, Jean Paul und Kotzebue, nicht in erster Linie um der landschaftlichen Schönheiten Schnepfenthals willen, sondern um die pädagogischen Grundsätze kennenzulernen, nach denen der berühmte Pädagoge verfuhr, und um das Gespräch mit ihm zu suchen. Der Philantropismus, die pädagogische Bewegung der Aufklärung, hatte Salzmann geprägt. Als er 1784 in Schnepfenthal ankam und mit der Errichtung des ersten Schul- und Wohnhauses begann (das zweite wurde 1792 erbaut), lagen bereits wichtige Lebensstationen hinter ihm. Er war Pfarrer in Erfurt und hatte dann drei entscheidende Jahre, von 1781 bis 1784, am berühmten Dessauer »Philantropinum« gearbeitet, das 1774 von Johann Bernhard Basedow gegründet worden war. Eine natürliche, naturgemäße und auch naturnahe Lebensweise und Erziehung waren die Maßstäbe der dortigen Erziehungsanstalt, denen auch Salzmann in Schnepfenthal nachstrebte. Inmitten seiner großen Schar von Zöglingen, die nicht nur aus Deutschland, sondern auch aus vielen Ländern der Welt kamen – darunter Dänemark, England, Frankreich, Rußland, Ungarn, Schweden, die Schweiz, die Niederlande, Belgien, Portugal, Polen, ja sogar Nordamerika, Kuba und Brasilien –, schuf Salzmann zugleich sein literarisch-didaktisches Werk: Untersuchungen, Lebens- und Erziehungsratschläge, Erzählungen, Zeitungs- und Zeitschriftenpublikationen. In zahlreichen populären Volks- und Unterhaltungsbüchern vertrat er seine Thesen von der Beeinflußbarkeit der eigenen wie der kindlichen Existenz durch Erziehung. Mit dem sechsbändigen Roman *Carl von Carlsberg oder Über das menschliche Elend*, der von 1783 bis 1786 erschien, schuf er einen zeitgenössischen Bestseller, der das vielgelesene *Journal des Luxus und der Moden* des Weimarer Unternehmers

Friedrich Justin Bertuch 1792 sogar von einer »Epoche des Karl von Karlsberg« sprechen ließ. Salzmann nutzte Elemente der vielgelesenen Reiseliteratur, um seinem Helden und dessen Freunden auf ihren Fahrten die soziale Realität der Zeit eindrücklich vor Augen zu führen: Von den Bauern und Bürgern über den Adel begegnen sie allen Schichten bis zu den ersten Fabrikarbeitern. Des Autors humanistisches Credo: Der Mensch ist gut! zieht sich wie ein roter Faden durch das Werk und bestimmt das Handeln seines adligen Helden. Salzmann blieb bei solchen literarischen Utopien nicht stehen; nicht weniger erfolgreich und noch zu Lebzeiten des Autors in viele europäische und außereuropäische Sprachen übersetzt, waren sein *Krebsbüchlein oder Anweisung zu einer unvernünftigen Erziehung der Kinder* (1780) und das *Ameisenbüchlein oder Anweisung zu einer vernünftigen Erziehung der Erzieher* (1806), in denen er seine Ideen einer »Erziehung zum Menschen« darlegte.

Heute ist das Gymnasium Salzmannschule Schnepfenthal in den beiden Gebäuden, die Mitte des 19. Jahrhunderts durch einen hohen, mit Spitzhelm gekrönten Turm verbunden wurden, untergebracht. In diesem letzten noch tätigen Philantropinum Deutschlands werden die gleichen Traditionen gepflegt, die der Begründer einst vorgab. Salzmann starb nach 27jährigem erfolgreichen Wirken in Schnepfenthal und fand seine letzte Ruhe auf dem Waldfriedhof in der Schnepfenthaler Hardt: seinem Wunsch gemäß ohne Grabstein.

Die Residenzstadt Gotha

Thüringen gehört zu jenen deutschen Territorien, die unter den Folgen des 30jährigen Krieges am meisten gelitten haben.

Gewaltige Massen von Söldnern aller Parteien haben jahrelang das Land durchzogen, biwakiert, requiriert, geplündert, gesengt und gemordet. Der Bevölkerungsrückgang durch Krieg, Hunger und Seuchen betrug 50%, in einigen Gebieten zwei Drittel des Vorkriegsstandes. Die Hälfte der Häuser auf dem Land war zerstört, der Viehbestand fast völlig vernichtet, die Äcker zumeist wüst, viele Dörfer völlig verlassen. Neben dem materiellen Schaden beklagten kritische Zeitgenossen die moralische Zerrüttung und Entwurzelung der Menschen. Das einstmals vorbildlich organisierte Kirchen- und Schulwesen Thüringens war zerschlagen. Literarisch fand diese Katastrophe ihren Niederschlag im ersten deutschen Entwicklungsroman, dem *Abenteuerlichen Simplicissimus* (1668) von Hans Jakob Christoffel von Grimmelshausen.

Das Ende des 30jährigen Krieges erforderte in den thüringischen Kleinstaaten einen politischen, wirtschaftlichen und geistig-kulturellen Neuanfang. Die Führungsrolle übernahm dabei das Herzogtum Sachsen-Gotha, an dessen Spitze seit 1640 der bedeutendste thüringische Fürst des Absolutismus stand: Ernst I. von Sachsen-Gotha, dem schon bald der Beiname »der Fromme« zuerkannt wurde und den das Volk ehrfürchtig »Beternst« nannte. Noch mitten im Krieg begann er umgehend mit der Reorganisation eines mustergültigen Staatswesens und ließ sich dabei von einem ungewöhnlich hohen Ethos bezüglich seiner landesherrlichen Stellung und Verantwortung, gepaart mit einer tiefempfundenen Frömmigkeit leiten.

Einem geregelten kirchlichen Leben galten seine ersten Anstrengungen, zugleich setzte er Schulzwang bis zum 12. Lebensjahr durch – ein Novum im damaligen Europa. Das Gothaer Gymnasium unter seinem Rektor Andreas Meyer erwarb sich europaweit eine Vorreiterrolle. Ernst reformierte das

*Herzog Ernst I., der
Fromme (1601–1675),
Kupferstich von
J. C. Bockler, undat.*

Rechtswesen mit der neuen Landesordnung von 1653; die Gerichts- und Prozeßordnung von 1670 beseitigte das vorherige Chaos auf diesem Gebiet. Die Neuorganisationen der Landesverwaltung, der Finanzen, der Armen- und Krankenpflege und im Bereich der Wissenschafts- und Kunstförderung folgten.

Über den drei Behörden – Regierung als oberster Verwaltungsbehörde, Konsistorium als geistliche Oberbehörde (mit Schulkompetenzen) und Kammer für Finanzfragen – stand der »Geheime Rat« als Beratungsorgan des Landes. Dieses System der »patriarchalischen Zentralverwaltung« übernahmen die meisten thüringischen Kleinstaaten und praktizierten es bis ins 19. Jahrhundert hinein. An der Seite Ernsts standen erfahrene und verläßliche Beamte, darunter der Leiter des Kammerkollegiums und spätere Chef des »Geheimen Rates« Veit Ludwig von Seckendorff, der als der versierteste deutsche

Staats- und Verwaltungstheoretiker des Absolutismus galt. Sein Hauptwerk *Der teutsche Fürstenstaat* (1656), das er im Auftrag des Landesherrn verfaßt hatte, erwarb sich den Rang eines »Lehrbuchs des Wiederaufbaus« nach dem 30jährigen Krieg. Es galt jahrzehntelang als Standardwerk für das staatswissenschaftliche Studium an den protestantischen Universitäten Deutschlands. Seckendorff, der einem fränkischen Uradelsgeschlecht entstammte, stand am Ende seines Lebens als Kanzler der in Gründung befindlichen Universität in Halle vor; bekannt geworden war er 1688 mit seiner Schrift *Commentarius historicus et apologeticus de Lutheranismo*.

Der Zentralismus Ernsts des Frommen war engstens verbunden mit dem Schloß »Friedenstein«, das als größte frühbarocke Schloßanlage in den Jahren 1643 bis 1654 erbaut wurde. Der Vorgängerbau, der »Grimmenstein«, war infolge der Auseinandersetzungen zwischen dem Kaiser und den weimarischen Fürsten 1572 geschliffen worden, die neue Namensgebung war für Ernst programmatisch. Neben den herzoglichen Wohnräumen barg das Schloß alle für eine straffe Regierung notwendigen Institutionen: die Münze, die Kirche, die Bibliothek, das Archiv, das Zeughaus, den Marstall, Behörden-, Vorrats- und Wirtschaftstrakte. Auch ein Komödiengemach existierte, wiewohl unter Ernst das höfische Leben recht karg und kümmerlich verlief. Immerhin gründete er eine Hofkapelle, die sich der geistlichen Musik widmete, indes an anderen deutschen Höfen schon die italienische Oper gepflegt wurde. Auch das Theaterspiel hat der Fürst nicht gefördert; barocke Zurschaustellung war ihm zuwider und zu teuer. Nur ein einziger Dichter scheint an Ernsts Hof, der alles andere als ein Musenhof war, gewirkt zu haben: Daniel Richter. Dieser hat zumindest auf den Kronprinzen, den späteren Herzog Friedrich I., einen gewissen Einfluß ausgeübt und damit das später aufblühende

Theaterwesen vorbereitet. Seine eigenen Stücke zielten im Sinne eines protestantischen Moralkodex auf »papistische« Laster, wie man sie z. B. am Hof zu Wien, bei den Habsburgern, oder am Hof zu Versailles, bei den Bourbonen, zu finden meinte; Sachsen-Gotha wird als Tugendhort dagegengestellt. Aber auch einige wenige traditionelle, dem höfischen Theater verpflichtete Aufführungen fanden in Gotha statt. Ein Stück mit dem Titel *Sing-Spiel* ist als Huldigung auf den Herrscher zu verstehen, den Huldigungsgesang trägt das »Sternenheer« der Gothaer Schuljugend vor (»Stern« ist ein Anagramm des Namens »Ernst«):

> ER läßt Ihm lange Zeit und Jahre brennend bleiben /
> Und alle Dunkelheit der Lasternacht vertreiben.
> Er häufe seinen Glanz der Tugend mehr und mehr /
> Daß ER so lichte sei / als wie das STERNEN-Heer.

> Es laß uns auch zuletzt der Herrscher dieser Erden
> Diese unser Landeslicht hochtäglich heller werden /
> Und seinen Aufgangs-Tag zum öftern wieder sehn /
> So wirds uns wohl um uns und unser liebes Gotha
> stehn.

Im Jahre 2002 beging Gotha feierlich den 400. Geburtstag Ernsts des Frommen, und auf dem »Friedenstein« fand eine würdigende Ausstellung statt.

Durch einen Nachfahren Ernsts des Frommen, den damaligen 14jährigen Erbprinzen Friedrich von Sachsen-Gotha, kam ein Mann mit der thüringischen Residenz in Berührung, der europaweite Berühmtheit erlangen sollte: Friedrich Melchior Grimm. 1748 oder 1749 war er in Paris eingetroffen, fast ganz aufs Geratewohl und auf die Gunst des Zufalls hoffend, die

sich in der Person des Gothaer Fürstensprosses und seiner Rei-
segesellschaft auch prompt einstellte. Im Umkreis dieses Knaben traf Grimm auf Förderer, die ihm aufgrund früherer Bekanntschaften gewogen waren, so den Baron von Studnitz, der
als Resident des Gothaer Herzogs am Versailler Hof galt, und
den Baron von Thun, den Mentor und Erzieher des Erbprinzen Friedrich. Auch Emanuel Christoph Klüpfel, der als Reise-
prediger zu der fürstlichen Gesellschaft zählte und später der
Begründer des gothaischen Hofkalenders wurde, freundete
sich mit dem 25jährigen Grimm an, der als Vorleser beim
Prinzen eine erste Anstellung fand. 1750 wurde er Sekretär bei
dem Grafen August Heinrich von Friesen, der als Generalma-
jor im französischen Heer diente. In dessen Pariser Haus
lernte Grimm Jean Jacques Rousseau kennen, der den neuge-
wonnenen Freund wiederum mit Frau von Epinay und mit
Diderot bekanntmachte. Damit hatte der Pfarrerssohn und
Gottsched-Schüler Grimm die beiden Menschen gefunden,
die während seines über vierzigjährigen Aufenthalts in Paris
seine verläßlichsten Freunde wurden und seine einzigartige
Mittlerstellung zwischen französischer und deutscher Kultur
erst ermöglichten: »die Frau, die von allen ihn am zärtlichsten
geliebt, deren Haus, deren Familie schließlich die seine ward;
der Freund, dessen Treue, Hingebung und Bewunderung bis
zu seinem Tode aushielt«, wie Karl Frenzel 1895 urteilte.
Grimm, der aufgrund seiner Erziehung und Bildung, seiner
Umfangsformen, seiner französischen Sprachkenntnisse und
nicht zuletzt seiner Menschenkenntnis schon in den ersten Pariser Jahren einen festen Platz in der hauptstädtischen Gesellschaft erworben hatte und im Kreis der Enzyklopädisten verkehrte, verfaßte über 20 Jahre lang, von 1753 bis 1773, seine
Correspondance littéraire, philosophique et critique, in der er
über das kulturelle Leben in Paris, über die neuesten Erschei-

nungen der Literatur, über die Comédie française berichtete, auch Anekdoten, Skandale, Klatsch und Witze nicht ausließ. Diese Art Schriftstellerei, Neuigkeiten aus Paris, dem Nabel der kultivierten Welt, zu verbreiten, entsprach dem Zeitgeist; fast alle deutschen Höfe verfügten über eigene Berichterstatter, die man »novellistes« nannte. Die erste Nummer versandte Grimm im Mai 1753; sein geschliffener Stil und seine subtilen Kenntnisse der Pariser Szene vergrößerten bald seinen Abnehmerkreis.

1754 abonnierte die Herzogin von Gotha und die Landgräfin Dorothea von Hessen – »sexu femina, ingenio vir«, soll Friedrich II. von ihr gesagt haben –, 1754 die Königin von Schweden, Ulrike, Friedrichs Schwester, 1763 Kaiserin Katharina II. von Rußland, 1767 der König von Polen, Stanislaus Poniatowski, die Zeitschrift. Später kamen der Herzog von Sachsen-Weimar, der Großherzog Leopold von Toskana, ein Markgraf von Ansbach, eine Prinzessin von Nassau-Saarbrücken hinzu.

Friedrich der Große erhielt die *Korrespondenzen* umsonst (trotzdem gefielen ihm die Briefe Voltaires besser), aber die anderen fürstlichen Bezieher zahlten meist sehr gut. Der arme Polenkönig gab nur 40 polnische Dukaten, dafür legte die großzügige Zarin Katharina 1500 Franken für das Jahresabonnement hin. Grimms Erfolgsbasis war seine intime Kenntnis der Pariser Verhältnisse; eine Denunziation infolge weitverbreiteter Drucke konnte er nicht riskieren. So blieb seine »Literarische Korrespondenz« eine Rarität; das Geld spielte für ihn nicht die Hauptrolle.

15 Exemplare des jeweils 6 bis 12 Druckseiten umfassenden Konvoluts, handgeschrieben immerhin in Heftstärke, handschriftlich vervielfältigt, traten im 14tägigen Rhythmus den Weg in teils weit entfernte Hauptstädte Europas an, wo sie mit Begier und Freude aufgenommen und weitergereicht wurden.

Aus sicherem zeitlichen Abstand fällt Goethes Urteil über die *Korrespondenzen* freilich kritischer aus. Am 17. Oktober 1812 schrieb er aus Weimar an den Freund und Literaturkenner Karl Ludwig von Knebel:

»Hier interessirt uns hauptsächlich die handschriftlich bekannte Correspondenz des Herrn Baron von Grimm. Es bleibt immer ein höchst bedeutendes Werk, ein reiches Document einer einzigen Zeit. Jedermann kann sich daraus etwas anders zueignen, und doch ist es nicht ungerecht zu sagen: man erfährt viel dadurch, aber man lernt nichts daraus.

Ich habe mir den Spaß gemacht, alle Worte auszuziehen, wodurch Menschen sowohl als literarische und sociale Gegenstände verkleinert, gescholten oder gar vernichtet werden, und ich denke daraus ein dictionnaire détractif zu bilden, welches dem dictionnaire des négations des Herrn Pougens zum Supplement dienen mag. Geisterhebendes findet sich wenig. Voltaire ist im Verschwinden, Rousseau im Verborgnen, Buffon macht kein eigentliches Aufsehen, d'Alembert, Helvetius und andere erscheinen auch nur von ihrer klugen Seite. Die alten Literatoren sterben achtzigjährig und von dem Neuen soll nichts gelten. Die nordischen Heroen Catharina, Friedrich, Gustav, der Erbprinz von Braunschweig und andere erscheinen als erbärmliche Tributairs des französischen Sprach- und Schwätzübergewichts. Zwey einzige Figuren halten sich aufrecht in dem socialen, politischen, religiosen Conflict, wo immer einer den andern zu vernichten sucht, und die beyden sind Diderot und Galliani.«

Grimms Leistung bleibt dennoch erstaunlich; das Verfassen der Texte über die zuvor recherchierten Fakten füllte seine Tage; das Kopieren und Versenden erforderten weitere Aufmerksamkeit und Kraft. Seine schriftstellerische Tätigkeit erlosch im Jahre 1773; an die Stelle des Literaten trat der Diplomat, der kritiklose Verehrer Katharinas II., deren Charme und einnehmendem Wesen er seit seiner Petersburger Reise rettungslos verfallen war. Die *Literarische Korrespondenz* – »ma boutique«, wie er es nannte – übergab er an seinen Sekretär Jakob Heinrich Meister, einen Pfarrerssohn aus Zürich.

Grimms weiteres Schicksal in Frankreich und auf seinen zahlreichen Reisen gehört nicht mehr hierher. Die Gefährtin seines Lebens, Louise von Epinay, starb 1783, sein Freund Diderot im Jahr darauf. Grimm, der 1771 baronisiert und 1777 zum gothaischen Minister ernannt worden war, mußte nach Ausbruch der Revolution Frankreich verlassen, wobei auch sein großes Vermögen verlorenging. 1793 siedelte er mit der Enkelin der Frau von Epinay und deren zwei Kindern nach Gotha über. Herzog Ernst überließ den Flüchtlingen ein Haus in Schloßnähe, und Katharina die Große sorgte bis zu ihrem Tod 1796 für das materielle Wohlergehen ihres Bewunderers. Vierundachtzigjährig, fast vergessen, teils erblindet und halb gelähmt, starb Grimm am 19. Dezember 1807 und fand seine letzte Ruhe auf dem kleinen Friedhof von Siebleben bei Gotha. Gustav Freytag, der »Einsiedler von Siebleben«, hat die verfallene Grabplatte in der zweiten Hälfte des 19. Jahrhunderts noch einmal auffrischen lassen. Die älteste Tochter der Gräfin Bueil, Kathinka, die Urenkelin der Frau von Epinay, heiratete den Freiherrn Karl Emil von Bechtolsheim, den Sohn der Juliane Auguste Christine Freifrau von Bechtolsheim, in deren Eisenacher Haus – der Gatte war Kanzler und Oberkonsistorialpräsident – Goethe gern und oft verkehrte. Goethe traf Grimm erstmals 1777 auf der Wartburg und 1781 in Gotha, dann 1792 unter den fliehenden Emigranten in Düsseldorf und letztmalig 1801 erneut in Gotha. Er, der dem Papiergeld skeptisch und ablehnend gegenüberstand, erzählte oft und gern folgende Anekdote, die Eckermann überliefert hat:

»Wir waren«, sagte Goethe, »eines Tages bei Grimm zu Tisch. Ich weiß nicht mehr, wie das Gespräch es herbeiführte, genug, Grimm rief mit einem Male; ›Ich wette, daß kein Monarch in Europa ein Paar so kostbare Handmanschetten besitzt als ich, und daß keiner dafür einen so hohen Preis bezahlt hat, als ich es habe.‹ – Es läßt sich denken, daß wir ein lautes ungläubiges Erstaunen ausdrückten, besonders die Damen, und daß wir alle sehr neugierig waren, ein Paar so wunderbare Handmanschetten zu sehen. Grimm stand also auf und holte aus seinem Schränkchen ein Paar Spitzenmanschetten von so großer Pracht, daß wir alle in laute Verwunderung ausbrachen. Wir versuchten es, sie zu schätzen, konnten sie jedoch nicht höher halten als etwa zu hundert bis zweihundert Louisdor. Grimm lachte und rief; ›Ihr seid sehr weit vom Ziele! Ich habe sie mit zweimalhundertundfunfzigtausend Franken bezahlt und war noch glücklich, meine Assignaten so gut angebracht zu haben. Am nächsten Tage galten sie keinen Groschen mehr.‹«

Nur drei Jahre älter als Grimm war der gebürtige Hamburger Conrad Ekhof, dessen Name untrennbar mit Gotha verbunden bleibt. Nach einer keineswegs einfachen Kindheit – der Vater war Hamburger Stadtsoldat – entschied sich Ekhof, seinen Neigungen folgend, schon als junger Mann für den Schauspielerberuf. Es war zu der Zeit eine Entscheidung für eine übelbeleumundete Berufsgruppe. Er selbst schrieb später rückblickend:

»Herumreisende Gauklertruppen, die durch ganz Deutschland von einem Jahrmarkt zum anderen laufen, belustigen den Pöbel durch niederträchtige Possen. Der Hauptfehler des deutschen Theaters war der Mangel an guten Stücken; die, welche man aufführte, waren gleich lächerlich vor dem Plane, als nach der Darstellung…

Conrad Ekhof
(1720–1778),
Kupferstich von
Friedrich Müller,
um 1815

Ein anderer Fehler der alten deutschen Stücke, und zwar der meisten ist, daß sie nicht durchgängig niedergeschrieben sind. Die Komödianten besitzen vielmehr gemeiniglich nur den Entwurf davon und spielen alles aus dem Stegreife. Hanswurst vor allem findet da ein Feld, seinen Einfällen freien Lauf zu lassen. Im übrigen war alles widerwärtig: eine schlechte bretterne Bude diente zum Komödienhause; die Verzierungen darin waren jämmerlich, die Akteurs, die in Lumpen gehüllt waren und konfiszierte alte Perücken aufhatten, sahen aus wie in Helden verkleidete Mietkutscher; mit einem Worte, die Komödie war ein Vergnügen nur für den Pöbel. Mitten in dieser Barbarei wagte eine liebenswürdige Frau den Vorsatz zu fassen, das deutsche Theater zu reinigen und ihm eine vernünftige Form zu geben.«

Diese Frau war Friederike Caroline Neuber, die bedeutendste deutsche Schauspielerin des achtzehnten Jahrhunderts. Sie leitete erste Reformen in der Bühnenpraxis ein, verbannte z. B. den Harlekin von der Bühne. Ekhof war in verschiedenen Schauspielgruppen tätig, wo er sein großes Talent allmählich ausbilden und zur Blüte bringen konnte. In der Schönemannschen, in der Ackermannschen, zuletzt in der Seylerschen Schauspielergruppe hatte der Künstler seine Auffassung entwickelt, den französischen klassischen Stil mit einer ernsten realistischen Darstellungsweise zu verknüpfen. Ekhof war mit der Seylerschen Truppe seit 1771 in Weimar engagiert, als durch den Schloßbrand von 1774 auch die dortige Bühne vernichtet wurde. Auf Vermittlung der Herzogin Anna Amalia wechselten die Schauspieler nach Gotha, der letzten Lebensstation Ekhofs. Zu der Zeit galt er, mit 54 Jahren ein erfahrener Bühnenkünstler, bereits als »Vater der deutschen Schauspielkunst« und hatte sich beachtliche Verdienste um die künstlerische und soziale Verbesserung des Schauspielerstandes erworben. Die Gründung einer Schauspielerakademie sowie einer Pensions- und Totenkasse waren freilich über ihre Anfänge nicht hinausgekommen.

Welche künstlerischen Leistungen Ekhof zu vollbringen vermochte, überlieferte z. B. Christoph Friedrich Nikolai, der bekannte Berliner Buchhändler, Verleger, aufklärerische Schriftsteller und Freund Lessings: »Ich hielt mich im Mai 1773 einige Tage in Weimar auf. Die Absicht dieser Reise war, Wieland und Musäus persönlich kennenzulernen und die Rolle des Odoardo in Lessings *Emilia Galotti* von Ekhof spielen zu sehen, dessen Talent mir Lessing so oft als einzig in seiner Art gepriesen hatte.

Wenn man Ekhof außer der Bühne sah, hatte er gar nicht die glückliche körperliche Figur Garricks, welche Lichtenberg so treffend beschreibt. Alles war an ihm Kraft und Besonnenheit; der stärkste wie der leiseste Ausdruck stand ihm zu Gebote. Ich habe ihn nachher, als die Seylersche Gesellschaft in Leipzig war, mehrere Rollen und von höchst verschiedener Art spielen sehen. In keiner war er Ekhof –, in jeder war er an Stellung, an Bewegung, an Gang, an Mienen und ich möchte fast sagen, an Gestalt des Gesichts, der Mann, den er vorstellte. Es ist unglaublich, bis auf welchen Grad er aus sich selbst herausgehen, sich auch in das Äußerliche des Charakters, den er vorzustellen hatte, hinein individualisieren konnte.«

In Gotha wurden Ekhof die höchsten Ehren zuteil, denn das Terrain war günstig. Das Schloßtheater war, ungeachtet einiger technischer Mängel, spielbereit, und so konnte bereits im Sommer 1774 mit dem Theaterbetrieb begonnen werden. Jeweils an drei Tagen der Woche wurde ein mehraktiges Hauptspiel aufgeführt, dem eine einaktige Komödie oder ein Ballett folgten. Ekhof wurde hier der Direktor des ersten deutschen Hoftheaters und betrat in zahlreichen Hauptrollen die Bühne. Heinrich August Ottokar Reichard beschrieb die Ausstrahlung des Schauspielers in seiner Autobiografie:

»Als ich nun den kleinen, unscheinbaren Mann vor mir erblickte, mit der anstoßenden Zunge, mit den einwärts gekehrten Füßen, sich stützend auf eine Art Krücke und krumm und gebückt daher watschelnd, – da war es mir wohl zu verzeihen, wenn ich wieder einmal ein schlagendes Beispiel der alten Wahrnehmung vor Augen zu haben wähnte: wie trügerisch doch der Nimbus eines berühmten Namens sei. Um so höher stieg am nächsten Abend mein Erstaunen, als ich eben denselben kleinen Mann als Richard III. auftreten sah. Dieser stattliche, gewaltig und hochragend einherschreitende König mit der Kraftstimme – und jener hinfällige, schwache Greis von gestern? Eine solche Verwandlung schien fast Zauberei.«

Mit dem Wirken Ekhofs in Gotha bis zu seinem Tod am 16. Juni 1778 war die Blütezeit des 1683 gegründeten Hoftheaters verbunden. Herzog Ernst II. von Sachsen-Gotha-Altenburg kommt das Verdienst zu, der entscheidende Förderer dieses Theaters gewesen zu sein. Von hier aus korrespondierte Ekhof mit zahlreichen Schriftstellern und Berufskollegen in Deutschland, von Gotha aus unternahm er 1778 seine berühmte Gastreise nach Weimar, wo er gemeinsam mit Goethe, der Hofdame Louise von Göchhausen, dem Herzog Carl August und dessen Bruder Constantin im Stück *Der Westindier* auftrat und brillierte. Nichts bezeichnet den sozialen Wandel des Schauspielerberufs innerhalb von nur 20 Jahren besser als die Tatsache, daß es selbst einem regierenden Fürsten nicht mehr zur Schande gereichte, mit einem Berufsschauspieler gemeinsam auf der Bühne zu agieren. Nach 1779 wurde es um den einstigen Theatermittelpunkt Deutschlands sehr ruhig. Erst ab 1966 begann allmählich die Wiederbelebung.

Seit 1996 bemüht sich das Ekhof-Theater mit seiner einmaligen historischen Bühnentechnik, vor allem Stücke des 18. Jahrhunderts zur Aufführung zu bringen. Das heutige Theater, in dessen restauriertem Zuschauerraum etwa 200 Personen Platz finden, führt damit die großen Traditionen fort, die der Namensgeber vor mehr als 230 Jahren begründete.

Gothas literarische Bedeutung im 19. Jahrhundert verbindet sich mit dem Namen Gustav Freytags, der seit 1851 sein Tuskulum im heute eingemeindeten Dorf Siebleben einrichtete. Der 1816 in Kreuzburg geborene Oberschlesier, der sich immer als überzeugter Preuße mit liberaler Gesinnung verstand, begann im Revolutionsjahr 1848 seine Laufbahn als Journalist bei der Leipziger Wochenzeitung *Die Grenzboten*, mit der er für die

*Gustav Freytag
(1810–1895),
Radierung von
Karl Stauffer-Bern, 1886*

deutsche Einigung eintrat. Leipzig, die alte Handels-, Messe-, Buch- und Universitätsstadt, geprägt von einem prosperierenden, akademisch gebildeten Bürgertum, hat auch den Dichter Freytag geformt. Ob in seinem Lustspiel *Die Journalisten* (1852) oder in seinen später in Gotha-Siebleben entstandenen kulturhistorischen Schriften und Romanen, etwa *Soll und Haben* (1853/55), *Bilder aus der deutschen Vergangenheit* (1852/67) oder der Biografie *Karl Mathy* (1869) – stets feierte und verherrlichte (und idealisierte) er das aufsteigende deutsche Bürgertum, dessen Vorbild ihm vielfach sein Leipziger Freundes- und Bekanntenkreis war. Zu seinen engeren Freunden zählten die Historiker Theodor Mommsen und Heinrich von Treitschke, der Germanist Moritz Haupt, der Archäologe und Mozart-Biograf Otto Jahn, der Verleger Salomon Hirzel, der Kunsthistoriker und damalige englische Generalkonsul Joseph Archer Crowe, der Physiologe Karl Ludwig und nicht zuletzt der badische Politiker und Volkswirtschaftler Karl Mathy, dem Freytag später ein literarisches Denkmal setzte. (Aus dem Kreis der gleichgesinnten *Grenzboten*-Mitarbeiter ist noch Max Jordan hervorzuheben, der spätere Direktor des Leipziger städtischen Museums – heute Museum der bildenden Künste – und der Berliner Nationalgalerie.)

Ab 1851 verbrachte Gustav Freytag aus gesundheitlichen Gründen die Sommermonate in seinem Sieblebener Haus »Die gute Schmiede«, wo er die nötige innere Ruhe für seine schriftstellerische Arbeit fand. In einem herrlichen, parkähnlichen Garten gelegen, hatte der gothaische Minister Sylvius Friedrich Ludwig von Frankenberg um 1780 die ehemalige Schmiede in ein behagliches Sommerhaus umgewandelt, das auch von Goethe, Herzog Carl August, Minister Voigt und sogar von Napoleon I. besucht worden war. Nach mehrmaligem Besitzwechsel gelangte das Anwesen in die Hände Freytags, wodurch er auch in geografische Nähe zum befreundeten kunstsinnigen Herzog Ernst II. von Sachsen-Coburg und Gotha gelangte. »So oft der Frühling kam, die Obstbäume blühten, Fink und Staar ihre Stimmchen erhoben, zog ich hinaus ins freie Land, dort pflanzte ich Blumen, beobachtete meine alten Lieblinge, die Kürbisse, sprach mit meinen Dorfleuten kluge Worte und schrieb an meinen Büchern«, schilderte er in seinen *Erinnerungen* seine Sieblebener Sommerexistenz mit leicht scherzhaftem Unterton.

Heftige Kritik an der Real- und Machtpolitik Bismarcks, dessen politische Moral und – wie er glaubte – auf Intrigen angelegten Charakter Freytag stets ablehnte, brachte ihn, den überzeugten preußisch-liberalen Patrioten, in argen Gegensatz zum Staat Preußen. Auch sein journalistischer Einsatz für die nationalliberalen Ziele des Herzogs verärgerte den Berliner Hof, der 1854 sogar einen Haftbefehl gegen ihn erwirkte. Der Gothaer Herzog ernannte den Dichter daraufhin ostentativ zum Gothaer Hofrat und nahm ihn somit unter seinen persönlichen Schutz. Nachdem sich Freytag 1870 nach 25jähriger Journalistentätigkeit aus der *Grenzboten*-Redaktion zurückgezogen hatte, wechselte er ab 1878 in den Wintermonaten aus dem rauhen Leipziger Klima in das wärmere Wiesbaden.

Siebleben blieb sein sommerliches Dichteridyll. Hierher lud er seine Freunde ein, »um mir die Freude einer Rundschau in meinem kleinen Weinkeller zu gewähren«, wie er am 26. September 1865 an Max Jordan schrieb, und ein andermal führte er einen Brief als »Beweis« an, »wie sehr ich mich wieder als Bauer in Siebleben fühle«. Am 20. April 1895 starb Gustav Freytag in Wiesbaden. Seine Büchersammlung mit 1500 Exemplaren übereignete er als Stiftung der Gemeindebibliothek, seine Conchyliensammlung, zu nicht geringen Teilen in der Umgebung von Gotha zusammengetragen, konnte verkauft werden. Auf eigenen Wunsch wurden seine sterblichen Überreste nach Siebleben überführt, im Pavillon seines Hauses aufgebahrt und dann in der stillen Gruft auf der Nordseite des Kirchhofs neben seiner ersten Frau beigesetzt, nicht weit von der ehemaligen, später verlegten Begräbnisstätte Baron Friedrich Melchior von Grimms.

Eines Lehrers am Gothaer »Ernestinum«, dem ältesten Gymnasium Thüringens, muß noch gedacht werden, der oft als erster utopisch-wissenschaftlicher Schriftsteller Deutschlands und sogar als deutscher Jules Verne bezeichnet wurde: Kurd Laßwitz. Der 1848 geborene Breslauer hatte Mathematik und Physik studiert und 1873 als Naturwissenschaftler promoviert. Nach den Stationen Beslau und Ratibor arbeitete er von 1876 bis 1908 am herzoglichen Gymnasium in Gotha. Etwa 420 Titel umfaßt die Bibliografie seiner Werke, darunter zahlreiche fachwissenschaftliche Beiträge. Als sein Hauptwerk gilt die 1890 erschienene *Geschichte der Atomistik vom Mittelalter bis Newton*, die noch mehrfach aufgelegt wurde. Bekannt wurde Kurd Laßwitz aber vor allem durch seine utopischen Erzählungen, die er – nur hier unterscheidet er sich von Jules Verne – auf konkreten physikalischen Grundlagen aufbaute, dies alles zudem gewürzt mit einer gehörigen Portion Humor und Witz. 1897 erschien sein erfolgreichster Roman *Auf zwei Planeten*, in dem der Autor Weltraumstationen, Solarzellen als Energiespender, Sensoren und synthetische Stoffe beschrieb – eine erstaunliche Vorwegnahme der tatsächlichen technischen Entwicklung am Ende des 20. Jahrhunderts. Sein Humor zeigte sich auch in einer Reihe von Scherzliedern; eine Auswahl gab nach seinem Tod Walter Lietzmann 1924 in Leipzig unter dem Titel *Die Welt und der Mathematikus* heraus. Eine Gedenktafel am Portal seiner Wirkungsstätte in der Gothaer Bergallee erinnert an diesen ungewöhnlichen Lehrer und Schriftsteller.

Der literarische Ruf des neuzeitlichen Gotha ist vor allem mit dem Namen Hanns Cibulkas verbunden. Seine Gedichte und Tagebuch-Erzählungen, in den letzten vier Jahrzehnten erschienen, befassen sich immer wieder mit dem Thema Mensch und Natur. Sie reflektieren in wiederkehrenden Erinnerungen die teils traumatischen Erlebnisse des Zweiten Weltkriegs, den Cibulka als Soldat von Anfang bis Ende mitmachen mußte. Die während dieser Zeit »erlebten« Landschaften sind ebenso wie die nach 1945 bereisten ins poetische Werk verwoben – Sizilien, die Weiten der russischen Steppe, Ostpolen, Hiddensee und die Ostsee, Thüringen natürlich mit der Wahlheimat Thüringer Wald, vor allem um Gotha herum, aber auch literarhistorisch belegte Orte wie Kochberg oder Dornburg.

Hanns Cibulka (geb. 1920),
Fotografie aus dem Privatarchiv
des Autors

Hanns Cibulka wurde 1920 in Jägerndorf im Altvatergebirge geboren. Die landschaftlichen Schönheiten der schlesisch-mährischen Heimat werden, vielfach variiert, in seinen Texten lebendig. Cibulka erlernte zunächst den Beruf eines Handels-kaufmanns, studierte nach dem Krieg an einer Bibliothekar-schule und leitete danach von 1953 bis 1985 die Stadt- und Kreisbibliothek in Gotha. Für seine Werke, u. a. *Sanddornzeit. Tagebuchblätter von Hiddensee* (1971), *Liebeserklärung in K.* (1974) oder *Swantow. Die Aufzeichnungen des Andreas Fleming* (1982), erhielt der Schriftsteller zahlreiche Auszeichnungen, so z. B. den Louis-Fürnberg-Preis 1973, den Francesco-Sanctis-Preis 1978, den Kulturpreis der Stadt Gotha 1979 oder den Su-detendeutschen Kulturpreis 1991. Die Universität Florida er-nannte ihn zum Professor ehrenhalber.

Hanns Cibulka hat seine bevorzugten literarischen Ausdrucksformen auch nach der politischen Wende 1990 genutzt, um seine Gedanken und Überlegungen zur Zeitgeschichte, zu Landschaften und Menschen einfühlsam zum Ausdruck zu bringen. »Probleme der Sprache, der Welt- und Selbsterkenntnis werden im Gegenüber von Ich und Natur faßbar«, umreißt die Einleitung des Sammelbands *Thüringer Tagebücher* (1993) sein Anliegen. Sein Wiedersehen mit der Heimat beschreibt die Tagebuch-Erzählung *Am Brückenwehr. Zwischen Kindheit und Wende*, gleichfalls 1993 entstanden, hat autobiografischen Charakter. Heinz Stade lobte an dem schmalen Bändchen die »wunderschönen poetischen Bilder«, die von Lebenserfahrung geprägten »Politika«: »Auch da, wo die Düsternis und Traurigkeit der verfallenden Vaterstadt und von nicht zu liftenden Leben durch die Zeilen glimmen, blickt man gern mit dem Autor in Gesichter und innere Biografien der ihm zwischen Leipziger Nikolaikirche und tschechischem Jägerndorf begegnenden Menschen.«

Autobiografische Züge trägt auch die Tagebuchprosa *Die Heimkehr der verratenen Söhne* (1996), schon im Titel auf poetisch verdichtete Gedanken zur Zeitgeschichte verweisend, die zugleich Cibulkas Lebensgeschichte ist. Es mag die »Kühnheit des Alters« sein, die ihn zu folgenden Gedanken führt: »Wer weiß, was sich die Politiker in den kommenden Jahren noch alles zurechtlegen werden, wenn sie eines Tages über die Wende einen Vortrag halten. Sie werden nach neuen Gesichtspunkten suchen, nach einer Koordinate, um in diesem gegensätzlichen Auf und Ab eine Linie zu finden, die es gar nicht gibt. Sie werden im Wirrwarr der Tage und Wochen nach einer Ordnung Ausschau halten, werden wie eh und je das Wort von Michail Gorbatschow zitieren: ›Wer zu spät kommt, den bestraft das Leben‹, aber keiner wird sein Versagen als Staats-

und Parteichef in seine Betrachtungen mit einbeziehen. Werden sie den gordischen Knoten zerhauen oder den Versuch unternehmen, die Fäden zu entwirren, um der ›geheimen Geschichte‹ auf die Spur zu kommen? Sie werden auf Menschenschicksale stoßen, auf Männer und Frauen, die in den Freitod gegangen sind, weil für sie eine Welt zusammengebrochen war, der Zufall wird seine Hände im Spiel haben, dem sie hilflos gegenüberstehen, sie werden diese oder jene Wahrheit zur Seite legen und so tun, als hätte es sie nie gegeben. Sie wissen längst, daß es eine Wende der Irrungen und Wirrungen war, festgeglaubte Positionen wurden aus den Verankerungen gerissen, denn alle Dinge in diesen Tagen wollten neu werden. So manches wird auch in Zukunft in einem leeren Raum stehenbleiben, die Rufe der Menschen von damals werden die Söhne von Morgen nicht mehr erreichen. Die Geschichte wird das Schicksal der einzelnen zusammenpressen wie in einem Schraubstock, aber auch die Verantwortlichen werden sich kaum noch erinnern, daß sie vor Jahren verantwortlich waren. Die Politiker haben nach der Wende Verfassungsbruch begangen, haben auf die Ausarbeitung einer neuen Verfassung verzichtet. Den Toten an der Mauer wird man Jahr für Jahr einen Kranz an der Stelle niederlegen, wo sie im Stacheldraht zusammengebrochen sind.«

Hanns Cibulka diagnostiziert eine Krankheit, die große Teile unserer Gesellschaft erfaßt hat: die »Gewissensschrumpfung«. Optimistisch die resümierenden Schlußverse des Gothaer Dichters, die stolze Summe eines trotz allem erfüllten Lebens: »Es ist dunkel geworden, die ersten Sterne beginnen zu leuchten. Ich sitze vor der Hütte und höre auf das Rauschen der Bäume und mir ist, als verstünde ich plötzlich das Leben, höre, wie das Rauschen in der Ferne anschwillt, wie es näherkommt, sich entfaltet und über mich hinwegbraust.

Schick mich nicht fort, sagt das Leben, nimm
mich an ...

Siebzig Jahre
über die Runden gekommen
mit Gelbsucht, Ruhr, Malaria,
mit einem Eisensplitter
in den Knochen.

Die mährische Kindheit
eingebracht ins Thüringer Land,
auf der Tenne der Jahre
mit dem Dreschflegel gedroschen das Korn,
auf den Bergen gelebt
und in den Tälern der Schuld,
dem eigenen Gewissen die Treue gehalten,
Bruder gewesen allem, was lebt,
ich hatte immer noch ein Stück Himmel über mir,
und das ist viel in einem Jahrhundert
wie diesem ...«

3. Kapitel:

Von Gotha nach Coburg

Waltershausen

Waltershausen, bis 1918 im Herzogtum Sachsen-Coburg und Gotha, heute im Landkreis Gotha gelegen, blickt auf eine vielhundertjährige Geschichte zurück, die wohl mit dem 1392 erbauten Tenneberger Schloß, einer Gründung der Thüringer Landgrafen, zusammenhängt. Über »Salzmanien«, das heute nach Waltershausen eingemeindete Schnepfenthal, sind verschiedene gewichtige Namen aus der deutschen Wissenschaftsgeschichte mit dem Ort verbunden, so zum Beispiel der bedeutende Geograf Fritz Regel, der verdienstvolle Historiker Paul Kehr oder die in der Thüringer Heimatgeschichtsforschung namhafte Luise Gerbing.

Literaturhistorisch betrachtet bietet Waltershausen eigentlich nur einen wichtigen Namen, der aber für die Thüringen-Literatur ganz unverzichtbar ist: August Trinius, der »Thüringer Wandersmann«. 1851 wurde er in Schkeuditz, in der preußischen Provinz Sachsen, Regierungsbezirk Merseburg, geboren. Sehr bald schon zog die Familie nach Erfurt, das damals noch den Charakter einer eher finsteren preußischen Festungsstadt trug. Mit 12 Jahren kam August Trinius nach Berlin; die Stadt hat ihn zunächst nachhaltig geprägt. Die früh erwachte Wanderlust erschloß ihm die Umgebung der preußischen Hauptstadt und lieferte auch die Stoffe für die ersten literarischen Versuche. Die dreibändigen *Märkischen Streifzüge* (1884/87) brachten ihm bei Erscheinen kurzzeitig den Ehrennamen »Matthisson der Mark« ein, doch verblaßte dieser sicher unverdiente Ruhm sehr schnell vor der Kraft und Dauerhaftigkeit der *Wanderungen durch die Mark Brandenburg* von Theodor Fontane.

Ganz anders aber entwickelte sich die Qualität seiner Texte über den Thüringer Wald, nachdem er ab 1890 ständig in Waltershausen wohnte. Seit 1994 erinnert eine Gedenktafel an sein dortiges Wirken.

Trinius hat ganz Deutschland durchwandert; doch seine Beziehung zur Wahlheimat Thüringen war stets eine besondere. Wenn seine Texte auch oft als etwas sentimental, bescheiden und oberflächlich abgetan werden, hat er doch den Reiz der Thüringer Berge als eines idealen Wandergebiets anschaulich eingefangen und damit zur dauernden Popularität dieses »grünen Herzens« von Deutschland entscheidend und nachhaltig beigetragen. Schon seine zeitgenössischen Kritiker hatten diesen Widerspruch zwischen tiefempfundener Natur- und Heimatliebe und dürftiger Schreibe erkannt, was seiner Beliebtheit unter den Lesern aber keinen Abbruch tat. Nicht Forscher wollte er sein, sondern unbeschwerter Wanderer, und das spiegeln seine Wanderbücher und sonstigen Erzählungen. Sein Schaffen, so urteilte Otto Weltzien bereits 1905, sei »echt thüringischer Art. Ihm bleiben die Tiefen verschlossen, die sich nordischer Grübelei erschließen; ihm eignet nicht die spielende Leichtigkeit, die lachende Tändelei des Südens. Aber ihm ward ein Geschenk in die Wiege gelegt, das auf Unerreichbares in fröhlicher Genügsamkeit verzichten läßt und das ihm zugleich von überallher jenes unbewußte Gefallen einträgt, das der unbefangenen Natürlichkeit eines frischen Thüringer Waldkindes ohne eigenen Wunsch und Willen entgegenfliegen muß, weil diese Art halt gar so herzig ist.«

Wenn seine Wanderbücher auch kaum noch gelesen werden, so ist doch die Tatsache, daß die Formulierung vom »Thüringer Wandersmann« noch immer sofort mit August Trinius verbunden wird, deutlicher Ausdruck einer einstmals herausragenden literarischen Bekanntheit. Bei Ruhla existiert heute noch ein Trinius-Blick mit Trinius-Quelle, bei Masserberg gibt es den Trinius-Stein, nahe dem Rennsteig die Trinius-Baude, in Leutenberg an der Straße nach Wurzbach die Trinius-Linde, bei Waltershausen den Trinius-Weg. Das *Thüringer Wanderbuch*, dessen erster Band noch in der Berliner Zeit entstand, wurde sein Hauptwerk. Der Gothaer Herzog Ernst II., dem es gewidmet war, ernannte den Autor als Dank zum Geheimen Hofrat. 1902 schloß Trinius den achten und letzten Band ab. Neben den Thüringen-Bänden – immerhin mehr als 30 Bücher – wandte sich Trinius gern bedeutenden Flüssen zu, die er erwanderte und dann kulturgeschichtlich beschrieb. Saale, Unstrut und Werra hat er so erschlossen. Sein Buch *Deutsches Moseltal* (1897) erlangte große Verbreitung. Die Moselweinhändler stifteten ihm nach Erscheinen des Werks 500 Flaschen erlesene Weine, fürwahr ein exquisites Honorar. Die Thüringer setzten ihm dafür durch die Benennung von Lokalitäten dauerhafte Denkmale. *Wenn die Sonne sinkt* lautet der Titel einer melancholischen Liebes- und Freischützgeschichte aus Trinius' Feder – auch seine Sonne als »herziger« Schriftsteller ist inzwischen untergegangen. 1919 starb er in Waltershausen, wo sich auch sein Grab erhalten hat. Stein und Medaillon stifteten ihm 1921 der Bund der Thüringer Berg-, Burg- und Waldgemeinden mit der Begründung, Trinius habe einst das werbewirksame, wenn auch kitschige Wort von »Thüringen – das grüne Herz Deutschlands« kreiert.

Eines weiteren literaturbesessenen Waltershäusers muß aber doch noch gedacht werden, auch wenn er später woanders lebte. Gustav Hempel wurde 1819 hier geboren. Mit 27 Jahren gründete er in Berlin einen eigenen Verlag, in dem er später die »Nationalbibliothek sämtlicher deutscher Klassiker« herausbrachte, eine Ausgabe billiger roter Hefte, die für jedermann erschwinglich war. Seine Verdienste bei der breitenwirksamen Vermittlung deutscher Literatur sind gewiß nicht gering zu veranschlagen. Hempel blieb seiner Vaterstadt immer verbunden; 1864/65 ließ er sich eine Villa im neugotischen Stil an der Tennebergstraße errichten. Daß im Jahr 1859 Victor von Scheffel die Stadt kurz besuchte und auch ein humorvolles Gedicht über den Ort verfaßte: »Der Vogt von Tenneberg«, blieb Episode, eine sogenannte »Scheffellinde« hat noch jahrzehntelang daran erinnert.

Schmalkalden

Eine reizvolle Lage, anmutige Schönheit und altertümliches Gepräge zeichnen Schmalkalden aus, das auf der Westseite des Thüringer Walds und am Zusammenfluß von Schmalkalde und Stille gelegen ist. Vor allem der Lage verdankte die Stadt im Mittelalter ihren Reichtum und ihre Bedeutung, denn die wichtige Handelsstraße Leipzig – Nürnberg, die am Nesselbergpaß den Rennsteig querte, führte durch Schmalkalden, das zahlreichen Fuhrleuten Rast, Reparatur und Ausspanne, den reisenden Adelspersonen und ihrem Gefolge standesgemäße Unterkunft und Verköstigung bot. Auch der früh einsetzende Eisenerzbergbau und die Eisenverarbeitung trugen zur Bedeutung des Ortes bei.

Erst herrschten die Franken, später die Thüringer Landgrafen, seit dem 14. Jahrhundert die Henneberger Grafen und die hessischen Landgrafen gemeinsam über die Stadt. Die letztgenannte Konstellation brachte Schmalkalden im geschichtlich bewegten 16. Jahrhundert die Rettung, denn plötzlich rückte die Stadt im Zuge der reformatorischen Bewegung in den Mittelpunkt der Politik. Als der katholische Kaiser Karl V. auf dem Reichstag zu Speyer 1530 die evangelischen Reichsfürsten in die Acht erklärte und die Einziehung ihrer Güter verfügte, erhoben diese dagegen Protest und beriefen einen Konvent ein, für den der Landgraf Philipp von Hessen seine Stadt zur Verfügung stellte. So kam 1531 der »Schmalkalder Bund« zustande, der unter der Führung des Kurfürsten von Sachsen und des Landgrafen von Hessen weitere 20 Fürsten und 25 freie Reichsstädte gegen den Kaiser vereinte, darunter Lüneburg, Anhalt, die beiden Grafen von Mansfeld, die Städte Magdeburg, Bremen, Straßburg, Ulm, Konstanz, Reutlingen, Memmingen, Lindau, Biberach und Isny. Auf mehreren Konventen zwischen 1529 und 1543 war Philipp Melanchthon anwesend, auf dem berühmtesten Zusammentreffen im Februar 1537 auch Martin Luther selbst. Bei diesem Treffen formulierte der Reformator die »Schmalkalder Artikel« und veröffentlichte die angehängte Streitschrift *Von der Gewalt und Oberherrschaft des Papstes.*

In der spätgotischen, das Stadtbild beherrschenden Kirche St. Georg haben die versammelten Reichsstände, die Theologen und die Bürger Schmalkaldens gemeinsam die täglichen Gottesdienste erlebt. Die »Artikel« blieben umstritten, nicht aber der Ruf Schmalkaldens als eines bedeutenden Zentrums der Reformation. Mit dem »Schmalkaldischen Krieg« und der Niederlage des protestantischen Heeres in der Schlacht von Mühlberg 1546 endete diese historische Periode. Schmalkalden entging der Wut des Kaisers, der die Stadt niederbrennen lassen wollte, nur deshalb, weil der auf katholischer Seite kämpfende Graf von Henneberg, der zweite Stadtherr neben dem Landgrafen von Hessen, fußfällig vor dem Habsburger um Gnade bat.

Stadtbeherrschend thront auf einer kleinen Erhebung das imposante Schloß Wilhelmsburg, das allerdings erst nach jenen turbulenten Reformationsereignissen, in den Jahren von 1585 bis 1590, vom Landgrafen Wilhelm IV. von Hessen als Jagd- und Sommersitz erbaut wurde, im 19. Jahrhundert stark verfallen war und ab Mitte des 20. Jahrhunderts wieder sorgfältig restauriert wurde. Das Schloß Wilhelmsburg ist berühmt wegen seiner in seltener Vollständigkeit überlieferten kunstvollen Innenarchitektur (Spätrenaissance) und wegen seiner 1587/89 von Daniel Meyer aus Göttingen errichteten Orgel in der mit Stuckdekor prächtig ausgeschmückten Schloßkirche. Auf ihr spielte und komponierte der begnadete Organist Johann Gottfried Vierling. Als nach der Schlacht von Jena 1806 sechstausend gefangene Preußen nach Schmalkalden transportiert und die Hälfte von ihnen in der Stadtkirche untergebracht wurden, wo sie zu kochen begannen und eben die Orgel beschädigen wollten, eilte Vierling herbei und fing an zu spielen, erst leise, dann immer stärker. Die Gefangenen löschten daraufhin einer nach dem andern die Feuer, beruhigten sich und lauschten. Als Vierling geendet hatte, war es in St. Georg so still wie beim Gottesdienst. Bekannt war der Organist durch sein 1789 herausgegebenes Choralbuch und seine Choralmelodien. 1813 starb er in Schmalkalden. Zwei Jahre später wurde hier Karl Wilhelm geboren, der durch sein Lied »Die Wacht am Rhein« nach dem deutsch-französischen Krieg von 1870 traurige Berühmtheit erlangte.

Literaturgeschichtliches Interesse besitzen kurioserweise vorreformatorische Gemälde. Im gotischen Trinkkeller des sogenannten »Hessenhofs« – so benannt nach der dort befindlichen Wohnung des hessischen Amtmanns – schmücken Fresko-Malereien die Deckenwölbungen, die ins 13. Jahrhundert zurückdatiert werden. Erste Deutungen verweisen auf das Leben der heiligen Elisabeth, die sich in Schmalkalden von ihrem Gemahl, dem Landgrafen Ludwig, verabschiedete, als dieser am Kreuzzug in das Heilige Land teilnahm. Inzwischen gilt es als wahrscheinlicher, daß die Gemälde Episoden aus dem mittelhochdeutschen höfischen Epos *Iwein* darstellen, dessen Schöpfer Hartmann von Aue war, ein schwäbischer Minnesänger, der an der Wende vom 12. zum 13. Jahrhundert seine Kreuzzugs- und Minnelieder schuf sowie neben dem *Iwein* das Epos *Erek* und die Verslegenden *Der arme Heinrich* und *Gregorius auf dem Steine*. Ob Hartmann selbst je in Schmalkalden war, ist nicht zu belegen. Die Fresken jedenfalls sind wahrscheinlich die ältesten profanen Wandmalereien in Deutschland. Das Ritterepos *Iwein mit dem Löwen* geht auf eine der sagenhaften Heldengestalten aus dem Artuskreis zurück.

Die Theaterstadt Meiningen

Meiningen war von 1680 bis 1918 Residenz- und Hauptstadt des Herzogtums Sachsen-Meiningen. Das Barockschloß im Zentrum der Stadt wurde um 1692 fertiggestellt und hängt geschichtlich mit dieser territorialen und politischen Neuordnung von 1680 in Südthüringen zusammen. Europaweite, ja weltweite Bekanntheit erlangte die Stadt aber durch das Schauspielensemble des Hoftheaters, das seit 1866 von dem theaterbesessenen Herzog Georg II. höchstpersönlich geleitet wurde. Detailtreue, faszinierendes, phantasievolles Bühnenbild und lebendige Massenszenen im perfekten Ensemblespiel bildeten die Grundlagen für eine Erneuerung des Meininger und später des gesamten deutschen Theaters. Die Inszenierungen vor allem klassischer Werke von William Shakespeare und Friedrich Schiller erhielten Beispielcharakter.

Die Meininger Museen, die sich diesem Erbe und seiner lebendigen Pflege von jeher besonders verpflichtet fühlten, veranstalteten 1999 eine vielbeachtete und von zahlreichen Gästen besuchte Sonderausstellung, die sich u. a. den von 1874 bis 1890 währenden Gastspielreisen des Meininger Hofschauspielerensembles widmete. Der Ruf »Die Meininger kommen« elektrisierte in diesen Jahren und Jahrzehnten Kunst- und Theaterliebhaber in ganz Deutschland und Europa. Für die Verbreitung und Popularisierung klassischer Werke der europäischen und deutschen Dramatik haben die Meininger einen lange nachwirkenden Einfluß ausgeübt und vor allem die damalige Theaterpraxis nachhaltig geprägt. In 36 europäischen Städten und insgesamt 2591 Aufführungen schrieben sie Theatergeschichte.

Der »Theaterherzog« Georg II. und seine Gemahlin, die bürgerliche Schauspielerin Ellen Franz, später als Freifrau von Heldburg geadelt, waren die dominierenden Persönlichkeiten dieses Ensembles. Als genialer Organisator vor allem der hochkomplizierten Reiseregie profilierte sich der Intendant des Hofschauspiels Ludwig Chronegk. Seit 1880 begann die Meininger Hofkapelle ihrerseits mit europaweiten Gastspielreisen, die bis zum Ausbruch des 1. Weltkriegs andauerten. Als »Reisekapellmeister« gingen Hans von Bülow, Fritz Steinbach, Wilhelm Berger und Max Reger in die Musikgeschichte ein.

Zahlreiche bedeutende Schauspieler wirkten in diesem Ensemble. Daß es unter dem Mäzenatentum des kunstsinnigen Herzogs keinesfalls sklavisch zuging, belegen u. a. die Erinnerungen des Schauspielers Ludwig Barnay, der als Freund des Intendanten Chronegk zu Gastspielen nach Meiningen eingeladen worden war und als Marquis von Posa in Schillers *Don Carlos* auftrat.

Der Theaterherzog Georg II. (1826–1914), Altersporträt

»Und dann kam endlich die Aufführung. Wer kennt ihn nicht, den geschniegelten, schön frisierten Don Carlos, wie er auf unseren Bühnen in Ballschuhen und weißseidenen Trikots in den Gärten von Aranjuez herumspaziert, um mit möglichst dröhnender Stimme die Schillerschen Verse in das Auditorium hineinzuschreien? Hier trat ein stiller, bleicher Jüngling in dunkeler, wenn auch reicher prinzlicher Kleidung auf, dem sein seelisches Leiden auf das Gesicht geschrieben war, der seine Reden tief aus gequälter Brust heraufholte; hier wurden die Schillerschen Verse nicht nur gesprochen, sondern tiefinnerst erlebt. Es würde zu weit führen, wollte ich schildern, wie sich, Szene für Szene, allüberall das Streben nach Wahrheit und Echtheit offenbarte, wie sich da Schönheit mit streng historischem Kolorit verband und wie man sich bemüht hatte, der Phantasie des Dichters pietätvoll bis in die verborgensten Winkel nachzuspüren. Auf diese Weise wurde eine Darstellung des Don Carlos ermöglicht, die einzig in ihrer Art war. Nur summarisch will ich berichten, daß die sorgfältig abgetönte Stimmung jeder einzelnen Szene, die historische Treue der Kostüme und Innenräume, die malerischen Dekorationen, die bewegten und lebendigen Gruppenbilder, die lebhafte Anteilnahme der stummen Rollen einen tiefen und nachhaltigen Eindruck auf mich machten und daß mir hier zum ersten Male die hohe und wichtige Bedeutung des Amtes eines Regisseurs aufging. Ich war von dieser herrlichen, eindrucksvollen und künstlerisch abgerundeten Vorstellung wie berauscht.

In der Beschränkung zeigte sich hier der Meister. Der Herzog hatte für sein Hoftheater auf die Aufführungen der prunkenden, kostspieligen Opern ganz verzichtet, um alle Kraft und alle Sorgfalt dem edlen Ziele zuzuwenden: das heilige Vermächtnis der Leuchten unserer Literatur wieder in sein volles Recht zu setzen. Diese Carlos-Aufführung zeigte die Frucht der würdigsten Bestrebungen. Das war doch etwas anderes, etwas Besseres und Bedeutenderes als eine fürstliche Ausstattungskaprize. Es ist richtig, daß die Choristen und Statisten in der Tat in Seide und echten Samt gekleidet waren; aber es gab noch einiges andere ›Echte‹, von dem man nicht gesprochen hatte, denn nicht nur die Kostüme, die Dekorationen, die Möbel, die Waffen und Requisiten waren echt und historisch treu, sondern auch die Stimmung jeder einzelnen Szene, die Behandlung von Wort, Ton und Geste, das Zusammenstimmen und Zusammenwirken der einzelnen Kräfte … alles das war in echter, rechter Liebe und Pflege, in sorgfältiger Schulung zu einem Muster künstlerischer Gesamtleistung gestaltet.«

Die liberale Art des Theaterherzogs verdeutlicht folgende Episode, von der Barnay anläßlich einer *Hamlet*-Inszenierung zu berichten wußte: Georg monierte entschieden ein Bühnenarrangement.

»Ich stand während dieser Rede des Herzogs gespannt lauschend in der ersten Kulisse und wurde von Wort zu Wort erregter, denn ich empfand, daß hier etwas angeordnet wurde, was unmöglich richtig sein konnte. Ein unbesonnener Feuerkopf, der ich damals war, und ganz in die zu spielende Hamlet-Rolle versenkt, vergaß der Kronprinz von Dänemark vollständig, daß es der regierende Herzog von Meiningen sei, der diese dramaturgischen Winke gab; genug, ich ließ mich hinreißen, laut auszurufen: ›Aber das ist ja alles falsch, das ist ja ohne Sinn!‹ Kaum hatte ich, an die Rampe vortretend, diese Worte gesprochen, als mich alle mit weitaufgerissenen Augen erschreckt anstarrten; an ihren Mienen merkte ich erst, welchen groben Fehler ich begangen hatte. Ich war nun selbst sehr erschrocken, konne aber nichts mehr ungeschehen machen, und so horchte alles gespannt, was der Herzog wohl erwidern würde. Nach einer kleinen Pause erscholl aus dem finsteren Parkett die Stimme des Herzogs: ›Na, na, die deutsche Sprache ist ja nicht so arm! Warum meinen Sie denn, Herr Barnay, daß das so unsinnig sei?‹ Ich konnte nun nicht mehr zurück und polterte in sich überstürzenden Worten meine Begründung hervor: Der Vater Hamlets sei ja schon seit fast zwei Monaten tot, der folgende Monolog ›O schmölze doch dies allzu feste Fleisch‹ könne ja gar nicht gesprochen werden, wenn Hamlet soeben erst angekommen wäre, erst im Augenblick das Geschehene erfahren hätte, und so fort in einem wahren Bergsturz erregter Auseinandersetzungen, an deren Schluß ich noch betonte, diese Szene sei nur der offizielle Akt der Verkündigung der geschlossenen Ehe in Anwesenheit des Kronprinzen, eine wohlberechnete Absicht des schlauen Königs, welcher mit Recht voraussetzte, daß Hamlet in Gegenwart des gesamten Hofstaates keinen, seine Mutter bloßstellenden Einspruch, erheben würde ... Der König müsse unbedingt mit Hamlet zusammen auftreten. Eine unheimliche Stille folgte meinen Worten, endlich aber rief der Herzog: ›Herr Grabowsky, machen Sie es so, wie Herr Barnay sagt, er hat recht, ich habe unrecht! Man muß sich nie schämen, ein Unrecht einzugestehen. Weiter!‹ Und damit nahm die Probe ihren Fortgang.«

Nicht wegzudenken aus dem Spiel der Meininger waren die illusionistischen Bühnenbilder aus der Theaterwerkstatt der Gebrüder Brückner aus Coburg; die Entwürfe stammten vom Herzog selbst. Sie trugen wesentlich zum Gelingen jeder Inszenierung Georgs II. bei; man strebte dabei Gesamtkunstwerke an. Nochmals sei ein Passus aus den Erinnerungen Ludwig Barnays zitiert, der über ein Gastspiel der Meininger im Berliner Friedrich-Wilhelmstädtischen Theater 1874, wo er die Rolle des Marc Anton in Shakespeares *Julius Cäsar* spielte, festhielt:

»Unvergeßlich bleiben mir diese Berliner Vorbereitungsproben. Chronegk, der die zur Statisterie herangezogenen Gardesoldaten in stundenlanger Arbeit zu römischen Bürgern dressierte, der Meiningische Musikdirektor, der sich mit den in Berlin engagierten Bühnenmusikern abquälte, der Theater-

meister, der sich damit abmühte, die Meininger Dekorationen
dem neuen Raume anzupassen, und die Schauspieler, die fort-
während untereinander und dann mit den neu dressierten
Statisten probten, und zwischen alledem der Intendant Grabowsky, im Schritte der Theaterhelden des vergangenen Jahrhunderts, hoheitlich ›repräsentierend‹, dies alles wirkte wie
ein ungeheures Durcheinander im Gehirne eines Fiebernden.
Endlich findet ja aber alles ein Ende, und so stauten sich denn
alle vorbereitenden Arbeiten an der Eröffnungsstunde der ersten Vorstellung. Die Garderobiers hatten all die zahllosen römischen Kleider, Helme, Waffen, Feldzeichen, Rüstungen und
so fort an den Platz der betreffenden Darsteller gebracht, und
so erhob sich denn am 1. März 1874 Punkt sieben Uhr der Vor-
hang, um dem Berliner Publikum das Bild einer römischen
Straße im Goldglanze der italischen Sonne, durchwogt und
durchtobt von der lebhaft agierenden, aufrührerisch erregten
Misera plebs, zu zeigen. Man war überrascht und gefangen.
Dergleichen hatte man noch nie vorher gesehen, und der Erfolg des Abends, der sich von Akt zu Akt steigerte und nach
der Rede des Marc Anton an der Leiche Cäsars seinen Höhepunkt erreichte, war, trotzdem manche kleinere Rolle, ja selbst
manche Hauptrolle, wie beispielsweise Brutus, nicht gerade
hervorragend vertreten war, ein eminenter und ganz zweifel-
loser.«
Daß die illusionistischen Bühnenbilder der Coburger Gebrüder Brückner weit über das Handwerksmäßige sonstiger
Theatermaler hinausgingen, begriffen auch die bildenden
Künstler Berlins, die den Meiningern zusahen, sofort:
»Das eminent Malerische in den Darstellungen der Meininger,
die stimmungsvollen Dekorationen und Beleuchtungen, die
historische Treue der Kostüme, Möbel und Requisiten, alles
das erregte natürlicherweise das besondere Interesse der Ma-

lerkreise; Ludwig Knaus, Adolph Menzel, Bernhard Plockhorst, Karl Becker, Anton von Werner und Paul Meyerheim
versäumten keine Vorstellung und saßen oft bis lange nach
Mitternacht mit uns bei Klette in der Karlstraße. Diesem
Kreise schlossen sich begeisterungsvoll an: Julius Stettenheim,
Ludwig Pietsch, Karl Frenzel, Gumbinner, Schmidt-Cabanis
und viele andere in Kunst und Literatur hervorragende Männer. Paul Lindau, der spätere Intendant des Meininger
Hoftheaters und eifrige Verfechter des Meininger Prinzips,
war damals noch ein streitbarer Saulus und verwandelte sich
erst viel später in einen Paulus.«

Georg II. von Sachsen-Meiningen, der 1826 in seiner Residenz
geboren worden und seit 1866 Herrscher des kleinen Duodez-
fürstentums war, starb im Frühsommer 1914 in Wildungen.
Mit seinem Tod endete eine glanzvolle Theaterperiode in Meiningen. An diese großen Traditionen versuchte und versucht
das Meininger Theater immer wieder anzuknüpfen, zuletzt
1999 sehr erfolgreich mit der glanzvollen Inszenierung des
Ring-Zyklus von Richard Wagner unter der Regie von Christine Mielitz.

Meiningens literarischer Ruhm in der zweiten Hälfte des 19.
Jahrhunderts wurde vom Hoftheater dominiert. Doch sei Rudolf Baumbach darüber nicht vergessen, dessen Geburtshaus
im thüringischen Kranichfeld steht, einem kleinen Ilmstädt-
chen, das je zur Hälfte dem Großherzog von Sachsen-Weimar-
Eisenach und dem Herzog von Sachsen-Meiningen gehörte.
Die Eltern des 1840 geborenen Rudolf Baumbach zogen bereits
zwei Jahre später in die Residenzstadt an der Werra, da der Vater, ein renommierter Arzt, den begehrten Posten eines Hof-
medikus erhielt. Nach botanischen Studien in Leipzig und
Würzburg wechselte Baumbach, von Geldsorgen bedrängt, in
die Existenz eines unsteten Hauslehrerdaseins. Graz, wo er

eine unglückliche, sein weiteres Leben prägende Liebeserfahrung machte, und Triest, wo er 15 Jahre verbrachte, bildeten seine nächsten Lebensstationen.

Neben seiner Hauslehrertätigkeit, die ihm ein karges Auskommen sicherte, begann sich Baumbach im Alpenverein und für dessen Zeitschrift *Enzian* zu engagieren; mit Gedichten, in denen er sein Thüringer Heimatgefühl artikulierte, und humoresk-satirischen Versen trat allmählich der Literat in ihm hervor. Relativ bekannt wurde Baumbach durch sein 1877 erschienenes Versepos *Zlatorog* (dt.: Goldhorn), dem eine slowenische Alpensage zugrundeliegt, die von einer weißen Gemse und einem goldenen Geweih erzählt. Der Ort der Handlung ist die Hochebene des Triglav (Dreihaupt), mit 2864 m der höchste Berg der Julischen Alpen. Baumbach hat ihn mehrfach selbst bestiegen. Anfang der achtziger Jahre war der freie Autor Baumbach finanziell in der Lage, seine Rückkehr nach Thüringen ins Auge zu fassen. 1885 zog er endgültig in Meiningen in das Elternhaus in der Burggasse ein.

Den liberalen Herzog Georg II., dessen Gattin Freifrau von Heldburg und Baumbach verband eine lockere freundschaftliche Gesinnung. Der Schriftsteller wollte seine Unabhängigkeit nicht preisgeben, und so war die 1888 erfolgte Ernennung zum Hofrat eher eine Formalie. Baumbachs Gelegenheitslyrik machte ihn zumindest zu einer lokalen Zelebrität. Die 1859 durch Ilmenauer Natur- und Kulturfreunde gegründete Gabelbach-Gemeinde ernannte ihn 1889 zu ihrem »Gemeindepoeten«. Als Beispiel seiner Wander-, Trink- und Alltagslyrik seien die *Thüringer Lieder* genannt; auch Kunstmärchen veröffentlichte er in seiner Meininger Zeit. Im Herbst 1905 starb Rudolf Baumbach, fast völlig gelähmt. In dem Lied »Der Wagen rollt« lebt sein Name, den meisten unbekannt, bis in die Gegenwart fort. Die erste Strophe lautet:

Hoch auf dem gelben Wagen
Sitz' ich beim Schwager vorn,
Vorwärts die Rosse jagen,
Lustig schmettert das Horn.
Berge und Wälder und Matten,
Wogendes Aehrengold. –
Möchte wohl ruhen im Schatten,
Aber der Wagen rollt.

Seit 1937 ist das Wohnhaus Rudolf Baumbachs als öffentliches Dichter- und Heimatmuseum zugänglich. 1930 errichtete Meiningen ein Denkmal; bereits 1914 hatte die Gabelbach-Gemeinde auf dem Kickelhahn bei Ilmenau ihrem Dichter einen Gedenkstein gesetzt, und 1927 folgte die Geburtsstadt Kranichfeld mit einer Andachtsstätte. Freilich waren das Ehrungen von Landsleuten, Ehrungen, die aus der Zeit heraus zu interpretieren sind. Den Vorwurf des Provinzialismus kann das Werk Baumbachs wohl nicht entkräften. Wulf Kirsten nannte Baumbach deshalb – im Vergleich mit Walter Werner – einen »Butzenscheibenlyriker«.

Im Jahre 2001 wurde mit einer Reihe von Veranstaltungen und Publikationen des 200. Geburtstags eines Mannes gedacht, der als »sagenhafter Thüringer« und »Meininger Märchenonkel« weit über Mitteldeutschland hinaus bekannt ist: Ludwig Bechstein.

Am 24. November 1801 in Weimar geboren und früh verwaist, nahm ihn sein Onkel, der Forstwissenschaftler und Ornithologe Johann Matthäus Bechstein, in Meiningen auf und adoptierte ihn. Bis zum 18. Lebensjahr besuchte Ludwig das dortige Lyzeum, dann folgte eine Ausbildung zum Apothekergehilfen. Schon 1823 gab er eine erste Sammlung *Thüringischer Sagen* heraus. Herzog Bernhard von Sachsen-Meiningen förderte

Ludwig Bechstein (1801–1860), Lithografie von Heinrich Bucker, 1847

den jungen Literaten und ermöglichte ihm ein dreijähriges
Studium der Philosophie, Geschichte, Literatur und Kunst in
Leipzig und München. 1831 trat Bechstein als Bibliothekar in
die Dienste des Herzogs und gründete 1832 den Hennebergischen altertumsforschenden Verein. Lediglich unterbrochen

von zwei großen Reisen, 1835 nach Brüssel und Paris sowie 1855 nach Oberitalien, verbrachte er sein gesamtes Leben in Meiningen, wo er am 14. Mai 1860 verstarb.

Wie die Brüder Wilhelm und Jakob Grimm ließ sich auch Bechstein von dem nationalen Anliegen der Romantik und Spätromantik leiten, mündlich überlieferte und fast vergessene Volkspoesie zu sammeln, aufzuzeichnen und damit erneut zugänglich zu machen. Anders als die Grimms jedoch, die bei der schriftlichen Fixierung ihrer Texte an der Erzählfassung festhielten, so daß stilistische Eigenheiten der Sammler kaum berücksichtigt wurden und der naive schlichte Erzählton sowie die knappe, auf das Wesentliche beschränkte Form erhalten blieben, wählte Bechstein einen anderen Weg. Er sammelte seine Märchenstoffe auch aus zweiter Hand, übernahm von dort lediglich die Fabel und erzählte sie neu, fügte sie nach Gegebenheit zusammen, gestaltete auch Details neu und erfand eigene Schlußwendungen. Sprichwörtliche Redensarten und Zeitbezüge sind nicht selten zu finden. Viel stärker als bei Grimms Märchen ist bei Bechstein damit der im Hintergrund Erzählende präsent.

Bechstein hat sich in nahezu allen literarischen Gattungen versucht, auch zahlreiche historische und »altertumsforschende« Beiträge verfaßt, die den Archivar des Hennebergischen Gesamtarchivs verraten. Seine Popularität beim deutschen Lesepublikum aber gründet fast ausschließlich auf seinem *Deutschen Märchenbuch*, dem *Neuen Deutschen Märchenbuch* und dem 1000 Sagen umfassenden *Deutschen Sagenbuch*, die zwischen 1845 und 1856 erschienen. Bechsteins Märchen- und Sagenbücher stehen damit, bei allen Unterschieden, durchaus gleichwertig neben den *Kinder- und Hausmärchen* der Brüder Grimm oder den *Märchen und Sagen* des Weimarer Gymnasiallehrers Johann Karl August Musäus. Die Meininger Bechstein-Ehrungen 2001 hatten das große Verdienst, gerade Kinder wieder für das Genre Märchen interessiert und begeistert und deren Phantasie in Kreativität verwandelt zu haben. An mehreren Märchenwettbewerben und entsprechenden Bilderwettstreiten beteiligten sich Tausende von Kindern und Jugendlichen, wissenschaftliche Begleitveranstaltungen fanden unter internationaler Beteiligung statt. Bechsteins lebendiges Werk wird also nicht allein durch die eher kuriose Tatsache illustriert, daß ein 1992 entdeckter Planetoid offiziell seinen Namen erhielt.

Noch eines anderen, ehemals leuchtenden Meteors am literarischen Himmel des 19. Jahrhunderts ist bei Meiningen zu gedenken: Jean Paul. Zwar blieb sein zweijähriger Aufenthalt von 1801 bis 1803 in der Residenzstadt Episode, doch immerhin vollendete er hier seinen Roman *Titan*, hier begann die Arbeit an den *Flegeljahren*. Auf Einladung des kunstsinnigen Herzogs Georg I. von Sachsen-Meiningen hatte er in Meiningen Quartier bezogen, bald aber fehlte ihm der geistig-philosophische Gedankenaustausch; auch die noch junge Ehe mit seiner Frau Leopoldine Karoline konnte das nicht kompensieren, was nicht verwundert: Der Dichter attestierte seiner Frau, die ihn vergötterte, den »Vorteil« zu haben, »gar mit keinem Ich behaftet« zu sein, was Jean Paul, der Bierfreund, genoß. Günter de Bruyn schildert in seiner poetischen Biografie, nicht ohne Ironie, daß das schlechte Meininger Bier zur Umsiedlung Jean Pauls 1803 nach Coburg beitrug: »Ein Einspänner bringt die Fässer oder Eimer mit Bayreuther, Johanniter oder Kulmbacher Bier von Bayreuth nach Meiningen, und Jean Paul gerät in leichte Panik, wenn die Fässer sich leeren, ehe die neue Sendung angekündigt ist. Wieder und wieder betont er: die Kunst verlangt es; einige ihrer Effekte sind ohne Anregungsmittel nicht zu erzielen; nicht sein Gaumen, sondern sein Gehirn hat

Gewinn davon. ›Und steigt mir eine Sache nicht in den Kopf, so soll sie auch nicht in die Blase.‹ Sicher sei er vom Bier abhängig, verteidigt er sich, aber sei das nicht jeder von anderen Dingen auch, zum Beispiel im Winter vom Ofen? ›Bei der Einfahrt eines Bierfasses ...‹ schreibt Karoline ... ›läuft er seliger umher als bei dem Eintritt eines Kindes in die Welt ... Mit solcher Ungeduld werden die Stunden gezählt und schon im Voraus mit Trinken gefaßtet. Ist er endlich angekommen, dann wehe ihm (dem Kutscher), wenn er zulange ausruht; gleich muß das Bier ins Haus, um einen frischen Krug mit dem Heber herausziehen zu können.‹

Diese Bierseligkeit ist rührend und komisch (Karoline behauptet auch, herzlich über sie zu lachen) – aber sie weist auch auf die Abgründe hin, die hier lauern. Zum Trinker wird niemand ohne Grund. Hier ist es der, daß einer mehr will, als er kann. Mit Aufputschmitteln versucht er, seine Hochform zu halten. Einer, der sich ganz der Kunst verschrieben hat, fürchtet die Leere, die sich hinter ihr auftut, wenn die Kraft nachläßt. Eine lange Verteidigung seines ›Trinkunfugs‹ endet mit dem Satz: ›Nur eine Schwelgerei hab' ich, die, daß ich immer in der hohen Flut aller Kräfte schwimmen will und mit Büchern und Menschen füll' ich sehnsüchtig die Ebbe aus.‹ Aber beides, die wichtigen Bücher und die richtigen Menschen, hat er in Meiningen und Coburg nicht. Die engsten Freunde, Emanuel Osmund und Christian Otto (der eine nur für Privat-Familiäres, der andere nach wie vor für Literatur und Politik zuständig) sitzen in Bayreuth. Unklar bleibt, warum Jean Paul die Übersiedlung dorthin überhaupt noch um diese drei Jahre aufschiebt; schon von Berlin aus erkundigte er sich nach den dortigen Lebenshaltungskosten. Fürchtet er die Endgültigkeit einer Heimkehr? Probiert er aus, ob die Wanderzeit sich noch fortsetzen, die Jugend sich noch verlängern läßt? Zögernd nur bewegt er sich auf seinen Alterssitz zu. Zögernd nur nimmt er zur Kenntnis, daß der Höhepunkt seines Ruhms überschritten ist.« Dennoch ist Jean Paul einer der bedeutendsten deutschen Dichter.

Auf der kurzen Fahrt von Meiningen nach Bauerbach kann man den Ort Untermaßfeld streifen, wo der Lyriker Walter Werner bis zu seinem Tod 1995 wohnte. 1922 im thüringischen Vachdorf geboren, lernte er das Malerhandwerk. Nach Krieg und Gefangenschaft heimgekehrt, begann er, gefördert von Louis Fürnberg, Gedichte zu schreiben; erste Versuche erschienen 1957. Seine Dichtung befaßte sich unter anderem mit der engeren Heimat, dem Grabfeld. Für die tiefgründige, assoziationsreiche Lyrik Werners, zuletzt stark beeinflußt von Johannes Bobrowski, mag das Gedicht »Schillerweg nach Bauerbach« einstehen:

Nach sonntäglichem Schrifttum
an der Pforte des Kirchspiels
noch die Glocke ziehn, den Dreiklang
der angetrunken ist vom Wind:
Klangklippe Stein, Singsilbe Bach,
                    Orgelton Wald.
Einem Zapfen die kantigen Fächer
aus dem Ring blättern, den Schirmchen
ablesen des Regens tropfenden Genuß.
Blattzweige spannen über Tells verholzter
                    Armbrust.
Am Waldboden wieder einen Riesen fürchten
und die Wildheit eines Rehsprungs.
Am Wegstück die Schwänke im Ländlichen,
weinrote Fuchsschwänze in den Gärten,

der Heuschrecken spelzige Flüge,
und im Umgang mit schönen Rosen
hin zur Terrasse, die Rostbratwürste,
die zum thüringischen Ende verdampfen;
der Marmorkuchen am Sonntag
und der Briefträger im gewöhnlichen Deutsch.
Auch die winkenden Kinder mit dem kleinen
vermummten Herzen unter dem großen
                                    Versprechen,
die einen markierten Gegner jagen
mit einem langen und einem kurzen Arm.

Und ihre Hoffnung heute zu leben.

Walter Werner beschreibt seine Heimat, sein Buchonien, dessen genauester Kenner er ist. 50 Semester Wetter und Luft habe er studiert, meinte er von sich, und es leuchtet ein, wenn er »Holz« als eine seiner lyrischen Lieblingsmetaphern verwendet. Er war ein Heimatdichter, den ein weiter historischer Blick und das Verständnis der Natur auszeichneten; Provinzielles war diesem poetischen Wahrheitssucher fremd.

Kommt man in das derart poetisch besungene Bauerbach, so trifft man auf den Ort, wo ein aufstrebender junger schwäbischer Dichter erstmals seinen Fuß auf Thüringer Boden setzte.

Schiller in Bauerbach

Nur wenige Kilometer südlich von Meiningen erreicht man das idyllisch sich ins Tal einschmiegende Dörfchen Bauerbach, das durch einen achtmonatigen Aufenthalt Friedrich Schillers 1782/83 literaturhistorische Weihen erhielt. Der würt-

tembergische Regimentsmedikus, wegen seiner schriftstellerischen Arbeiten zunehmend in Konflikt mit seinem Landesherrn, dem Herzog Carl Eugen, sah nach 14tägigem Arrest
und wiederholtem Schreibverbot keinen anderen Ausweg als
Flucht und Desertion. Mit seinem Freund Andreas Streicher
verließ er in der Nacht vom 22. zum 23. September 1782 heimlich Stuttgart und reiste nach Mannheim; am dortigen Natio-
naltheater war sein Drama *Die Räuber* unter enthusiastischen
Begeisterungsstürmen der Zuschauer uraufgeführt worden.
Seine Hoffnung, als Theaterdichter eine materielle Existenz zu
finden, zerschlug sich. In solcherart aussichtsloser Lage ging er
dankbar auf ein Angebot der Henriette von Wolzogen ein, die,
Mutter zweier seiner Mitschüler an der Stuttgarter Carls-
schule, ihm ihr Landgut im sachsen-meiningischen Bauerbach als vorläufiges Exil anbot. Am 7. Dezember erreichte er,
nach über einwöchiger Reise, getarnt mit dem Decknamen eines Dr. Ritter, die Residenzstadt Meiningen, wo ihn der Bibliothekar Reinwald, der später sein Schwager werden sollte,
empfing und sogleich nach Bauerbach geleitete. Einen Tag
später berichtete er seinem Freund Andreas Streicher: »Endlich bin ich hier, glücklich und vergnügt, daß ich einmal am
Ufer bin. Ich traf alles noch über meine Wünsche. Keine Be-
dürfniße ängstigen mich mehr, kein Querstrich von aussen
soll meine dichterischen Träume, meine idealische Täuschun-
gen stören. Das Haus meiner Wolzogen ist ein recht hübsches
und artiges Gebäude, wo ich die Stadt gar nicht vermiße. Ich
habe alle Bequemlichkeit, Kost, Bedienung, Wäsche, Feurung,
und alle diese Sachen werden von den Leuten des Dorfs auf
das vollkommenste und willigste besorgt. Ich kam abends hie-
her … und wurde feierlich in die Wohnung der Herrschaft ab-
gehohlt, wo man alles aufgepuzt, eingeheizt, und schon Betten
hergeschafft hatte.«

Schiller lernte hier erstmals das tiefempfundene Dank- und Glücksgefühl kennen, das selbstlose und unbedingte Hilfe von Mitmenschen, Verehrern und Freunden hervorruft. Später in Dresden, bei den befreundeten Körners, sollte ihm dies die Verse »An die Freude« eingeben, die Ludwig van Beethoven dann in seiner 9. Sinfonie vertont hat. In Bauerbach waren es die knapp 200 Dörfler, die Schiller das Gefühl der Sicherheit und Geborgenheit verliehen; gelegentliche Besuche der Hausherrin und ihrer Tochter verstärkten es noch. Bezeichnenderweise verliebte sich der Dichter kurzzeitig in die 16jährige.

Schillers Konzentration aber galt in Bauerbach seinem Trauerspiel »Luise Millerin«, das später auf Vorschlag Ifflands den zugkräftigeren Titel *Kabale und Liebe* erhielt und sich stofflich auf gesellschaftliche und politische Vorgänge im Herzogtum Württemberg stützt. Den Despotismus Carl Eugens hatte Schiller am eigenen Leib zu spüren bekommen, die Verschwendungssucht des Fürsten, seine Mätressenwirtschaft und die Korruption am Stuttgarter Hof konnte er selbst studieren. Vor allem den menschenverachtenden Verkauf württembergischer Soldaten an England geißelte Schiller in seinem Stück, das am 15. April 1784 am Mannheimer Theater uraufgeführt wurde. Kann *Kabale und Liebe* als überwiegend in Bauerbach entstandenes Stück gelten, ist der Dramenstoff des *Don Carlos* zumindest dort konzipiert und in ersten Szenen auch ausgeführt worden. Gelegenheitsdichtungen und das satirische Gedicht »Wunderseltsame Historia«, das einen Vorfall am Meininger Fürstenhof karikiert, gehören ebenfalls der Bauerbacher Zeit an. Das Andenken ihres bedeutenden Dichter-

Friedrich von Schiller (1759–1805), auf einem Esel sitzend, von hinten gesehen, Federzeichnung von Johann Christian Reinhart, 1787

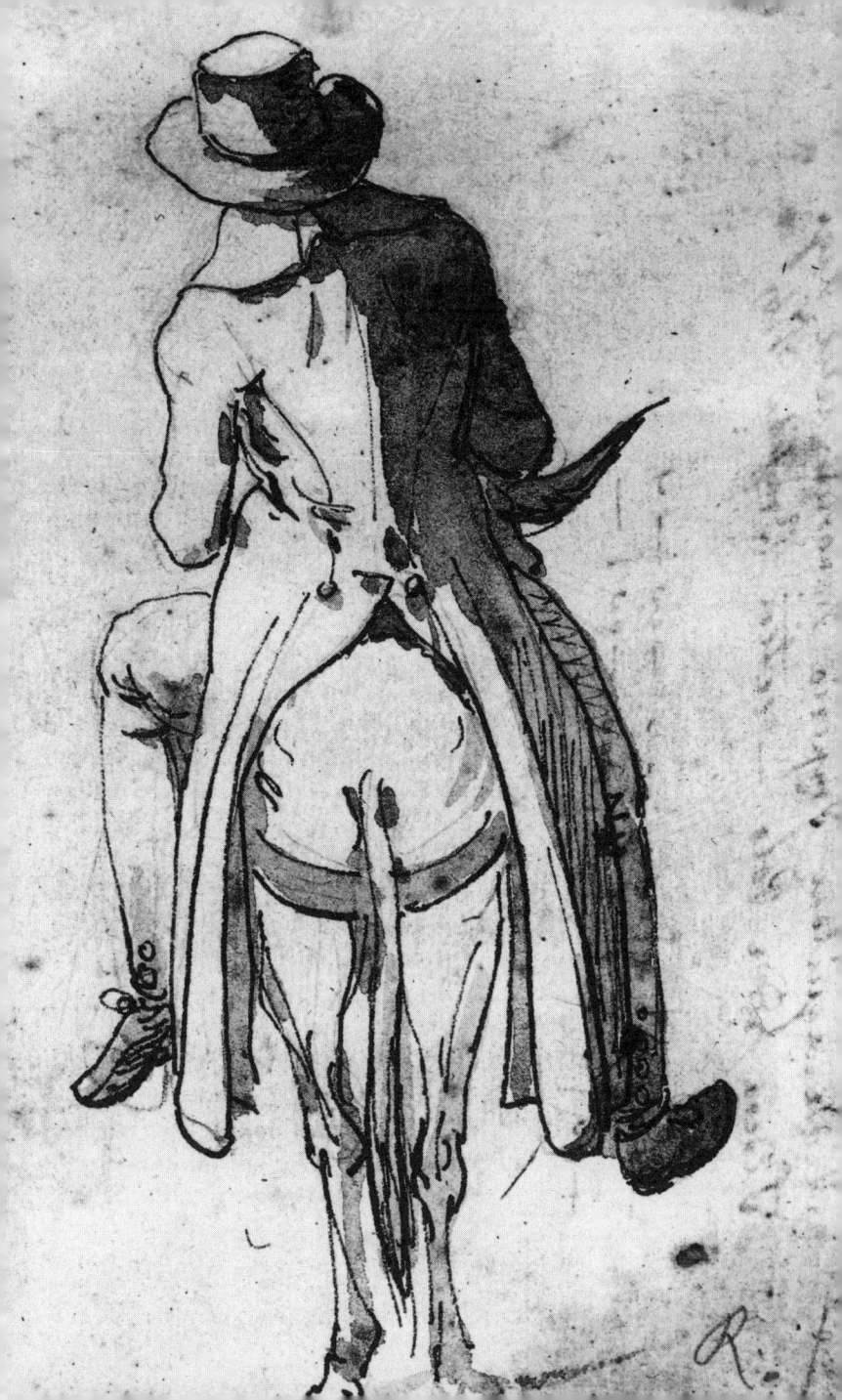

gastes hat das Dorf immer treulich bewahrt. Zum einen durch das Bauerbacher Schillermuseum, in dem Rudimente der damaligen Ausstattung noch überliefert sind; als Museum gehört es jetzt zum Ensemble der Stiftung Weimarer Klassik. Zum anderen durch eine langjährige Tradition des Bauerbacher Freilichttheaters, das jährlich in der Sommersaison meist mit Schillerstücken bespielt wird und stets Tausende von Gästen anzieht. Die dramaturgische Leitung liegt in den professionellen Händen des Meininger Theaters, die meisten Schauspieler und Statisten aber werden von Bauerbacher Laien gestellt, die sich in einem traditionsreichen Verein organisiert haben. Mit Fug und Recht läßt sich deshalb von einem Theaterdorf sprechen, das auf ganz persönliche Art und Weise »seinen« Dramatiker Schiller ehrt.

Otto Ludwig in Eisfeld

Der 1813 in Eisfeld geborene Otto Ludwig ist als Erzähler und Dramatiker heute weitgehend vergessen und bestenfalls noch eine lokale Literaturgröße. Seine Erzählungen *Zwischen Himmel und Erde* (1856) und *Die Heiterethei* (1857) haben jene biedermeierliche Genügsamkeit und kleinbürgerliche Emsigkeit literarisch fixiert, die auch heutigentags der thüringischen Kleinstadt an der Werra noch eignet. Wirtschaftlicher Rückgang, soziale Auseinandersetzungen, die der Sohn des Stadtsyndikus besonders hautnah erlebte, der große Stadtbrand von 1822, Verlust des Elternhauses und der frühe Tod der Eltern prägen den Heranwachsenden und den jungen Mann. Ein 1811 noch von den Eltern angelegter Landschaftsgarten und ein darin errichtetes Sommerhaus am Berggarten werden für Otto Ludwig ein künstlerisches Refugium. Hier las er ungestört Schiller, Tieck, Shakespeare und genoß die Stille der Natur.

Ein herzoglich-meiningisches Stipendium ermöglichte dem musisch Talentierten 1839 ein Studium der Musik bei Felix Mendelssohn-Bartholdy in Leipzig, doch brach er diese Ausbildung schon ein Jahr später »krank vor Heimweh« ab, um sich, zurückgekehrt, schriftstellerischen Versuchen zu widmen. Ludwig Bechstein war es, der ihm die Verlängerung seines herzoglichen Stipendiums, diesmal zum Studium der Literatur, erwirkte. In Meißen und Dresden entstand dann in den Folgejahren sein dramatisches Werk, das ihm mit dem *Erbförster* (1850) und den *Makkabäern* (1852) ansehnliche Erfolge bescherte. 1865 starb der Dichter in Dresden. Otto Ludwig mußte sein Anwesen am Eisfelder Hainig wegen finanzieller Bedrängnis bereits 1858 verkaufen. Als Bratwurstgarten, Anlage einer Gärtnerei und Bauplatz verlor es sein ursprüngliches Gesicht. Erst mit dem Beginn einer regionalen Otto-Ludwig-Renaissance ab 1913, dem 100. Geburtstag des Dichters, begann die allmähliche Rekonstruktion des romantischen Anwesens, ehe 1929 Garten und zweigeschossiges Gartenhaus mit der kleinen Säulenhalle wiederhergestellt waren. Heute ziert ein Bronzedenkmal des Dichters, ein Werk des aus Eisfeld stammenden und später in München ansässigen Bildhauers Carl Röhrig, das Haus, bereits 1934 wurde daneben eine Freilichtbühne eingerichtet. Der Mißbrauch Otto Ludwigs zur Zeit des Nationalsozialismus als »literarischer Nationalheld« und »wurzelechter Deutscher« führte zu jahrzehntelanger Verfemung und Ächtung in der DDR. Erst 1981 entstand eine neue Gedenkstätte; das Gartenhaus wurde in den neunziger Jahren gründlich saniert.

Unter der Veste Coburg

Friedrich Rückert, der Mainfranke, 1788 in Schweinfurt geboren, darf hier einbezogen werden, nicht nur, weil Coburg lange Jahre mit dem gothaischen Herzogtum verbunden war, sondern weil Rückert auch selbst im geistig-literarischen Boden Thüringens verwurzelt ist. Nach Studien in Würzburg und Heidelberg wechselte er 1810 an die Salana in Jena, wo er unter dem Einfluß Schellings mit einer Dissertation seine Universitätsausbildung abschloß. Nicht jedoch als Gelehrter, als freier Schriftsteller lebte er die nächsten Jahre. Während der Befreiungskriege verfaßte er patriotische Lyrik, die ihm erste literarische Anerkennung einbrachte. Auf der Rückreise von einem Italienbesuch lernte er in Wien Joseph von Hammer-Purgstall kennen, der ihn für das Studium der orientalischen Sprachen und Literaturen begeisterte. Rückert wandte sich der persischen Kultur zu und veröffentlichte 1820 den Gedichtzyklus *Östliche Rosen*. Goethes *Westöstlicher Divan*, der gleichfalls durch die Lektüre von Hammer-Purgstalls Übersetzung angeregt worden war, entstand von 1814 bis 1820; die erste Drucklegung erfolgte 1819, also fast zeitgleich mit Rückert. Seit 1820 hielt sich Rückert in Coburg auf, wo er auch seine Familie gründete. Hier befaßte er sich mit der Übertragung arabischer Dichtungen, womit seine Berufung 1827 an die Universität nach Erlangen vorbereitet wurde. 1841 wechselte er an die Berliner Universität, blieb aber Coburg immer verbunden. In Neuses, nordwestlich von Coburg, wo er das ehemalige Landgut seines Schwiegervaters erwarb, lag seit 1843 der Mittelpunkt seiner Existenz als Lyriker. Bis zu seiner Pensionierung 1848 ließ sich der Berliner Professor nur über das Wintersemester an die Spreeresidenz binden.

1866 starb er, hochgeehrt, und wurde auf dem Dorfkirchhof von Neuses, an der Seite seiner Gattin, die ihm sieben Kinder geboren hatte, beigesetzt. Rückerts Nachruhm galt, spätestens nach dem Untergang des Wilhelminischen Deutschland, weniger dem Dichter vaterländischer Gesänge, als vielmehr dem meisterhaften Übersetzer morgenländischer Dichtung. Sein Landgut in Neuses, eine »forcierte Idylle«, regte ihn außerdem zu einer großen Zahl von »Garten-Gedichten« an, in denen er sein Gefühl der Abkehr von der frühen Industriegesellschaft artikulierte. »Nur hinter einer Schutzmauer«, so ein treffendes Resümee von Max-Rainer Uhrig, »läßt sich ein kontemplatives Areal bewahren, in dem ein Dichter-König über eine sanfte, zwar domestizierte, aber nicht anarchisch entartete Natur zu herrschen vermag.«

> Nur meinem ruhigen Garten
> Und meinem friedlichen Sinn,
> Die Blumen all zu warten,
> Und nirgends ein Unkraut darin;
> Sie sollen sprossen und treiben,
> Mein Herr und mein Volk zu bleiben,
> Weil ich ihr König bin.

4. Kapitel

Von Coburg nach Erfurt

Hildburghausen

Vom heute bayrischen Coburg führt unser literarischer Streifzug wieder nordwärts, zurück in den Freistaat Thüringen. Nicht berührt wird die Spielzeugstadt Sonneberg, vorbei auch an den Überresten des ehemaligen Prämonstratenserklosters Veßra führt der Weg in die ehemalige Residenz des Kleinstfürstentums Sachsen-Hildburghausen rechts der Werra. Vor dieser kurzen Residenzphase von 1680 bis 1826 war Hildburghausen hennebergischer Besitz, dann gehörte es Würzburg, schließlich Coburg, endlich den Burggrafen von Nürnberg und zuletzt vor 1690 den Herzögen von Altenburg und Gotha. Dann folgten rund anderthalb Jahrhunderte Selbständigkeit; ab 1826 wurde es dem Herzogtum Sachsen-Meiningen zugeschlagen – Thüringen war das Land der Klein- und Kleinststaaterei. In der Geschichte des deutschen Presse- und Verlagswesens kommt der Stadt im 19. Jahrhundert eine wichtige Bedeutung zu. War die volksbildnerisch wirksame Wochenschrift *Dorfzeitung*, die der Pestalozzischüler C. L. Nonne ab 1818 herausgab, noch auf die Region beschränkt, so wirkten die Aktivitäten Carl Joseph Meyers, der hier zehn Jahre später sein »Bibliographisches Institut« ansiedelte, nach ganz Deutschland hinein, ja in den gesamten deutschsprachigen Raum Europas. Von 1829 bis 1874 war diese Verlagsanstalt in Hildburghausen ansässig; ihre Geschichte ist heute in der »Alten Post«, dem Stadtmuseum, anhand vieler Dokumente, Ausgaben und Sachzeugen dargestellt.

Carl Joseph Meyer, 1796 geboren, verlegte sein kaufmännisches Unternehmen, nach mißglücktem Start 1826 in Gotha, zwei Jahre später nach Hildburghausen. Sein Buchverlag, den er nach seinem Wahlspruch »Bildung macht frei« konzipierte und führte, prosperierte sehr bald. Eben jenes Motto ziert die Titelseiten der Hefte seiner Groschenbibliothek der deutschen Klassiker, die er sehr erfolgreich von 1850 bis 1855 herausbrachte.

Hohe Allgemeinbildung – so seine Auffassung – trage entscheidend zur Emanzipation des Bürgertums bei, ja er ging noch weiter und forderte »Bildung für alle«. Diesem anspruchsvollen Ziel dienten auch seine anderen buchhändlerischen Unternehmungen. Die berühmteste wurde das *Große Conversationslexikon für die gebildeten Stände* – im Volksmund bis heute »Meyers Lexikon« –, das nach fünfjähriger Vorbereitung zu erscheinen begann. Geplant waren 21 Bände, die innerhalb von vier Jahren in 252 Lieferungen zu je 7 1/2 Silbergroschen erscheinen und dreißigmal soviele Stichwörter enthalten sollten wie der damals schon bekannte »Brockhaus« – eine beeindruckende Planung, die ebensoviel Durchhaltevermögen wie unternehmerisches Risiko erforderte. Am Ende wurden es 46 Bände und sechs Supplementbände, an denen 120 Autoren dreizehn Jahre lang gearbeitet hatten. Die Gesamtkosten sollen eine Million Gulden verschlungen haben. Daß bereits 1858/59 eine zweite unveränderte Auflage erschien, belegt den buchhändlerischen Erfolg Carl Joseph Meyers. Sein Sohn Hermann brachte später eine reduzierte 15bändige Ausgabe heraus, und auch diese wurde ein Erfolg. Solche Zahlen zu erreichen erforderte die damals modernsten Druckmaschinen. In der Tat sollen bei ihm einige Koenigsche Schnellpressen gelaufen sein. Nach Meyers eigenen Angaben hat er zwischen 1828 und 1850 in Hildburghausen 25

Millionen Bücher gedruckt, gebunden und in alle Welt versendet.

Der Buchausstoß des Bibliographischen Instituts erschöpfte sich allerdings bei weitem nicht in »Meyers Lexikon«. Meyers Geschichtsbibliothek, eine *Bibliothek für Länder-, Völker- und Naturkunde, Meyers Universalatlas ... zum bequemen Gebrauch für Geschäftsmänner, Zeitungsleser und Reisende*, der *Große und vollständige Auswanderungsatlas für Nordamerika*, die *Parlamentschronik über Ereignisse und Personen des Frankfurter Parlaments* sind Beispiele, die die Geschäftstüchtigkeit des Verlegers beweisen. Er versorgte – wohlgemerkt zu wohlfeilen Preisen – sein bürgerliches Lesepublikum mit allen damals interessanten Themen und Sachgebieten. Es erinnert an die früheren vielfältigen geschäftlichen Unternehmungen des Weimarer Multitalents Friedrich Justin Bertuch, wenn man hört, daß der Unternehmer Meyer auch Eisenbahn- und Bergwerksprojekte verfolgte, die freilich an den damaligen Hemmnissen der deutschen Kleinstaaterei scheitern mußten. Carl Joseph Meyer ist als Verleger, Publizist, Unternehmer und bürgerlicher Demokrat aus dem Kontext der deutschen Literatur des 19. Jahrhunderts nicht wegzudenken.

Goethe in Ilmenau

Östlich vorbei an der ehemaligen hennebergischen Residenz Schleusingen, wo sich das imposante Schloß Bertholdsburg befindet, und vorbei an der ehemaligen Waffenstadt Suhl, erreicht man jenseits des Rennsteigs die kleine Waldstadt Ilmenau, früher ein Zentrum der Glasbläserkunst und des Kupfer- und Silberbergbaus in Thüringen. Drei Museen erinnern hier und in der Umgebung an das Wirken Johann Wolfgang

Goethes: das Amtshaus in Ilmenau, das Jagdhaus auf dem Kickelhahn und das Museum in Stützerbach. Wir sind an der Peripherie jenes Wirkungskreises angelangt, der mit dem Begriff »Weimarer Klassik« eine der wichtigsten Epochen der deutschen Literaturgeschichte umfaßt.

Zwanzig Jahre lang, vom ersten Besuch im Mai 1776 bis zum katastrophalen Bruch des Martinröder Stollens im Oktober 1796, war Goethe aufs engste mit Ilmenau verbunden. Auf keine Stadt – Jena ausgenommen – hat er zeitlebens soviel Kraft verwandt, nirgendwo sonst solche sozialen Reformversuche unternommen, solche technischen Neuerungen angeregt und verwirklicht, wie in dieser Bergstadt – und ist doch gescheitert. Aber: Welch ein Zuwachs an Lebensklugheit, Menschenerfahrung, naturwissenschaftlichen Kenntnissen und intensivem Landschaftserlebnis; ohne Ilmenau wäre Goethes Leben anders verlaufen. Hier fielen dem jungen Mann schier unlösbare Aufgaben zu, die ihn zur Entfaltung aller seiner Kräfte brachten; hier blühte seine Liebe zu Charlotte von Stein auf, wozu der milde Zauber der Landschaft den Hintergrund lieferte. In Fragen des Bergbaus, der Verwaltung und des Staatswesens hatte er sich Kenntnisse zu erwerben, und er tat es im direkten Kontakt mit den Bergleuten, Chemikern, Forstleuten und Beamten. Ein mühseliges, trockenes Geschäft, dem sich der junge Politiker mit aller Energie, Konsequenz und Härte unterwarf, alles andere als nur ein genießender Günstling seines Fürsten, der sich in dessen Anerkennung behaglich hätte sonnen können. Probleme der Stadt, des Bergbaus, der Verwaltung, anstrengende Verhandlungen, Sitzungen, Protokolle füllen Goethes Ilmenauer Tage. Wie ein Wunder, so Wolfgang Vulpius, scheine es, daß er diesem übervollen Tagewerk die Stunden »abzustehlen« vermochte, wo er auch Dichter war. Dramatische, epische und lyrische Werke entstanden in Ilmenau und Umgebung. Goethes berühmtestes Gedicht »Über allen Gipfeln …«, »das sich seinem Volke ans Herz gelegt hat und für keinen Deutschsprechenden eines Mittlers bedarf, ist in zweifachem Sinne ein Geschenk Ilmenaus«.

Erstmals führt ihn – fast ein Wink des Schicksals für die spätere Entwicklung – eine Brandkatastrophe dorthin: »Ich bin keine sechs Stunden geritten«, berichtete er über den Höllenritt von 60 Kilometern an den Herzog Carl August, »also wie sich's gehört, des Husars Pferd wollte nicht mehr fort gegen das Ende, und hinter Bücheloh auch mein's nicht mehr.« »Betreckt« seien sie angelangt, »der Brand war lange nieder«, denn »es waren 19 Sprüzen und sehr treue Hülfe der Benachbaarten hie«. »Ich muss die Anstalten die dabey vorgekehrt wurden rühmen, wie die Obern die Bereitwilligkeit und Ausdauer der Subalternen loben, eine Gasse mit dürren Schindeldächern wurde mit groser Arbeit gerettet, woran die Erhaltung des Oberntheils der Stadt, des Amt und Rathauses hing, es sind nur geringe Häuser und arme Leute verunglückt, die doch wenig gerettet haben, Bergleute, Leineweber, Taglöhner«. Zur gleichen Zeit verunsicherte eine Räuberbande die Gegend, und Goethe schloß sich dem Husarenkommando an, das Jagd auf das Raubgesindel machte: »Man hat gestreift, nichts gefunden – die 6 Husaren sind heut eilfe hergekommen, durch's Arnstädtische visitierend. Und wollen morgen auf Frauenwalde ich will mit.«

Fast einen Monat lang blieb Goethe im Sommer des gleichen Jahres in Ilmenau. Es waren betriebsam übervolle Tage, die teils mit dem Herzog, teils mit auswärtigen Gästen, teils mit Jagd, Zeichnen, Tanz und grobem Schabernack, aber eben auch mit ernsthafter Beschäftigung und konzentrierten Studien verbracht wurden. Am Ankunftstag und in der Nacht noch vom Durchfall geplagt – »Rhabarber! Dummheit!« –,

Johann Wolfgang von Goethe (1749–1832),
Ölgemälde von Angelika Kauffmann, 1787/88

wurde anderentags der »Treuen-Friedrich-Schacht« befahren, womit ein wichtiger praktischer Anfang in der Beschäftigung mit dem Bergbau gesetzt wurde. Zwanzig lange, mühselige

Jahre folgten, die von Erfolg und Niederlage, von Jubel und Verzweiflung gezeichnet waren. Verwickelte Rechtsansprüche zu klären, geologische und bergtechnische Sachverhalte zu studieren, Verhandlungen zu führen, Kommissionen zu leiten, die »Gewerken«, die Inhaber der »Kuxe«, der Anteilsscheine oder Aktien also, zu informieren, zu beruhigen und zu vertrösten war das jahrelange, scheinbar undankbare Geschäft, dem sich Goethe zu unterziehen hatte. Und er betrieb es penibel und streng; seine »scharfe Aufmerksamkeit auf die geringsten Dinge« verschaffte ihm Autorität und Achtung.

Erst im Februar 1784, nach mehr als siebenjähriger Vorbereitung, konnte ein erster Teilerfolg gefeiert werden: die Arbeit am Johannisschacht begann. Bei der Festrede blieb Goethe – wieder ein Schicksalswink? – minutenlang stecken, ein bis heute unerklärlicher Ausfall.

Weitere acht Jahre mußten vergehen, ehe am 3. September 1792, dem Geburtstag des Herzogs, die erste Tonne Schiefergestein jubelnd ans Tageslicht gezogen werden konnte. Damit schien Goethes soziales Hauptinteresse verwirklicht worden zu sein, den »armen Maulwürfen« der Stadt einen dauerhafen Brotverdienst zu schaffen, hatte er doch seit seinem ersten Harzbesuch 1777 die feste Überzeugung gewonnen, daß »vom unterirdischen Segen die Bergstädte fröhlich nachwachsen«. Diese Rechnung ging im Falle Ilmenaus nicht auf. Zunächst erfuhr Goethe in Neapel, daß eine herunterstürzende Fördertonne (das Hanfseil war zerrissen) einen Bergmann erschlagen hatte. Zugleich traf man auf eine Wasserader, deren hereindringende Massen mit dem Treibrad nicht mehr «gewältigt« werden konnten. Ein neues Kunstzeug mußte gebaut werden. Kaum fertig, erforderte ein noch viel stärkerer Wassereinbruch ein zweites, drittes und viertes, weshalb die Kuxinhaber weiter zuschießen mußten. Die nächste herbe Enttäuschung erlebte die Bergwerkskommission in der Schmelzhütte, die nahe beim Gasthof »Zur Tanne« erbaut worden war: Das Gestein war kaum erzhaltig. Krampfhaft suchte man nach einem fündigen Flöz, angespannt experimentierten Bergleute und Chemiker, um das Ausschmelzen zu verbessern. Goethe verfaßte Aufsätze über das Poch- und Waschwerk, über den Schacht- und Grubenbau, ein Röstofen wurde errichtet – was wieder neues Geld erforderte, Geld, das die maßlos enttäuschten Gewerke nicht mehr vorzustrecken gewillt waren.

In diese verzweifelten Bemühungen um die Rettung des Ilmenauer Bergbaus platzte wie eine Bombe die Schreckensnachricht vom Bruch des Martinröder Stollens in der Nacht vom 22. zum 23. Oktober 1796. Über diesen Stollen floß sonst das gepumpte Wasser ab, das nun in kürzester Zeit das gesamte Bergwerk überfluten ließ; die Bergung der Arbeiter war zum Teil dramatisch. Letzte Rettungsversuche, Einsatz neuester Technik – alles war vergebens, der Bergbau nicht zu retten, denn obwohl man 1798 die Befahrbarkeit des Entwässerungsstollens wieder hergestellt hatte, erlag das Unternehmen wegen völliger Erschöpfung der Finanzkraft – eine der größten Enttäuschungen seines Lebens; danach hat Goethe Ilmenau 17 Jahre lang nicht wieder betreten.

1784 wurde Goethe zum Leiter der Ilmenauer Steuerkommission berufen, die den betrügerischen »Filz« der dortigen städtischen Finanzbeamten beseitigen sollte. Mit Hilfe des eingeschleusten »Agenten« Johann Heinrich Krafft (ein Pseudonym), der ihm persönlich verpflichtet war, und durch schonungsloses Aufdecken der festgestellten Unterschlagungen und Bestechungen gelang es Goethe, den Steuereinnehmer Gruner zu überführen und bestrafen zu lassen. Eine gelungene »Neu-Beschockung im Amte Ilmenau«, die zu einer gerechteren Besteuerung von Arm und Reich und zugleich zu höheren Steuereinnahmen des Fiskus führte, ist eine der größten Leistungen des Verwaltungsbeamten Goethe, der seine bürgerlichen Reformbestrebungen innerhalb des spätfeudalen Staates auf diesem kleinen Feld erfolgreich umsetzen konnte. Krafft, von Goethe finanziell und ideell unterstützt, hat sein Geheimnis nie gelüftet; wer er wirklich war, wie er hieß und wie er zu Goethe kam – wir wissen es nicht; auch letzterer hat sein Wissen mit in den Tod genommen.

Die dienstliche Anspannung scheint den Dichter allerdings eher beflügelt zu haben: Das *Falken*-Fragment, Teile der *Iphigenie*, das berühmte Gedicht »Ilmenau« von 1783, zahlreiche Abschnitte zu *Wilhelm Meister*, die Beendigung von *Triumph der Empfindsamkeit* sind mit Ilmenauer Aufenthalten verbunden, spiegeln teilweise konkrete Lokalitäten der Ilmstadt. Auch die Liebe zu Charlotte von Stein erlebte hier markante Höhepunkte. Für sie zeichnete er die vielen Aussichten in die Landschaft, mit ihr traf er im August 1776 im Ilmenauer Posthaus, dem späteren Hotel »Sächsischer Hof«, zusammen, wo sich eine pikante Szene abspielte, in der die Hofdame den Schnabel ihres abgerichteten Kanarienvogels mit den Lippen berührte und Goethe anschließend anbot, den gleichen »Kuß« mit dem Tier zu wechseln. In der Zweitfassung des *Werther*-Romans hat Goethe die einprägsame, ihn tief aufwühlende Geste literarisch verwendet. Anläßlich dieses Zusammentreffens führte er Charlotte in die Höhle unterm Hermannstein, die fortan für Goethe – so Wolfgang Vulpius – zur heimlichen Kultstätte seiner Liebe wurde, die er in Versen besang.

Und noch eine zweite wichtige Frau in Goethes Leben ist mit Ilmenau verbunden: die Schauspielerin Corona Schröter. Sie wohnte – nach ihrem Rückzug vom Theater – im Posthaus und wurde nach ihrem Tod 1802 auf dem Ilmenauer Friedhof beigesetzt.

Erst 1813 – die Narben schienen verheilt – wagte sich der inzwischen fast 64jährige in die erinnerungsträchtige Stadt zurück; eine Einladung Carl Augusts und das Zureden der Familie waren vorausgegangen, treue, verständnisvolle Freunde begleiteten ihn. Am 26. August traf er in Ilmenau ein. Technische Anlagen und Neuerungen waren es, die er interessiert besichtigte, so »Erhitzungs-Versuche« im Forsthaus, die »Cammerlöcher«, wo Steinkohle gefördert wurde, die »Massenmühle« und eine nahe Steingutfabrik. Dann folgte der Hammer, wo er »Guss-Hammer-Arbeit« beobachtete und die Wassererhitzung durch heiße Schlacken sah; letzteres galt als heilkräftig und wurde als Badewasser genutzt. Selbst an seinem Geburtstag, der von den Ilmenauern liebevoll vorbereitet und dessen Feier von Goethe dankbar angenommen wurde (was durchaus ungewöhnlich war), besichtigte er einen Hammer und einen »Verkohlungs-Ofen«, sortierte Eisensteine. Ein »Ball auf dem Felsenkeller« bis nach Mitternacht am Folgetag bestätigte: Goethe hatte seine trüben Erinnerungen überwunden; Ilmenau als Station lebenswichtiger schmerzlicher Erfahrungen war endgültig akzeptiert.

Die letzte Reise seines Lebens führte den 82jährigen 1831 erneut in die Bergstadt und in den Gasthof »Zum Löwen«. Goethe liebte Symbole: Es ist kein Zufall, daß er seinen Geburtstag wählte und von den geliebten Enkeln begleitet wurde. Mit dem Rentamtmann und Bergrat Johann Heinrich Christian Mahr besuchte er noch einmal den Kickelhahn und die dortige Jagdaufseherhütte. Es ist anrührend und schließt im Detail einen Kreis, den auch das Leben im Ganzen zu schließen im Begriff war: Beim Lesen seiner Verszeilen »Warte nur, balde ruhest du auch« brach der Greis in Tränen aus. Doch hatte er sich bald wieder beruhigt, war heiter und gelöst. Es bestätigte sich ein altes Bekenntnis, das er 36 Jahre zuvor gegenüber

Freund Schiller formuliert hatte: »Ich war immer gerne hier und bin es noch, ich glaube es kommt von der Harmonie in der hier alles steht. Gegend, Menschen, Clima, Thun und Lassen. Ein stilles, mäßiges ökonomisches Streben, und überall den Übergang von Handwerck zum Maschinenwerck, und bey der Abgeschnittenheit einen größern Verkehr mit der Welt als manches Städtchen im flachen zugänglichen Lande.« Sein abschließendes Resümee der Reise von 1831, in einem Brief an den vertrauen Altersfreund Carl Friedrich Zelter, bestätigte und verdichtete diese ruhige und unerschütterliche Liebe zu Ilmenau: »Nach so vielen Jahren war denn zu übersehen: das Dauernde, das Verschwundene. Das Gelungene trat vor und erheiterte, das Mißlungene war vergessen und verschmerzt. Die Menschen lebten alle vor wie nach ihrer Art gemäß, vom Köhler bis zum Porcellanfabrikanten. Eisen ward geschmolzen, Braunstein aus den Klüften gefördert, wenn auch in dem Augenblicke nicht so lebhaft gesucht wie sonst. Pech ward gesotten, der Ruß aufgefangen, die Rußbüttchen künstlichst und kümmerlichst verfertigt. Steinkohlen mit unglaublicher Mühseligkeit zu Tage gebracht …; und so gings denn weiter, vom alten Granit, durch die angränzenden Epochen, wobey immer neue Probleme sich entwickeln, welche die neusten Weltschöpfer mit der größten Bequemlichkeit aus der Erde aufsteigen lassen.« Vom Brand über die Liebe bis zur Lebensphilosophie des alten Naturforschers – Goethe hat in Ilmenau alles durchkosten und durchleiden dürfen.

Das Jagdhaus Gabelbach auf dem Kickelhahn

»Gabelbach« – eigentlich eine Flurbezeichnung auf dem Kickelhahn – heißt ein Jagdhaus, das Carl August im Sommer

*Die Goethegedenk-
stätte Gabelbach auf
dem Kickelhahn,
Fotografie
von Sigrid Geske*

1783 eiligst erbauen ließ, um den Herzog von Kurland, der zu
einer mehrtägigen Jagd in die Wälder um den Kickelhahn eingeladen war, standesgemäß unterbringen zu können; eine bereits vorhandene Jagdunterkunft schien nicht repräsentativ
genug. Die Lokalität »Gabelbach« unterhalb der Bergspitze
war Goethe seit Mai 1776 bekannt, als er den Hermannstein
mit seiner Höhle, die alte Jagdunterkunft und die Kammer-
berger »Kohlenwercke« zwischen Manebach und Stützerbach
besuchte. Konnte er sich im Juli 1776 in der dortigen Gegend
noch verirren, so wurde ihm das bewaldete und bergige Land
zwischen Ilmenau, Stützerbach und Gabelbach bald so vertraut und lieb, daß er es vielfach mit dem Zeichenstift einzu-
fangen suchte: »der Herzog geht auf Hirsche, ich auf Landschaften aus.« Nicht nur den Landschaftszeichner, mehr noch
den Dichter inspirierte der Thüringer Wald. Am 7. September
1780, als Goethe der Hektik und der drängenden Sorgen in der

Stadt Ilmenau entflohen war und sein Nachtquartier in der einsamen, stillen Jagdhütte auf dem Kickelhahn aufgeschlagen hatte, gaben ihm seine eigene Stimmung, die einzigartige Atmosphäre des Berges, des Waldes und der Hütte die berühmten Verse ein:

> Über allen Gipfeln
> Ist Ruh,
> In allen Wipfeln
> Spürest du
> Kaum einen Hauch;
> Die Vögelein schweigen im Walde.
> Warte nur, balde
> Ruhest du auch.

Was Goethe am 4. Mai 1776 an den Herzog schrieb: »Aber die Gegend ist herrlich, herrlich!«, das wiederholte sich 55 Jahre später, als der 82-Jährige am 27. August 1831 zum letzten Mal auf dem Gipfel des Kickelhahns stand und beim weiten Blick über den Thüringer Wald abermals die wundervolle Landschaft genoß. Achtundzwanzigmal ist er im Laufe seines Lebens in dieser Gegend gewesen. Das Jagdhaus Gabelbach gehört heute zur »Stiftung Weimarer Klassik« und ist öffentliches Museum.

Das Kneippdorf Stützerbach

Viele Male weilte Goethe nach 1776 mit der herzoglichen Jagdgesellschaft im kleinen Wald- und Glasbläserdorf Stützerbach. Da das Jagdschloß »Dianenburg«, einst von Herzog Ernst August auf dem Schloßberg errichtet, bereits um die Mitte des

18. Jahrhunderts wieder abgerissen worden war, wohnten die fürstlichen Gäste und ihre Begleiter in den Häusern der begüterten Stützerbacher. Zu denen gehörte der Kaufmann Johann Elias Glaser, in dessen behäbig am Hang gelagertem Haus die ausgelassene Weimarer Gesellschaft sich häufig aufhielt. Die dabei verübten, z.T. groben und ehrverletzenden Späße auf Kosten des Hausherrn dürfte Goethe später zu den größten Entgleisungen seines Lebens gerechnet haben, auch wenn der charakterlich unfertige Herzog Carl August dabei meist die treibende Kraft gewesen sein mag. »Wirthschaft bei Glasern«, »Glaser und leichtfertige Mädels«, »Glasern sündlich geschunden«, »morgens Possen getrieben, tagsüber Torheiten« – solche und ähnliche Eintragungen im Tagebuch vermitteln einen Eindruck dieses Treibens. Man scheute selbst davor nicht zurück, aus des Kaufmanns Lager manche Kiste Pfeffer, Ingwer, Zucker und Kaffee – allesamt teure und rare Ware – vor das Haus zu schleppen oder sich über den Berg hinunterkollernde Fässer köstlichst zu amüsieren. Goethes Ausgelassenheit verstieg sich eines Nachmittags so weit, das »breite, blonde fade Gesicht« aus einem Ölporträt, das Glaser darstellte, auszuschneiden und sein eigenes »männlich braunes, geistiges Gesicht mit den blitzenden schwarzen Augen« durch die perückenumrahmte Öffnung zu stecken, wie der Berghauptmann von Trebra als Augenzeuge zu berichten wußte.

Seriöser sind da die Annalen über die Aufenthalte im nur wenige Meter tiefer gelegenen Haus des Glashüttenbesitzers Johann Daniel Gundelach, in dem sich heute das Goethemuseum befindet. Dreizehnmal weilte der Weimarer Dichter in diesem Anwesen als Gast, und von hier aus schrieb er so manchen Brief »aus dem geliebten Stüzzerbach« nach Weimar. Das Dorf, mit knapp 200 Einwohnern in ca. 40 Häusern, bot dem

Dichter jedoch nicht nur die Kulisse für tolles Treiben. Er lernte bei den überwiegend armen Schluckern des Ortes das Technische der Papierherstellung kennen, seit Jahren einer der Haupterwerbszweige der Bevölkerung.

Bergbautechnische Anlagen in der Umgebung Stützerbachs dienten zur Ausnutzung der Wasserkraft. Vor allem aber war es die Glasbläserei, die seit 1656 im Ort betrieben wurde, für die sich Goethe interessierte, und die er auch selbst versucht hat. Der enge Umgang mit Glasbläsern, Papiermachern, Holzhauern, Kohlenbrennern und Bergleuten hat mit Sicherheit in diesen Jahren Goethes soziales Verständnis geschärft. Nicht zuletzt hielt ihn die schöne Landschaft bis an sein Lebensende gefangen, was sich in zahlreichen überlieferten Zeichnungen äußerte. Stützerbach und das Jagdhaus Gabelbach, der Emmastein, der Dreiherrnstein, das Jagdaufseherhäuschen auf dem Kickelhahn blieben für immer eng mit seiner Dichtung verknüpft. Bodo Kühn, der aus Stützerbach stammende Schriftsteller, hat in seinem Roman *Licht über den Bergen* (1955) dem Glasbläserdorf, wo 1831 erstmals in Deutschland Thermometer hergestellt werden konnten, ein literarisches Denkmal gesetzt.

Die Bachstadt Arnstadt

Arnstadt, aufgrund seiner Lage am nördlichen Fuß des Gebirges als »Tor zum Thüringer Wald« bezeichnet, ist bekannt als wichtige Bachstadt. Johann Sebastian Bach wirkte hier von 1703 bis 1707 als Organist. Die ehemalige Bonifatiuskirche trägt heute seinen Namen. Das Puppenmuseum »Mon plaisir« erfreut sich zudem großer Beliebtheit. Weniger bekannt ist, daß Arnstadt seit 1684 den Schwarzburger Fürsten als Residenz-

Die Wanderslebener Burg bei Arnstadt, Fotografie von Roland Dreßler

stadt diente. Vor allem die Solbäder und die schöne Umgebung zogen im 19. Jahrhundert Auswärtige an, und dies sind wohl auch die Gründe gewesen, warum Willibald Alexis, mit bürgerlichem Namen Wilhelm Häring, 1852 von Berlin nach Arnstadt übersiedelte. Nachdem 1824 sein Erstlingsroman *Walladnor*, eine freie Bearbeitung nach Stoffen von Walter Scott, große Anerkennung fand, wurde er freischaffender Schriftsteller, Herausgeber und Mitarbeiter literarischer Zeitschriften. Ein öffentlicher Tadel des Preußenkönigs Friedrich Wilhelm IV. wegen der liberalen Auffassungen des Dichters hat seinen Wegzug von Berlin sicher befördert. Gemeinsam mit Julius Eduard Hitzig gab er von 1842 bis 1862 den

30bändigen *Neuen Pitaval* heraus, eine Sammlung interessanter Kriminalfälle aller Zeiten und Orte. Eigenes schuf er mit seinen historischen Romanen, in denen er – noch vor Fontane – den Reiz der märkischen Landschaft einfing und den realistischen historischen Roman in Deutschland begründete. Nur vier Jahre schöpferischer Arbeit waren dem Dichter in Arnstadt beschieden. Von 1852 bis 1854 baute er sich ein Haus im Schweizer Stil in der thüringischen Kleinstadt, das zunächst nur als Sommersitz diente. Ein Gehirnschlag 1856 erschütterte Alexis' Gesundheit schwer, nach einem zweiten Schlaganfall 1860 war er für immer an den Rollstuhl gefesselt. Erblindet starb er 1871 und wurde auf dem Alten Friedhof beigesetzt. Sein Aufenthalt in Arnstadt ist erst vor kurzem von Janny Dittrich ausführlich dargestellt worden.

Wesentlich bekannter als dieser Wahlarnstädter wurde die Erfolgsschriftstellerin E. Marlitt, die mit bürgerlichem Namen Eugenie John hieß, 1825 in Arnstadt geboren, als Sängerin ausgebildet und nach einer Hörkrankheit freie Autorin wurde. Sie erlangte mit ihren Büchern Weltruhm, erscheint aber bis zum heutigen Tag mit dem Kainsmal behaftet, »Trivialliteratur« verfaßt zu haben. Zu Recht wird darauf hingewiesen, daß es keine wirklich befriedigende Definition darüber gibt, was Trivialliteratur, Unterhaltungsliteratur oder gar Kitsch sei; oft genug stigmatisieren diese Bezeichnungen die betreffenden Schreiber, so auch die Autorin E. Marlitt.

Das mag damit zusammenhängen, daß ihre Romane zuerst in der *Gartenlaube* erschienen, einer 1853 gegründeten, thematisch breit gefächerten Familienzeitschrift, die nach tradierter Ansicht zum Sinnbild kleinbürgerlich-spießiger Sentimentalität in der zweiten Hälfte des 19. Jahrhunderts wurde. Dieses Pauschalverdikt macht vergessen, daß auch anerkannte Autoren wie z. B. Karl Gutzkow, Theodor Fontane, Wilhelm Raabe,

*Eugenie John alias E. Marlitt
(1825–1887), Fotografie
aus dem Fotoatelier Beitz in
Arnstadt*

Theodor Storm, Heinrich von Treitschke, Ferdinand Freiligrath, Paul Heyse, Friedrich Rückert, Joseph Victor von Scheffel u. a. dort publizierten, ohne daß es ihrem Renommee ge-
schadet hätte. Anders bei der Marlitt, deren Romane und Erzählungen immer erst danach in Buchform erschienen. Neun
Romane und drei Erzählungen bilden ihr Gesamtwerk, der
Roman *Goldelse* (1867) ist ihr bekanntester. Der letzte, nur
fragmentarisch überlieferte Text, *Das Eulenhaus*, wurde von
Wilhelmine Heimburg vollendet.
Die Bücher der Marlitt wurden und werden von einem großen
Publikum gelesen; die bis heute andauernden Auflagen bewei-
sen das. Zwei Jahre nach ihrem Tod, also 1885, wurde in der
Wochenzeitschrift *Das Magazin für die Literatur des In- und*

Auslandes unter dem Titel »Die Clauren-Marlitt« ein Artikel veröffentlicht, der den Ruf der Autorin nachhaltig (und bösartig) zerstörte. Hans Arens, der das Werk der Marlitt einer kritischen Würdigung unterzog, erläutert den Titel des damaligen Beitrags: »Der Geh. Hofrat Carl Heun schrieb unter dem Anagramm-Namen H. Clauren viele Bände, die ein breitgestreutes Publikum mit Freuden aufnahm. Seit seinem großen Erfolg mit der Erzählung ›Mimili‹ 1816, die mit ihrer Mischung aus falscher Natürlichkeit und penetrant lüsterner Sinnlichkeit zu seinem Markenzeichen wurde, veröffentlichte er von 1818–34 sein Taschenbuch *Vergißmeinnicht*, dessen Inhalt er allein lieferte, daneben 1819 sechs Bände *Erzählungen* sowie 1820–28 *Scherz und Ernst*, eine Sammlung seiner Erzählungen in 40 Bänden. Mit dem Namen dieses seichten, sinnlich aufreizenden Massenunterhalters also wird Marlitt gekoppelt.« Arens hielt diesen Aufsatz für »üblen Unfug«, und doch hat er, anderen überwiegend positiven Aussagen zum Trotz, das Urteil der Nachwelt mit geprägt. Gottfried Keller z. B. hat die Begabung der Marlitt anerkannt, und noch 1974 lobte Walter Jens ihre realistische Schreibweise.

Eugenie John wurde vier Jahre lang auf Kosten der Fürstin Mathilde von Schwarzburg-Sondershausen in der gleichnamigen Residenz erzogen, absolvierte dann eine zweijährige Gesangsausbildung in Wien und trat anschließend – wohl bis 1853 – als Opernsängerin in Leipzig, Linz, Graz, Krakau und Lemberg auf. Nach ihrer Erkrankung ist sie jahrelang als Vorleserin tätig und muß mit ihrer Herrin von Schloß zu Schloß, von Kurort zu Kurort ziehen. Mit 38 Jahren kehrt sie 1863 ohne feste Anstellung in den Schoß der Familie nach Arnstadt zurück. Ab 1863 war sie wegen einer unheilbaren Krankheit, vermutlich chronischem Gelenkrheumatismus, an den Rollstuhl gefesselt und schloß sich völlig von der Außenwelt ab.

Was sie schrieb, schrieb sie aus ihrer eigenen Erlebniswelt, und das teils unter großen physischen Schmerzen. Ihre Grunderfahrungen hatte sie mit der schwarzburg-sondershäuser Fürstin, mit ihrer Familie, mit sich selbst. Nach ihrem beruflichen Scheitern als Sängerin ist das Schreiben, das sie in der zweiten Hälfte ihres Lebens beginnt, ein Akt der ökonomischen Selbstbehauptung und zugleich ein Schritt weiblicher Emanzipation in einer Zeit, da Frauen in wirtschaftlicher Hinsicht fast ausschließlich von Männern abhängig waren. Unter diesem Gesichtspunkt ist sie eine echte Zeitgenossin der George Sand in Frankreich oder Elisabeth Gaskell in England gewesen.

Marlitts Romane, die auch soziale Probleme aufgreifen, verraten oft eine enge Verbundenheit mit Thüringen und besonders mit ihrer Geburtsstadt. »An der hohen Bleiche« hieß die Straße, wo sich Eugenie John ihre Villa Marlittsheim errichten ließ. Darin konnte sie von ihren Buchhonoraren zugleich die Versorgung ihrer Familie übernehmen. Im Stadtgeschichtsmuseum »Haus Zum Palmbaum« – auch dieses Gebäude ist Handlungsort einer ihrer Romane – wird u. a. das Werk der Marlitt in einem kleinen Kabinett gewürdigt.

Ichtershausen

Das kleine Dörfchen Ichtershausen bei Arnstadt war über 22 Jahre lang der Wirkungsort des heute vergessenen Fabel- und Lieddichters Wilhelm Hey, der seit 1832 die dortige Pfarrstelle innehatte. Hey, 1783 in Leina bei Gotha geboren, war zuvor schon als Pfarrer in Töttelstedt und als Hofprediger in Gotha tätig gewesen, wo er in freundschaftlichem Verkehr mit Friedrich Perthes stand, der später seine Bücher verlegte. Das 1833 erstmals erschienene Büchlein *Fünfzig Fabeln für Kinder* ist aus keiner gutbürgerlichen deutschen Kinderstube des 19. Jahrhunderts wegzudenken. Auch populäre Kinderlieder stammen aus Heys Feder, darunter das Lied »Weißt du, wieviel Sternlein stehen« oder das Weihnachtslied »Alle Jahre wieder«. In der Tradition Christian Gotthilf Salzmanns und Friedrich Fröbels stehend, kümmerte er sich in christlicher Nächstenliebe um Lehrlinge und junge Handwerker in seiner Gemeinde, rief eine Handwerker-Hilfskasse ins Leben und baute eine kleine öffentliche Bibliothek auf. Kein Grab und kein authentisches Bildnis Heys sind erhalten geblieben; einzig das alte Pfarrhaus, in dem er bis 1854 lebte, und ein kleines Denkmal auf dem Friedhof erinnern an den bescheidenen Mann, dem neben der Marlitt, den Dichtern Alexis und Freytag im Arnstädter Stadtmuseum bis 2002 eine kleine Ausstellung gewidmet war.

Die Thüringer Landeshauptstadt Erfurt

Die Stadt Erfurt, die mittlerweile auf eine über 1250 Jahre während Geschichte zurückblickt, ist über das ganze Mittelalter hinweg der geistige Mittelpunkt Thüringens gewesen. Bonifatius, den Goethe als »Apostel von Deutschland« apostrophierte, christianisierte diese mitteldeutsche Region und begründete 741/42 das Bistum Erfurt. Da ihm später die Diözese Mainz unterstand, ging nach dem Tod des Missionars im Jahre 754 das Bistum Erfurt im Bistum Mainz auf. So erklärt sich die jahrhundertelange historische Bindung der Stadt Erfurt an die Erzbischöfe, späteren Fürstbischöfe und Kurfürsten von Mainz. Das Mainzer Rad findet sich noch heute im Erfurter Stadtwappen. »Der Reichtum der Stadt«, schrieb Ricarda Huch in ihren *Lebensbildern deutscher Städte,* »ruhte in dem fruchtbaren Boden, der den Waid hervorbrachte. Diese Pflanze, die im Mittelalter dazu diente, das soviel gebrauchte Tuch blau und schwarz zu färben, wurde nur in Thüringen gebaut und in Erfurt weitaus am meisten. Man sagt, daß die Erfurter, wenn sie eine feindliche Burg gebrochen hätten, den wieder geglätteten Boden unter dem Rufe: ›Heia, es wachse der Waid!‹ mit Waid besät und dadurch erst recht sich zu eigen gemacht hätten.

›Erfurt ist ein fruchtbar Bethlehem. Erfurt liegt am besten Ort. Da muß eine Stadt stehen, wenn sie gleich wegbrennete.‹ So urteilte Luther; aber er warf auch den Erfurtern vor, daß der Überfluß der Natur sie träge mache, und daß sie am Fett erstickten. Eine so außerordentlich begünstigte Stadt, reich durch die Produkte der Erde, leicht zu befestigen, am Kreuzungspunkt alter Handelsstraßen gelegen, seit Jahrhunderten besiedelt, hätte eine ruhmreichere und glücklichere Geschichte haben sollen; reich wurde sie auch, gewann aber nie die ausschlaggebende Stellung, die ihr, wie man meinen könnte, als Mittelpunkt Deutschlands gebührt hätte. Es ist kaum zu begreifen, daß sie nicht die Reichsfreiheit erwarb ...« Statt dessen erwarb die Stadt schon im 12. Jahrhundert den Ruf einer exzellenten Schulstadt. An St. Mariae und St. Severi auf dem Domhügel, am Augustiner-Chorherrenstift, bei den Benediktinern auf dem Petersberg und am Schottenkloster St. Jacobi bildeten sich Schulen. Schon im 14. Jahrhundert sprach man vom »Studium generale Erfordense«, zu dem das gesamte Lehrprogramm einer philosophischen Fakultät gehörte. Fast folgerichtig kam es 1392 zur Gründung einer Universität. Die »Hierana«, so ihr Name, war nach denen in Prag, Wien, Heidelberg und Köln die fünfte im Reich – und wurde schon bald, gemessen am Ruf der Professoren und der Zahl der Studenten, die führende in Deutschland. In der Mitte des 15. Jahrhunderts erlebte sie ihre Blütezeit; nur Wien übertraf sie an Studenten. Einer der Gründungsmagister, 1394/95 zweiter Rektor, war der Rheinländer Amplonius Ratingk de Bercka, Mediziner und Handschriftensammler. Das von ihm 1422 gestiftete Collegium Amplonianum besaß mit seiner kostbaren Sammlung von 4000 Werken in 633 Codices eine der größten deutschen spätmittelalterlichen Handschriftensammlungen. Dieser Schatz, die Amploniana, wird bis heute, weitgehend erhalten, in Erfurt aufbewahrt.

Der bedeutendste philosophische Lehrer des Mittelalters in Thüringen, der Mystiker Meister Eckhart, lebte etwa einhundert Jahre vor der Universitätsgründung, mit Unterbrechungen, längere Jahre in Erfurt. Die Landeshauptstadt erinnert im Gedenkjahr 2003 an sein Werk. Um 1260, vermutlich im Thüringerwaldort Tambach, als Sproß einer Adelsfamilie namens Hochheim geboren, kam er um 1275 als Novize ins Erfurter Dominikanerkloster. Zwei Jahre später studierte er an der Sorbonne, der damaligen europäischen Eliteuniversität, die »artes liberales«, und 1280 schickte ihn sein Orden zum Theologiestudium nach Köln. Wieder an der Sorbonne erwarb Eckhart 1293/94 den akademischen Grad eines Bakkalaureus, 1302 promovierte er, ebenfalls in Paris, zum Magister der Theologie. 1303 bis 1311 war er Ordensprovinzial für Sachsen, später als Professor in Paris und Straßburg, dann, 1323 bis 1326, Lesemeister in Köln und Lehrer Heinrich Seuses und Johannes Taulers. Albertus Magnus und Thomas von Aquino waren seine Vorbilder. 1326 strengte der Erzbischof von Köln einen Inquisitionsprozeß gegen den Gelehrten an. Er starb 1327 oder 1328 in oder bei Avignon, wo er sich vor der Kurie rechtfertigen sollte.

Als Prediger und Schriftsteller werden ihm eigenwüchsige und sprachschöpferische Kraft bescheinigt; er habe damit wesentlich zur Ausbildung einer deutschen Literatursprache beigetragen und insbesondere eine deutsche philosophische Begriffssprache geschaffen. Bei ihm stand die Verantwortung des Individuums über der priesterlichen Mittlerschaft, was ihn in Widerspruch zur Kurie brachte. Gott, Leben und Mensch betrachtete Meister Eckhart als eine lebendige Einheit, in der sich ein Prozeß der »Vergottung« (unio mystica) vorbereite. Das Erfurter Kloster war und blieb seine geistige Heimat. Im dortigen Refektorium, einer hochgotischen Halle, hat er seine »Reden zur Unterweisung« gehalten. In der Erfurter Predigerkirche, die die Kirche der Dominikaner war, stand er nicht auf der Kanzel; sie war erst um 1440 fertiggestellt. Man vermutet aber, daß Eckhart die Pläne zum Chor, der zwischen 1290 und 1300 errichtet wurde, noch begutachtet hat. Hier wirkte im kriegsbewegten 17. Jahrhundert der wortgewaltige Prediger und Schriftsteller Johann Matthäus Mayfart, der die erste deutsche Barockrhetorik entwarf.

Ende des 15. Jahrhunderts begannen die Humanisten die bis dahin an der Erfurter Universität vorherrschenden Scholastiker zu verdrängen. Antike Studien und historische Quellenforschung rückten an die Stelle philosophisch untermauerter christlicher Glaubenssätze. Der aus Hessen stammende Conradus Mutianus Rufus führte in Erfurt Anfang des 16. Jahrhunderts die Humanisten an. Georg Spalatin gehörte zu seinem Kreis, der spätere Mitstreiter Luthers und Geheimsekretär Friedrichs des Weisen. Helius Eobanus Hessus, ein neulateinischer Lyriker, besuchte von 1504 bis 1509 die Universität Erfurt, an der er von 1516 bis 1526 als Professor wirkte. Als Student war er mit Johannes Reuchlin und Ulrich von Hutten befreundet. Später verteidigte er die humanistische Wissenschaft und feierte seinen früheren Freund Hutten.

Aus diesem Erfurter Humanistenkreis, der sich im »Haus zur Engelsburg« hinter der Allerheiligenkirche um Conrad Mutianus versammelte, sollen nach alter Überlieferung – denn alle Spuren wurden sorgsam getilgt – die *Dunkelmännerbriefe* hervorgegangen sein. In zwei Teilen 1515 und 1517 erschienen, greifen die *Epistolae obscurorum virorum*, die berühmteste Satire der deutschen Humanisten, in den Streit zwischen der Kölner Theologenfakultät, namentlich der dortigen Dominikaner um den Theologen Ortvinus Gratius, und Reuchlin ein, dessen *Briefe berühmter Männer*, der *Clarorum virorum epistolae* seiner Verteidigung dienen sollten und von den Kölnern verrissen wurden. Mit absichtlich barbarischem Küchenlatein und banalen Inhalten wurden die geistige Beschränktheit, Sprachschluderei und Sittenverderbnis der Kölner Kleriker gegeißelt. Mit derber Komik, für die die volkstümliche Literatur dieser Zeit sowie antike Satiriker wie Lukian, Martial oder Juvenal Pate standen, riefen die *Dunkelmännerbriefe* ein homerisches Gelächter unter den Humanisten ganz Deutschlands hervor. Als Hauptautoren gelten der Erfurter Humanist Crotus Rubeanus (Johannes Jäger), der Lehrer und Freund Huttens, sowie der Kölner Humanist Hermann von dem Busche, genannt Pasiphilus. Hutten selbst arbeitete am 2. Teil mit.

In einem der fingierten »Dunkelmännerbriefe«, den der »Magister Johannes Kannegießer« verfaßte, ist die Rede von einem Ordensmann namens Georg, der lauthals Wasser predige, selbst aber Wein trinke: »Aber jedesmal, wenn er abends mit uns getrunken hatte, predigte er am nächsten Morgen über uns mit folgenden Worten: ›Da sitzen die Magister dieser Universität mit ihren Kumpanen die ganze Nacht herum, saufen, spielen und treiben Unsinn. Statt diese von solchen Dingen fernzuhalten, fangen sie sogar selbst damit an.‹ So beschämte er mich oft. Da wurde ich wütend auf ihn und überlegte, wie ich mich rächen könnte. Aber mir fiel nicht ein, wie ich das anstellen sollte. Da sagte mir einmal einer, daß dieser Prediger

146

nachts zu einem Weib gehe, sie sich unterlege und dann bei ihr schlafe. Nachdem ich das gehört hatte, nahm ich mir einmal einige Gefährten beiseite, die ich gerade im Kollegium traf, und etwa um die zehnte Stunde begaben wir uns zu jenem Haus und drangen gewaltsam ein. Da wollte sich der Mönch schnell davonmachen, hatte aber keine Zeit mehr, sich seine Sachen überzuwerfen, und sprang splitternackt aus dem Fenster. Ich mußte so lachen, daß ich mich auf der Stelle hätte bepissen mögen, und ich rief ihm hinterher: ›Herr Prediger, nehmt doch Eure Hosen mit!‹ Meine Gefährten warfen ihn in den Straßendreck und dann ins Wasser. Ich besänftigte sie jedoch und sagte, sie sollten Erbarmen haben. Dann aber kam ich mit ihnen überein, daß wir uns alle einmal das Weibsbild vornehmen wollten. So habe ich mich an dem Pfaffen gerächt, und von da an predigte er nicht mehr über mich.« Der Vergleich mit den satirischen Schriften François Rabelais' liegt nahe, dessen 550. Todestag sich 2003 jährt.

1521 erschien der poetische Mahnruf des Helius Eobanus Hessus mit der Forderung, gegen die Papstkirche aufzutreten; der Titel lautet *Zum Lobe und zur Verteidigung des evangelischen Doktors Martin Luther*. Mit seinem Hirtengedicht »Bucolica«, nach Vergils Vorbild, führte er die zyklische Idyllendichtung in Deutschland ein. In seinen Trauergesängen – hervorzuheben sind die auf Huttens und Dürers Tod – entwickelte sich Hessus zum politischen Dichter, der subjektive Empfindungen in seiner Dichtung artikulierte.

Luther, den Hessus so begeistert feierte, kam im April 1501 als Student an die Erfurter Universität, 1505 verließ er sie, um als Mönch ins Augustinerkloster einzutreten. Dieser Bruch in der akademischen Laufbahn ist legendenumwoben. Luther, der gerade das Magisterexamen erfolgreich abgeschlossen hatte, befand sich auf dem Rückweg von einem Besuch in Mansfeld, als ihn in der Nähe von Erfurt, in Stotternheim, ein Gewitter überraschte. Ein Blitz schlug unmittelbar neben ihm ein, warf ihn zu Boden, und Luther soll – der Legende nach – ausgerufen haben: »Heilige Anna, hilf, ich will ein Mönch werden!« Als Magister artium, also bereits akademisch gebildet, begann Luther nach Ableistung des Noviziats die Leiter der kirchlichen Hierarchie zu erklimmen. Am 4. April 1507 erhielt er im Erfurter Dom die Priesterweihe. Danach befahl ihm sein Orden, Theologie zu studieren. Luther kehrte, nun aber Priester, auf die Universität zurück. 1508 wechselte er nach Wittenberg an die dortige ernestinische Universität, die Leucorea, wo er zum Baccalaureus biblicus promovierte. 1509 kehrte Luther nach Erfurt zurück. 1510/11 unternahm er seine Reise nach Rom; im Herbst des gleichen Jahres wechselte der künftige Reformator endgültig nach Wittenberg über. Dort verlieh ihm die Theologische Fakultät am 19. Oktober 1512 den Doctor biblicus. Bis an sein Lebensende bekleidete Luther nun die Wittenberger Professur für »Lectura in Biblia«. Erfurt war eine wichtige Station gewesen auf diesem Wege zu diesen hohen kirchlichen Weihen und Würden. Nur noch wenige Jahre sollten nach 1512 vergehen, bis Luther seine 95 Wittenberger Thesen veröffentlichte, mit denen die Reformation eingeleitet wurde. Waren die Wittenberger Thesen noch lateinisch verfaßt, bediente sich Luther, beginnend mit dem Büchlein *Sermon von Ablaß und Gnade*, danach fast ausschließlich der deutschen Sprache.

Nach dem 30jährigen Krieg und der endgültigen Unterwerfung Erfurts durch Mainz im Oktober 1664 sank der Stern der Stadt endgültig. Leipzig avancierte zum Zentrum des innerdeutschen und internationalen Handels. Luthers ehemalige Universität, die Hierana, versank in Mittelmäßigkeit. Eine letzte Blütezeit erlebte die traditionsreiche Alma mater Erfor-

Martin Luther
(1483–1546),
unbekannter Künstler
nach Lucas Cranach
d. Ä., 19. Jahrhundert

densis mit dem Wirken Christoph Martin Wielands, der 1749 selbst dort studiert hatte und 1769 zum Professor primarius für Philosophie ernannt wurde. Mit ihm wurde Erfurt zu einem Zentrum der literarischen Aufklärung. Bis zu seinem Weggang nach Weimar 1772 entstand in Erfurt der Roman *Der goldene Spiegel oder die Könige von Scheschian,* der zu seiner Berufung als Fürstenerzieher für den Erbprinzen von Sachsen-Weimar-Eisenach, Carl August, beitrug. Die kulturelle Aufgeschlossenheit und konfessionelle Toleranz des letzten und unbestritten bedeutendsten kurmainzischen Statthalters in Erfurt, Karl Theodor Freiherr von Dalberg, der ab 1772 in der Stadt wirkte, hatten wesentlichen Anteil daran, daß bedeutende Dichter und Wissenschaftler zeitweilig in Erfurt wohnten und arbeiteten, darunter Goethe, Schiller, Herder und

Wilhelm von Humboldt, der sich im Dezember 1789 in Erfurt mit der Tochter des Freiherrn von Dacheröden verlobte. Daß der preußische Diplomat und spätere Gründer der Berliner Universität mehrere tausend Sonette schrieb, ist nur wenigen bekannt. Persönliches Glücksgefühl und die geistig inspirierende Nähe zu den befreundeten Dichtern Goethe und Schiller fanden ihren Ausdruck in dem folgenden Sonett:

MORGEN DES GLÜCKES

Im kleinen Raum von Erfurts reichen Auen
Bis wo aus Schwarzburgs engem Felsenthale,
Sich lieblich windend, rauschend strömt die Saale,
Vermocht' ich wohl, mein keimend Glück
                zu schauen.

Ich sah den Morgen dort des Lebens grauen,
Wenn Morgen heißet, wann zum ersten Male
Hernieder aus der Liebe goldner Schaale
Dem Geist des tiefen Sinnes Perlen thauen.

Denn die der Kranz des Dichterpreises schmückte,
Die beiden strahlverwandten Zwillingssterne,
Die spät noch glänzen in der Zukunft Ferne,

In Freundesnähe mir das Schicksal rückte.
Da Bande, von der Liebe süß gewoben,
Empor mich, wie auf lichter Wolke, hoben.

Goethe hat sich zwischen 1775 und 1815 viele Male in Erfurt aufgehalten. Er besuchte es zumeist als Politiker, als Beamter seines Herzogs, entsprechend sind die Mainzer Statthalterei, in der Dalberg residierte, sowie das sächsische Obergeleitsamt in unmittelbarer Nähe seine bevorzugten Domizile. Aber auch im Haus des Freiherrn von Dacheröden verkehrte er.

In der Statthalterei, am Rande des Erfurter Fürstenkongresses, fand am 2. Oktober 1808, einem Sonntag, jenes merkwürdige Aufeinandertreffen Goethes und Napoleons statt, das der Dichter selbst erst 15 Jahre später fragmentarisch niederschrieb. Zwei Kernsätze Napoleons aus der Skizze Goethes sind später immer wieder zitiert worden: Zum einen der kleine, aber viel interpretierte Begrüßungssatz des Kaisers »vous êtes un homme« und jener andere, der während des Gesprächs über die Schicksalsdramen vom Korsen gesprochen wurde: »Was, sagte er, will man jetzt mit dem Schicksal? die Politik ist das Schicksal.« Goethes vielfältige Begegnungen mit Erfurt und in Erfurt, vom Kaiser der Franzosen bis hin zum Weinhändler Ramann am Domplatz, sind erst vor kurzem von Volkmar Birkholz dargestellt worden.

Das kurmainzische Erfurt, nach dem Reichsdeputationshauptschluß 1803 kurzzeitig preußisch geworden, galt während der Franzosenherrschaft 1806 bis 1814 als Domaine reservée à l'empereur; 1815 zogen endgültig die Preußen ein. Das kulturelle Leben der Stadt erlag fast vollständig, als König Friedrich Wilhelm III. durch Kabinettsorder vom 24. September 1816 die altehrwürdige, jetzt kümmerliche Universität schloß. Zuletzt hatten noch 27 Professoren 14 Studenten unterrichtet. Die Universitäten in Halle und Jena traten das letzte Erbe Erfurts an; 1995 kam es zur Neugründung der Universität, eine allerdings nicht unumstrittene politische Entscheidung des Freistaats Thüringen.

Erfurts Kunstleben im Verlauf des 19. und 20. Jahrhunderts blieb weiterhin im Schatten benachbarter Thüringer Städte; das betraf auch die Literatur- und die Theaterszene.

5. Kapitel

Die Doppelstadt Weimar – Jena

Die 500jährige Residenz Weimar

> Meine Ufer sind arm, doch höret die leisere Welle,
> Führt der Strom sie vorbei, manches unsterbliche
> Lied.

Goethes Ilm-Xenion von 1796 benennt den ungeheuren Spannungsbogen, der auch im Namen Weimar mitschwingt: An den »armen Ufern« wurde »manches unsterbliche Lied« gedichtet. Doch die Ilm ist kein »Strom« – das ist poetische Legende –, sondern in ihrem Verlauf lange ein bescheidenes Bächlein, zum Teil im karstigen Boden wieder versickernd, nur wenig gespeist durch anderen Zulauf, schließlich nach 123 Kilometern unspektakulär in die Saale mündend.

Weimar, etwa am Mittellauf der Ilm gelegen, ist die größte Stadt, die sie berührt zwischen Ilmenau im Thüringer Wald, wo sich mehrere Quellen befinden, und Großheringen, wo sie in der Saale aufgeht – und sie bleibt immer mit Goethes Leben und Werk aufs engste verbunden. Der Dichter selbst hat es 1826 resümierend gesagt:

> Großen Fluß hab' ich verlassen,
> Einem kleinen mich zu weihn;
> Sollte der doch eine Quelle
> Manches Guten, Schönen sein.

Seit den Zeiten, da sich die kleine thüringische Residenz an der Ilm anschickte, den Namen »klassisches Weimar« zu erwerben, bildete sich zugleich eine Tradition heraus, die bis in die Gegenwart, da dem bescheidenen Ort seit 1999 der vielleicht unverdiente Titel einer »Europäischen Kulturstadt« aufgebürdet wurde, verfolgt und belegt werden kann: Liebe und Haßliebe halten sich die Waage. Denn das ist eines von Weimars Geheimnissen: aus Nichts Gold zu machen.

Der immer unzufriedene Herder, 1776 aus der vergleichsweise ansehnlichen schaumburg-lippischen Haupt- und Residenzstadt Bückeburg gekommen, knurrte und murrte 1785 »in dem wüsten Weimar, dem unseligen Mitteldinge zwischen Hofstadt und Dorf« über seine Existenz hier, und Goethe hatte diese Polarisierung schon drei Jahre vorher, immerhin auch bereits seit sieben Jahren Weimarer, in die vielzitierten Verse umgemünzt:

> O Weimar! dir fiel ein besonder Los!
> Wie Bethlehem in Juda, klein und groß.
> Bald wegen Geist und Witz beruft dich weit
> Europens Mund, bald wegen Albernheit.
> Der stille Weise schaut und sieht geschwind,
> Wie zwei Extreme nah verschwistert sind.

Um die Wende vom 18. zum 19. Jahrhundert, als die Legendenbildung um das »klassische Weimar« einsetzte, tauchten die ersten Formulierungen auf, die fortan den geistigen Ruf Weimars einseitig stilisierten: Der Leibarzt der Herzogin Anna Amalia und spätere Direktor der Berliner Charité, Christoph Wilhelm Hufeland, verklärte das Städtchen, in dem er von 1783 bis 1793 tätig gewesen war, als »Athen von Deutschland«. Die Schriftstellerin Anne-Louise Germaine de Staël-Holstein, die

Tochter des Schweizer Bankiers und letzten Finanzministers des unglücklichen Louis XVI., Jacques Necker, hielt sich 1797, 1803/04 und 1807 in Weimar auf. Sie verarbeitete ihre Eindrücke und Gespräche in ihrem 1810 erschienenen Buch *De l'Allemagne* (*Über Deutschland*) und nannte Weimar darin »eine schöngeistige Hauptstadt« Deutschlands, womit sie ein in Frankreich lange gültiges Weimar-Bild begründete. August von Kotzebue, geborener Weimarer und erbitterter Gegner Goethes, nannte die Stadt 1811 ebenfalls »Deutschlands Athen«, der Parkschöpfer Hermann Fürst von Pückler-Muskau siebzehn Jahre später »deutsches Athen«. Karl von Holtei, Schauspieler und Schriftsteller, prägte den weitverbreiteten Doppelnamen »Ilm-Athen«.

Das blieb nicht ohne Widerwort der aufbegehrenden Jungdeutschen: Spitzzüngig kreierte der 1824 von Goethe kühl empfangene Heinrich Heine 1836 den Begriff vom »Musenwitwensitz«, dem Publizisten Karl Ferdinand Gutzkow kam es bei seinem Besuch 1837 so vor, als »wollte nichts mehr von Weimar recht ausgehen, nichts mehr zünden, die Stadt war als Deutschlands delphisches Orakel in Verfall gekommen …« Franz Dingelstedt gar, 1857/67 Generalintendant und neben Franz Liszt am Weimarer Theater tätig, verglich die Stadt mit einem »Sarkophag«. Weimar, von Wieland 1776 noch mit der Hoffnung verknüpft, »der Berg Ararat« zu werden, »wo die guten Menschen Fuß fassen können«, erfüllte diese Hoffnung nicht, es blieb »am Ende doch nur eine Grille«. Konnte der Schriftsteller und Literaturkritiker Adolf Stahr, der im Kreise Liszts verkehrte, vom »Pompeji des deutschen Geistes« reden, weil städtischer Goethe-Kult und museale Traditionspflege das Aufkeimen neuer Kunst erstickten, bestätigte noch 1927 Egon Erwin Kisch diesen Trend mit seinem Wort vom »Naturschutzpark« der Geistigkeit.

*Festlich geschmücktes Goethehaus anläßlich des 250. Geburtstages am
28. August 1999, Fotografie von Angelika Kittel*

Diese immer vorhandene Janusgesichtigkeit Weimars, mit
Goethes Worten als »Witz« und »Albernheit« beschrieben, erfuhr eine tragische Steigerung in »Humanität« und »Barbarei«, als die Nationalsozialisten auf dem Ettersberg das Konzentrationslager einrichteten, in dem bis 1945 Zehntausende
Inhaftierter aus aller Welt einen unmenschlichen Tod fanden.
Die Pervertierung dieser häßlichen Seite des Januskopfes zur
Fratze setzte sich tragischerweise nach dem Ende des Krieges
fort, als die sowjetische Besatzungsmacht mit dem Speziella-
ger Nr. 2 die Geschichte des faschistischen Konzentrationsla-
gers fast bruchlos fortsetzte. Wieder fanden Tausende den
Tod. Seitdem ist Weimar – nach den 1965 geäußerten Worten
der Schriftstellerin Anna Seghers – »in der deutschen Ge-

schichte zugleich der beste und schlechteste« Ort. Nicht durch die monumentale Architektur der Gedenkstätte, die groteskerweise derjenigen der Nazis – wiederum bruchlos – folgte, hätte man die Toten ehren sollen, vielmehr möge man »das Lager der langsamen Arbeit der Natur, des Waldes, der Wurzeln, des Regens, der Erosion der Jahreszeiten überlassen«, meinte 1997 Jorge Semprun, der selbst dort interniert gewesen war. Mit diesen Extremen – Klassik und Buchenwald – wird Weimar leben müssen. Es ist der Spannungsbogen deutscher Geschichte der letzten fünfhundert Jahre. Keine deutsche Stadt hat sie auf engstem Raum so komprimiert, so grausam ambivalent aufzuweisen. Weimar wird auch künftig niemanden gleichgültig lassen.

Es wird vielfach behauptet, das Phänomen »Klassik in Weimar« sei ein Zufall gewesen, das sich fast überall so ähnlich hätte ereignen können. Das ist sicher falsch. Namentlich das 17. Jahrhundert war schon Vorbereiter der klassischen Periode, nachdem im 16. Jahrhundert gewisse Weichen bereits gestellt worden waren. Dazu zählt die Tatsache, daß Weimar, neben Wittenberg und Torgau, zur Nebenresidenz des Kurfürstentums Sachsen aufstieg. Johann der Beständige, jüngerer Bruder des Regenten Friedrich des Weisen, führte in Weimar eine eigene Hofhaltung und verwaltete von hier aus den thüringischen Teil des ernestinischen Besitzes. Weimar wurde seit Beginn des 16. Jahrhunderts somit politisch langfristig auf seine Rolle als bedeutender Kulturort vorbereitet, ungeachtet seiner fortbestehenden baulichen Dürftigkeit. Erst Mitte des 17. Jahrhunderts sollte der Staffelstab der führenden Residenz Thüringens von Gotha, das vom Nachruhm Ernsts des Frommen zehrte, allmählich auf Weimar übergehen.

In diesem Prozeß spielten zunächst angestrebte Schulreformen eine wichtige Rolle. Der Reformer Wolfgang Ratke, latinisiert Ratichius, der als bedeutender Vorläufer des großen Comenius gilt, ist gleichwohl eine der umstrittensten Persönlichkeiten in der deutschen Schulgeschichte. Der 1571 geborene Holsteiner, der seine »neue Lehrart« konsequent und unbeugsam, ja teilweise aggressiv verfocht, hatte sich sieben Jahre, bis 1610, in dem damals fortschrittlichen Amsterdam aufgehalten, wo seine Reformideen Gestalt annahmen. In Frankfurt am Main als einer der größten Reichsstädte suchte er zunächst seine national intendierten Schulneuerungen durchzusetzen, scheiterte aber am konservativen Geist der Kommune. 1612 übergab er dem dort versammelten Reichstag ein »Memorial«, in dem er seine Ziele darlegte: Pflege der Muttersprache, Deutsch als Unterrichtssprache und Sprache der Wissenschaften und Künste, Deutsch als Grundlage des Fremdsprachenunterrichts, anschaulicher Erstleseunterricht, gleichzeitiges Erlernen von Lesen und Schreiben, methodischer Wechsel von geistiger Anspannung und körperlicher Erholung. Diese »neue Lehrart« stellte vor allem einen Angriff auf die Vorherrschaft des Lateinischen und damit auf das feudalkirchliche Bildungsmonopol insgesamt dar. Da Ratkes Reformabsichten zudem politisch untermauert waren, mußte er auf Widerstand stoßen. Artikel 3 seines »Frankfurter Memorials« lautet: »Wie im ganzen Reich, ein einträchtige Sprach, ein einträchtige Regierung und endlich auch ein einträchtige Religion bequemlich einzuführen und friedlich zu erhalten sei.« Angefeindet und persönlich diffamiert, fand Ratke andererseits auch breite Unterstützung bei Bürgern, Gelehrten und sogar Fürsten.

Die aufgeschlossene Weimarer Herzogin Dorothea Maria, unzufrieden mit dem Ausbildungsniveau der Kinder, zog Ratke 1612 nach Weimar. Hier erprobte der Reformer erstmals praktisch seine neue Lehrart; erfolgreich wurden am Weimarer

Hof Kinder und Erwachsene in der griechischen und hebräischen Sprache unterrichtet. Überlegungen, die Weimarer Schulen auf Ratkes Lehrmethoden umzustellen, scheiterten am Widerstand der Kirche, die Ratichius des Ketzertums beschuldigte. 1613 verließ er Weimar, auch weil seine Einflußmöglichkeiten auf das Reichsgebiet aus dem kleinen Herzogtum Sachsen-Weimar sehr begrenzt geblieben wären. Nach rastlosen Wanderjahren fand er 1618/19 in Köthen bei Fürst Ludwig I. von Anhalt die Möglichkeit für einen neuen, hoffnungsvollen Reformansatz. Eine »teutsche Schule« konnte begründet werden, in der die deutsche Sprache im Mittelpunkt stand, ein großes Programm neuer, daraufhin abgefaßter Lehrbücher wurde in eigener Druckerei aufgelegt, aufgrund verschiedener Gemeinsamkeiten wurde Kontakt mit dem ein Jahr zuvor gegründeten Palmenorden gepflegt.

Orthodoxe Geistliche in Köthen bewirkten auch hier das Scheitern der »neuen Lehrart«, Ratke wurde sogar wegen »Beleidigung« des Fürsten monatelang arretiert. Magdeburger, Rudolstädter, Kelbraer, Jenaer, Kranichfelder, zuletzt Erfurter Aufenthalte folgten. Im April 1635 wurde Ratke unter großer Anteilnahme der Jenaer Universität in Erfurt beigesetzt.

Ratkes Einfluß in Weimar hinterließ deutliche Spuren, nicht nur bei der Herzogin Dorothea Maria und ihrer Schwester Anna Sophia, der Herzogin von Anhalt-Dessau. Der weimarische Hofprediger Johannes Kromayer führte die Ratkesche Lehrart fort, wenngleich in reduzierter Form. 1619 erhielt die Stadt Weimar durch Kromayer eine »Schulordnung«, die mit allgemeiner Schulpflicht und der deutschen Muttersprache als Unterrichtssprache wichtige Grundsätze der »neuen Lehrart« realisierte, auch wenn Religion weiterhin das Hauptfach bildete. Rund 150 Jahre vor Herders gleichartigen Bemühungen sind also Schulreformpläne in Angriff genommen worden, die, höchst fortschrittlich, nationale Entwicklungen des 19. Jahrhunderts vorwegnahmen.

Der bereits erwähnte Palmenorden, 1617 im Weimarer Schloß Hornstein gegründet, kann gleichfalls als Vorbereiter der Klassik bezeichnet werden. Seine personelle Zusammensetzung war für die damalige Zeit höchst »modern«. Neben Fürsten und hohen Militärs ließen sich Dichter und Denker einschreiben, konfessionelle Bindungen und der Stand spielten keine Rolle, ein wichtiges Toleranzprinzip in Zeiten blutiger Glaubenskämpfe. 1629 trat Martin Opitz bei, 1652 Georg Neumark. Wenn der Palmenorden auch keine Vollversammlungen abhielt, sondern nur Teilzusammenkünfte – was einer seiner Schwachpunkte war –, so stellte er doch einen national verbindenden Faktor dar und kann als bedeutsamer Vorgriff auf die deutsche Gelehrtenrepublik des 18. Jahrhunderts gelten, die wiederum für die Zeit der Klassik unentbehrlich war. Weimar kam in diesem kulturgeschichtlichen Kontext bis zum Tod des bedeutenden Herzogs Wilhelm IV. 1662 eine herausgehobene Stellung in Thüringen, sogar im Reichsgebiet zu, auch dies eine ahnungsvolle Vorwegnahme seiner Rolle im 18. und 19. Jahrhundert. Das »wilhelminische« Zeitalter Weimars – mit Unterbrechnungen etwa die Jahre von 1617 bis 1662 – brachte, mehr als ein Jahrhundert vor der Klassik, bereits eine bescheidene kulturelle Blütezeit der Stadt hervor.

In diesem Zusammenhang muß die Bedeutung des Dichters Georg Neumark betont werden. 1621 in Langensalza geboren, heute fast vergessen, besuchte er das Henneberger Gymnasium in Schleusingen, etwa ab 1636 das in Gotha. Auf dem Weg zur Universität in Königsberg von Landsknechten ausgeplündert, verschlug es ihn nach Magdeburg, Lüneburg, Winsen und Hamburg. Obwohl poetisch und musikalisch sehr begabt, fand das unstete Herumirren erst 1640 oder 1641 in Kiel ein Ende, wo er eine Hauslehrerstelle erhielt, die ihm seinen Lebensunterhalt sicherte. Solcherart Glück verdichtete er in sein berühmtes Lied »Wer nur den lieben Gott läßt walten«. Mit den erworbenen Finanzmitteln trat er 1643 endlich sein Königsberger Studium an, das ihn bis 1649 beschäftigte. Thorn und Danzig bildeten weitere Stationen der kärglichen Dichterexistenz; trotz aller materiellen Not gab Neumark in diesen Jahren mehrere musikalisch-poetische Werke heraus. Nach einem kurzen Zwischenaufenthalt in Hamburg, u. a. bei Johann Rist, kam er 1652 nach Weimar, wo er von Herzog Wilhelm IV. als fürstlicher Bibliothekar und Registrator angestellt wurde. Die begehrte Stellung als Hofdichter bot endlich materielle Sicherheit; Neumark heiratete 1655 eine angesehene Weimarer Bürgerstochter und scheint fortan in glücklichen äußeren Umständen gelebt zu haben. Amt und Kunst ließen sich zeitlich vereinbaren. Sein Verhältnis zum Weimarer Fürsten ist zumindest entfernt vergleichbar mit dem des Herzogs Carl August zu Goethe über 120 Jahre später – landesherrliches Mäzenatentum blieb in Weimar gute Tradition. 1653 wurde Neumark von Wilhelm IV. unter dem Namen »Der Sprossende« in die »Fruchtbringende Gesellschaft« aufgenommen, drei Jahre später stieg er zum »Erzschreinhalter«, d. i. Sekretär des Palmenordens, auf, was einer Ehrenstellung entsprach. 1668 verfaßte er eine Geschichte dieser bedeutenden europäischen Dichterakademie, die den Titel *Der Neu-Sprossende teutsche Palmbaum* trug. Als zweite, vermehrte Auflage seiner Gedichte erschien 1657 in Jena das Werk *Fortgepflanzter musikalisch-poetischer Lustwald*, in dem jenes Lied »Wer nur den lieben Gott läßt walten« erstmals abgedruckt war. Neumark wurde gegen Ende seines Lebens noch in die Nürnberger Dichterschule, den »Pegnesischen Blumenorden«, aufgenommen und mit dem Titel eines kaiserlichen Pfalzgrafen geehrt;

Georg Neumark – Der Sprossende (1621–1681), Kupferstich von Johann Alexander Böner, 1668

er starb, erblindet, 1681 in Weimar. Überlebt haben ihn seine geistlichen Lieder, in denen er ein kindliches Gottvertrauen meisterhaft wiedergeben konnte:

> Wer nur den lieben Gott läßt walten
> Und hoffet auf ihn allezeit,
> Der wird ihn wunderlich erhalten

In aller Not und Traurigkeit.
Wer Gott dem Allerhöchsten traut,
Der hat auf keinen Sand gebaut.

Mit dem Tod Wilhelms IV. 1662 brach diese kulturelle Entwicklung in Weimar allerdings ab; erst mit Johann Sebastian Bach setzte eine neue Etappe ein, die sich auf die Musikkultur konzentrierte.

Literarische Neuanfänge sind mit dem Namen der Herzogin Anna Amalia verbunden, die 1756 von Braunschweig nach Weimar kam. In Zeiten höchster Not und unter schwierigsten Finanzverhältnissen ließ sie eine Tradition neu aufleben, die in Weimar über anderthalb Jahrhunderte eine bedeutende Rolle gespielt hatte: das Theater und die Musikpflege. Nach Gottscheds Tod 1766 erwarb die Regentin dessen berühmte Dramensammlung, ein Jahr später wurde zunächst im Reithaus an der Ilm, dann im Schloß ein Theatersaal eingerichtet. Die Schauspielertruppen von Carl Christian Starke, 1768 von Gottfried Heinrich Koch, 1771 von Abel Seyler traten in Weimar auf, verstärkten ihr deutschsprachiges Repertoire und führten u. a. Lessings *Minna von Barnhelm* auf. Zu Seylers Leuten gehörte der damals schon berühmte Schauspieler Conrad Ekhof, der später bis zu seinem Tod 1779 in Gotha wirkte. Über hundert Stücke, darunter viele deutschsprachige, wurden gegeben, wobei Wielands Oper *Alceste*, von Anton Schweitzer vertont, die Initialzündung war. Zu Recht durfte Wieland im *Teutschen Merkur* 1773 jubeln: »Eine Oper in deutscher Zunge! In der Sprache, worinn Kaiser Karl der Fünfte nur mit seinem Pferd sprechen wollte –, von einem Deutschen gesetzt, von Deutschen gesungen.«

Nicht allein das Theaterspiel war für die nachfolgende kulturpolitische Entwicklung der Stadt wichtig, auch der gewandelte soziale Status des Schauspielers ging auf Anna Amalias Entscheidungen zurück. Sie engagierte feste Theatertruppen, zahlte wöchentlich und pünktlich das Honorar, übernahm die Kosten für Beleuchtung, Kostüme und Dekorationen und überließ dem Stadtpublikum siebzig von hundert Plätzen unentgeltlich. Das war neu, aufsehenerregend und brachte ihr deutschlandweit Anerkennung im Bürgertum ein. Weimars Name war über die Zeitschriften in aller Munde, wozu vor allem Wielands *Teutscher Merkur* und in späteren Jahren Bertuchs *Journal des Luxus und der Moden* beitrugen. Der katastrophale Brand der Wilhelmsburg im Jahre 1774 vernichtete den Theatersaal, die Dekorationen und Requisiten; für über ein Jahrzehnt war der professionelle Theaterbetrieb in der Stadt unterbrochen. An seine Stelle trat das Liebhabertheater, dessen Entstehen untrennbar mit Goethes Eintreffen in Weimar verbunden bleibt.

Wieland war es, der klug und hellsichtig die kulturellen Leistungen der vorangegangenen Jahrhunderte in Weimar rekapitulierte und sie als die Basis dessen erkannte, was ab 1775 in der Stadt möglich wurde. Scherzhaft zwar, aber völlig zutreffend schrieb er am 8. November 1777 an Johann Heinrich Merck: »Es ist recht als ob Göthens Genius das alles von Jahrhunderten her so angelegt, gepflanzt und gepflegt hätte, damit ers einst in Weimar völlig und fertig fände und sich nur hineinzulegen brauchte.«

Seit seiner Ankunft 1772 hatte er freilich auch selbst einiges bewegt, damit sich Goethe »nur hineinzulegen brauchte« in die Weimarer Verhältnisse. Als »zierliche Jungfrau zu Weimar«, die oft »schmolle«, hat Goethe den Freund in den *Xenien* später ironisch-liebevoll-spöttisch charakterisiert, denn er war »klein, schmächtig und pockennarbig, er hatte eine lange Nase, kurzsichtige Augen und Spindelbeine«. Im September

1772 verließ Wieland das wegen akademischer Querelen unge-
liebte Erfurt und folgte dem Ruf der Herzogin Anna Amalia
nach Weimar. Die Bedingungen hörten sich gut an: Für drei
Jahre – der Erbprinz war bereits fünfzehn Jahre alt – sollte er
mit 1000 Talern Jahresgehalt Prinzenerzieher sein, danach ge-
währte ihm der Weimarer Hof eine lebenslange Pension von
600 Talern jährlich (Carl August erhöhte sie auf 1000 Taler) –
fürwahr eine verlockende Perspektive für einen nach materieller Unabhängigkeit strebenden Autor, der »in sokratischer
Mittelmäßigkeit, weder arm noch reich, aber in Muße leben«
wollte, wie er es 1772 gegenüber Gleim formulierte.

Geschichtsphilosophie, Theorie der schönen Wissenschaften,
später Natur- und Völkerrecht waren Wielands Lehrgebiete
bei den beiden Söhnen der Herzogin. Das Geschäft ließ ihm
dennoch die Zeit, mit Anton Schweitzer unter anderem die *Alceste* für die Bühne zu bearbeiten und schließlich ein langge-
hegtes Projekt umzusetzen: die Herausgabe einer populären
Zeitschrift für ganz Deutschland nach dem Vorbild des *Mer-
cure de France*. Ab 1772 erschien der *Teutsche Merkur*, der aufgrund einer breit angelegten publizistischen Konzeption bald
ein für damalige Verhältnisse riesiges Lesepublikum erreichte
und Weimar einen entsprechenden literarischen Ruhm verschaffte, einen Ruhm freilich, der zur äußeren Ärmlichkeit der
Residenz in krassestem Widerspruch stand. Wie »auf dem
Berge Mitria oder mitten in der Wüste Zara« fühlte Wieland
sich, aber durch die Beteiligung vieler deutscher Autoren, z. B.
Mercks oder Jacobis, wurde der *Merkur* tatsächlich ein aufklä-
rerisches »National-Journal«, anfangs sogar mit beträcht-
lichem kommerziellen Erfolg – was ihm so manche Freunde
ankreideten und neideten. Goethe sprach gegenüber seinem
Intimus Merck z. B. vom »Sau Merkur« und verglich ihn mit
einer »Cloake«. Die 38jährige Geschichte des *Merkur* sollte sei-

Christoph Martin Wieland (1733–1813) und Napoleon I. im Weimarer Schloß am 6. Oktober 1808, Radierung von Johann Baptist Hössel, 1809

nem ersten Herausgeber und fleißigen Hauptbeiträger allerdings recht geben, und vielleicht war es sogar ein Vorteil, daß viele, auch mittelmäßige Autoren wie Christian Joseph Jagemann oder Friedrich Schulz mitgearbeitet haben. 1810 wurde das Blatt eingestellt. Das Ende kann kaum überraschen: Wieland hatte sich längst zurückgezogen, seit 1799 fungierte Karl August Böttiger als Herausgeber.

Wielands journalistische und dichterische Arbeiten nach seiner »Pensionierung« 1775 – er war 41 Jahre alt – vermehrten den Ruf der Stadt, in der er lebte. Der Roman *Geschichte der Abderiten* jedoch, eine versteckte Satire auf Spießertum und Kleinstadtmief, 1780 vollendet, sei »entstanden in einer Stunde des Unmuths, wie ich von meinem Mansardenfenster herab die ganze weimarische Welt voll Koth und Unrat erblickte, u. mich an ihr zu rechen beschloß«. Als Shakespeare-Übersetzer und Mittler antiker Autoren – Horaz und Lukian, Cicero und Aristophanes – hat Wieland die deutsche Rezeption dieser Autoren maßgeblich beeinflußt. Das später von Goethe aufgeworfene Thema »Weltliteratur« ist damit bereits von Wieland praktisch verwirklicht worden. 1808 von Napoleon noch mit dem Orden der Ehrenlegion ausgezeichnet, starb Wieland 80jährig am 20. Januar 1813 in Weimar. Neben Frau und Freundin, der jung verstorbenen Sophie Marie Therese Brentano, fand er auf seinem ehemaligen Gut Oßmannstedt, seinem »Osmantinum«, die letzte Ruhe. Es ist das wohl poetischste Dichtergrab Deutschlands und wurde 2002 umfassend saniert. Eine scherzhafte charakteristische Selbstbeschreibung von 1775 war in Erfüllung gegangen: »Wieland, ein Mann, der gerne Verse macht, ohne alle Ambition ist, und in häusliches Glück sein höchstes Gut setzt, mit seinem Zustande in Weimar zu wohl zufrieden ist, um diesen Ort anders, als im Tode zu verlassen.«

In seinem »Osmantinum«, wie er das Gut in Anlehnung an Horaz' »Sabinum« und Ciceros »Tuskulum« bezeichnete, hat Wieland, gleichsam als »poetischer Landjunker«, wie er sich selbst spöttisch nannte, von 1797 bis 1803 gelebt und gearbeitet. In diesem 90-Seelen-Dorf, wo 1795 der Philosoph Johann Gottlieb Fichte bereits einmal für einige Monate gewohnt hatte – Goethe bezeichnete ihn in dieser Zeit als »das Oßmannstedter Ich« –, vollendete Wieland den Roman *Agathodämon*, und hier verfaßte er sein großes Alterswerk *Aristipp und einige seiner Zeitgenossen*. Im romantischen Ilmtal übersetzte er zudem Komödien des Aristophanes, das *Symposion* des Xenophon, Tragödien des Euripides, und hier gab er seine

Zeitschrift *Attisches Museum* heraus. Zahlreiche Gäste besuchten den liebenswürdigen Alten, darunter Heinrich von Kleist, Sophie von La Roche, Jean Paul oder Johann Gottfried Schadow, ganz zu schweigen von den Weimarern; Goethe besaß im nur wenige Kilometer entfernten Oberroßla ebenfalls ein Gut und wurde von Wieland scherzhaft als »Feldnachbar« verspottet. Im Gutshaus Oßmannstedt erinnert ein kleines Museum an diese Zeit.

Als Goethe am 7. November 1775 in Weimar eintraf, kam er auf Einladung des jungvermählten Herzogspaars und hatte sich eigentlich schon auf dem Weg nach Italien befunden. Die sich schnell entfaltende Freundschaft zu dem jungen Herzog Carl August, die bislang ungeahnten Möglichkeiten einer beruflichen Karriere, einer persönlichen Einflußnahme auf Herrscher und Herzogtum waren atemberaubend, wiewohl erst durch das Niederringen der alteingesessenen, die eigenen Pfründe verteidigenden Hofkamarilla zu erreichen. Außerdem lebte dort die Hofdame Charlotte von Stein, sieben Jahre älter als Goethe, von beherrschter Disziplin und doch attraktiv, die neben der Reife noch einen weiteren entscheidenden Vorzug vor den Frauen hatte, die der junge Mann bislang kennen- und liebengelernt hatte: Sie war verheiratet und also »unerreichbar«, sie war hoferfahren und bewegte sich sicher auf diesem tückisch-glatten Parkett, das dem Frankfurter Neuland bedeutete. Nicht zuletzt ergab sich zu Wieland sehr bald ein herzliches Verhältnis.

Ging also Goethes Leben in Weimar zunächst wie eine »Schlittenfahrt« vonstatten, klingelnd und lärmend, lustig und »wunderlich Aufsehn« erregend, so fühlte er sich wenige Wochen später schon »tief in der See«, lernte »täglich mehr steuern auf der Woge der Menschheit«. Der Entschluß, auf dem Weimarer »Theatro mundi was zu tragiren«, reifte im Januar und Februar

1776 langsam, aber stetig und hatte den Widerstand der alten Hofchargen zu berücksichtigen. »Lieber Bruder, wir habens von ieher mit den Scheiskerlen verdorben«, schrieb er Mitte Januar an Herder, den er als Generalsuperintendenten nach Weimar zu holen suchte, »und die Scheiskerle sizzen überall auf dem Fasse.« Am 22. März war die Vorentscheidung gefallen: »Ich bin nun ganz in alle Hof- und politische Händel verwikkelt und werde fast nicht wieder weg können. Meine Lage ist vortheilhaft genug, und die Herzogthümer Weimar und Eisenach immer ein Schauplatz, um zu versuchen, wie einem die Weltrolle zu Gesichte stünde. Ich übereile mich drum nicht, und Freiheit und Gnüge werden die Hauptconditionen der neuen Einrichtung seyn, ob ich gleich mehr als jemals am Platz bin, das durchaus Scheisige dieser zeitlichen Herrlichkeit zu erkennen.« Mitte Februar war der Entschluß zu bleiben definitiv, was Goethe dem Freund Lavater im März mit nicht zu überbietender Entschiedenheit mitteilte: »Ich bin nun ganz eingeschifft auf der Woge der Welt – voll entschlossen: zu entdecken, gewinnen, streiten, scheitern, oder mich mit aller Ladung in die Luft zu sprengen.« Am 16. März 1776 setzte Carl August seinem Günstling ein Jahresgehalt von 1200 Talern aus, am 22. April schenkte er ihm das Gartenhaus am Stern, am 22. Juni wurde er zum Geheimen Legationsrat mit Sitz und Stimme im Geheimen Conseil ernannt. Eine Karriere sondergleichen, die nur in Weimar möglich war.

Goethes Verbindung zur Stadt fand in den ersten zehn Jahren in zahlreichen Tätigkeitsfeldern ihren Niederschlag. Als Textautor, Regisseur und Schauspieler stieg er binnen kurzem zur zentralen Figur des Weimarer Liebhabertheaters auf, dessen einzige Berufsschauspielerin, Corona Schröter, auf Veranlassung Goethes von Leipzig nach Weimar geholt worden war. Für höfische Feste und Maskeraden verfaßte er Gelegenheits-

texte und war zugleich einer ihrer Hauptinitiatoren, ein
»Maître de plaisir«. Mit diesem Liebhabertheater, dem lufti-
gen Spiel in Ettersburg und Tiefurt, wurde jedoch unmerklich
die Weimarer Schauspielkunst der Jahrhundertwende vorbereitet, die für Deutschland mustergültig werden sollte.

Von Weimar aus begann der junge Politiker seine amtliche Tätigkeit in Sachsen-Weimar-Eisenach: Er übernahm verantwortlich die Leitung der Bergwerksangelegenheiten, des Stra-
ßenbauwesens, der Kriegskommission, schließlich die Leitung
der Kammer, der herzoglichen Vermögensverwaltung – lauter
Neuland, in dem sich der Anfänger erst vortasten, langsam
Sachkenntnis erwerben mußte, wobei die Neider nur auf das
Straucheln des zugewanderten Fürstengünstlings warteten.
Privates und Öffentliches liefen dabei durchaus parallel: Mit
der Einrichtung von Gartenhaus und Garten am Stern kam,
von Wörlitz inspiriert, auch die Gestaltung des Parks an der
Ilm voran.

1782 bezog Goethe, zunächst als Mieter, einen Teil des Hauses
am Frauenplan, das er später ganz bewohnen und umgestalten
sollte. Zunächst hatte es vor allem den Vorteil der Nähe zur
neuen Steinschen Wohnung, deren Ausbau er 1777 persönlich
leitete.

Die tiefe Lebenskrise Mitte der achtziger Jahre resultierte aus
der durch Erfahrung gewonnenen Einsicht, daß die Hoffnung
auf die Veränderungskraft einer »Weltrolle« irrig war. Dazu
kamen Amtsmüdigkeit und Arbeitsüberlastung sowie das Ver-
siegen der künstlerischen Kräfte durch die in eine Sackgasse
geratene Beziehung zu Charlotte von Stein. Mit der Flucht
nach Italien und einem fast zweijährigen, beglückenden Studium der Künste, dem frohen Verkehr mit Gleichgesinnten
und dem unbeschwerten Leben unter südlicher Sonne gelang
ihm die Restitution als Künstler und das Wiedererlangen des

seelischen Gleichgewichts. Goethe vergaß Herzog Carl August nie, daß der ihm diese Entwicklung seiner Möglichkeiten zugebilligt, ja mitfinanziert hatte, und es trug gewiß viel zu dem ihm schwerfallenden Entschluß bei, 1788 nach Weimar zurückzukehren. Goethe kannte nun sein Lebensziel, und er übernahm Aufgaben, die dem entsprachen, nämlich die Leitung und den Ausbau aller künstlerischen und wissenschaftlichen Einrichtungen des Landes, indes seine früheren amtlichen Verpflichtungen in den Hintergrund traten. Seit 1791 leitete er das herzogliche Hoftheater, führte die Geschäfte der Bibliothek und der herzoglichen Kunstsammlungen. Vor allem aber wurden die zunehmende Einflußnahme auf die Entwicklung der Universität Jena sowie die persönliche Anwesenheit Goethes in der benachbarten Saalestadt wichtig, wodurch sich der Begriff von der Doppelstadt Weimar–Jena mit Sinn und Inhalt füllte. Goethes eigene naturwissenschaftliche Interessen blieben von nun an immer auch mit dem Wohl der »Salana«, ihrer öffentlichen Ausstrahlung als hervorragende Bildungsstätte Deutschlands verbunden. Jena bot dem Weimarer zudem die zuweilen gewünschte Distanz zum Hof, zur Etikette und auch zur Familie, dafür die notwendige Ruhe zur schriftstellerischen oder wissenschaftlichen Arbeit, zum geselligen Verkehr mit Freunden oder zum Austausch mit Professoren. Im Weimarer Jägerhaus, dann im Stadthaus am Frauenplan entwickelte sich ab 1789 das Familienleben Goethes, nachdem er Christiane Vulpius im Sommer 1788 kennengelernt und mit ihr, zunächst im Gartenhaus, monatelang heimlich zusammengelebt hatte; Ende 1789 wurde der gemeinsame Sohn August geboren, einziges überlebendes von den fünf Kindern Christianes und Goethes.

1794 begann in Jena der Freundschaftsbund zwischen Goethe und Schiller und setzte sich in Weimar bis zu Schillers Tod

1805 fort. 1796 wurde das Xenien-, 1797 das Balladen-Jahr beider, es folgten die Jahre der fruchtbaren Zusammenarbeit am Theater mit den epochemachenden Uraufführungen der *Wallenstein*-Trilogie und der anderen Dramen Schillers, der Ende 1799 nach Weimar übergesiedelt war und sich 1802 jenes Haus an der Esplanade kaufte, das heute seine Gedenkstätte beherbergt. Von 1799 bis 1805 versuchten Goethe und seine »Weimarer Kunstfreunde«, über Preisaufgaben die bildenden Künstler Deutschlands zu beeinflussen, was gründlich mißlang. Goethe war maßgeblich am Wiederaufbau des 1774 abgebrannten Stadtschlosses beteiligt, wozu bedeutende klassizistische Architekten wie Heinrich Gentz oder Johann August Arens beitrugen. Auch beim Bau des Römischen Hauses, des Sommersitzes des Herzogs am Steilufer der Ilm, hatte Goethe sehr intensiv mitgewirkt. Mit dem 1816 als Oberbaudirektor nach Weimar berufenen, ihm bald persönlich eng verbundenen Clemens Wenzeslaus Coudray prägte und gestaltete Goethe fast bis an sein Lebensende das klassizistische Weimarer Stadtbild: »vollkommen zweckmäßig, das heißt fest, bequem, schön und dabei ohne Verschwendung« zu bauen lautete die Devise, die bei öffentlichen Gebäuden und privaten Wohnhäusern, bei Plätzen, Fenstern, Gittern eingehalten wurde. Die Bürgerschule, einfache Torhäuschen, das Kulissenhaus gegenüber dem Theater, die Westfassade des Schlosses zeigen noch heute die glückliche Hand ihres Erbauers.

Auch die persönlichen Spuren des Dichters in der Stadt sind bis heute zu verfolgen. Wohnte er zunächst beim Kammerpräsidenten von Kalb im »Deutschritterhaus«, zog er im Sommer 1776 in sein Gartenhaus im Park. Im Winter nutzte er Nebenwohnungen, zunächst gegenüber der Ruine des abgebrannten Schlosses, dann im Fürstenhaus, schließlich in der Seifengasse, Wand an Wand mit Frau von Stein. 1782 mietete er sich im

Helmershausenschen Haus ein, 1789 zog er mit der schwangeren Christiane in das Jägerhaus, ein herzogliches Domizil an der Marienstraße. 1792 erfolgte der endgültige Wechsel in das große Haus am Frauenplan, das ihm der Herzog 1794 schließlich schenkte. Goethe verkehrte in zahlreichen Weimarer Adels- und Bürgerhäusern, von denen stellvertretend nur das Schopenhauersche am Theater oder das Voigtische am Graben genannt seien.

Goethe als »hellstrahlender Stern« lockte spätestens ab der Jahrhundertwende mehr und mehr deutsche und europäische Persönlichkeiten in die kleine Residenz. Nicht das Schloß und sein fürstlicher Bewohner, Herzog Carl August, sondern der Dichterfürst Goethe inmitten seiner Sammlungen bildete fortan den geistigen Mittelpunkt der Ilmstadt. Unter den Besuchern finden sich z. B. die französische Schriftstellerin Anne-Louise Germaine de Staël, der polnische Lyriker Adam Mickiewicz, der russische Schriftsteller Nikolai Karamsin; selbst Ludwig I., König von Bayern, besuchte den Jubilar zu dessen Geburtstag 1827.

Schon zu Lebzeiten Goethes begann also das Pilgern nach Weimar. Die Eröffnung des Goethe-Nationalmuseums 1885 und der Massentourismus des 20. Jahrhunderts haben diese Besucherströme vervielfacht und zu einer latenten Gefährdung originaler Bausubstanz geführt. Weimars und Goethes Namen sind spätestens seit dem Tod des Dichters im Jahre 1832 als Synonyme für die einzigartige kulturelle Blütezeit dieser kleinen Residenzstadt verwendet worden. Die zahlreichen Kritiker Goethes, etwa Heinrich Heine und die Jungdeutschen, haben sogar verstärkt dazu beigetragen.

Wieland und Goethe setzten – gegen Weimarer Widerstand – bei Herzog Carl August die Idee durch, Johann Gottfried Herder, zu der Zeit Hofprediger in Bückeburg, auf die seit 1771 vakante Stelle des Generalsuperintendenten zu berufen; Lavater, Herzogin Louise und Anna Amalia rieten zu. Nachdem Goethe das spätere Wohnhaus der Familie hinter der Stadtkirche hatte herrichten lassen, kam der Freund aus Straßburger Tagen am 1. Oktober 1776 mit Frau und Kind in Weimar an; am 20. Oktober hielt er bereits seine Antrittspredigt. Nicht nur das Predigtamt und die Seelsorge in seinem Sprengel waren ihm zugefallen, ihm unterstand auch die gesamte Kirchen- und Schulverwaltung des Herzogtums, was eine große Arbeitsbelastung mit sich brachte. Dennoch war Herder unentwegt schriftstellerisch tätig. Die vierbändigen *Ideen zur Philosophie der Geschichte der Menschheit* entstanden 1784/91, von 1793 bis 1797 formulierte er die *Briefe zu Beförderung der Humanität* und 1794 bis 1798 seine *Christlichen Schriften*. Die 1778/79 erschienene Volkslieder-Sammlung, nach Herders Tod im Jahre 1807 neu herausgegeben unter dem bis heute populären Titel *Stimmen der Völker in Liedern*, verschaffte ihm einen herausragenden Ruf. Er galt als einer der bedeutendsten Schriftsteller in Deutschland, mußte aber schon in den siebziger Jahren begreifen, daß Goethes Stern den seinen überstrahlte.

Wieland, Knebel, Jean Paul, Herzogin Louise blieben den Herders lebenslang freundschaftlich zugetan. Schwieriger gestaltete sich das Verhältnis zu Goethe und Schiller, deren Geschichts- und Humanitätskonzept vor allem auf langfristige ästhetische Erziehung abzielte, während Herder der aktiven, geschichtsgestaltenden Tat des Einzelindividuums, natürlich im Rahmen der göttlichen Führung, den Vorrang gab. Besonders die kontrovers diskutierten Ereignisse der Französischen Revolution mußten unter diesen Umständen eine geistige Entfremdung herbeiführen, und in der Tat entfernten sich Herder und Goethe in den neunziger Jahren immer weiter voneinander, wozu auch Schiller beitrug, zu dem Herder kein vertrauliches Verhältnis herstellen konnte. Persönliche Zwistigkeiten, z. B. der Streit um die Ausbildungszuschüsse für die sechs Söhne, und schriftstellerische Animositäten taten ein übriges.

Als sich Herder 1801 bei Kurfürst Maximilian Joseph aus materiellen Gründen noch das pfalzgräfliche Adelsdiplom ausbedingte, fühlte sich Herzog Carl August endgültig und öffentlich brüskiert. Herders Polemik gegen Kant brachte die Jenaer Universität, eine Hochburg dieser Philosophie, und natürlich Goethe und Schiller gegen ihn auf. Verbittert und in ständige private und literarische Gefechte verwickelt, zunehmend von Krankheiten heimgesucht, manövrierten sich die Herders um die Jahrhundertwende in eine zum Teil selbst verschuldete Isolation. Herders Frau, eloquent und gebildet, hyperaktiv und verschiedentlich undiplomatisch, Goethe und der Herzogin Louise bereits aus Darmstädter Zeiten bekannt, trug zu diesen schwierigen Verwicklungen nicht unwesentlich bei. Nach dem Tod ihres Mannes 1803 verließ sie Weimar im Zorn, kam aber 1807 zurück.

Johann Gottfried Herder, der sich – neben seinem Autorenruhm – um das Weimarer Schulwesen, um die Lehrer- und Seminaristenausbildung größte Verdienste erworben hatte, wurde in seiner langjährigen Wirkungsstätte, der Weimarer Stadtkirche St. Peter und Paul, beigesetzt. Eine Bronzeplatte im Fußboden, mit seinem Motto »Licht. Liebe. Leben« und der Lebensschlange geschmückt, markiert die Stelle, an der er seine letzte Ruhe fand. Der umgangssprachliche Name »Herderkirche« deutet an, wie stark sich sein Wirken in das Bewußtsein der Stadtbevölkerung über die Generationen eingegraben hat, auch wenn die Rezeption seiner Schriften heute nur noch unter Spezialisten erfolgt. Gerade auch das Spannungsverhältnis

Johann Gottfried von Herder (1744–1803), Ölgemälde von Johann Friedrich August Tischbein, 1823

zwischen Goethe – Herder – Carl August darf als Beispiel dafür gelten, daß von einer allgemeinen Harmonie im sogenannten »klassischen« Weimar nicht die Rede sein konnte und sich die geistigen Leistungen der hier eng beieinander Lebenden auch aus aufreibenden Kontroversen ergaben.

Schiller, der Schwabe, faßte als Letzter der später als Klassiker gefeierten Dichter in Weimar Fuß. Als er im Juli 1787, Monate beglückender Harmonie und kraftspendender Freundschaft mit Körner, Huber und deren Frauen Dora und Minna hinter sich, erstmals in Weimar eintraf, verfolgte er damit keine festen Pläne. Die Residenz »seines« Herzogs zu besuchen, der ihn Jahre zuvor mit dem bescheidenen Titel eines »Rats« versehen hatte, spielte weniger eine Rolle, als mit den »drei weimarischen Riesen« in nähere Berührung zu kommen. Goethe war zu der Zeit in Italien; aber bei Wieland und Herder gedachte er sich vorzustellen, um dann eventuell nach Hamburg weiterzureisen. Es sollte anders kommen. Schiller blieb für den Rest seines Lebens im Weimar-Jenaer Umfeld. Den Plan einer noch 1804 ernsthaft betriebenen Übersiedlung nach Berlin ließ der Dichter, vielleicht in dem Wunsch, Goethes Nähe nicht zu verlieren, wieder fallen. Der größere Wirkungsbereich in der preußischen Residenz habe ihn mehr als gereizt, schrieb der schon Schwerkranke an den Freund Körner, aber auch die Unbequemlichkeit eines Umzugs geschreckt. »Hier in Weimar bin ich freylich absolut frei und im eigentlichsten Sinn zu Hause.«

Schon beim ersten Besuch 1787 fühlte er sich schnell heimisch, die Mannheimer Vertraute Charlotte von Kalb, die ihn schwärmerisch umspielte, führte ihn in die Gesellschaft ein. Der schwäbische Landsmann Wieland nahm ihn herzlich auf, und auch der oft komplizierte Herder sagte bald freundliche Sätze zum *Don Carlos*, den der Besucher überreicht hatte. Knebel lernte er kennen, ebenso die Herzogin Anna Amalia in Tiefurt; er feierte mit Bekannten Goethes Geburtstag in dessen Gartenhaus und besuchte im benachbarten Jena den Schwiegersohn Wielands, den Philosophen Reinhold, wo ihm Tätigkeitschancen an der Universität angedeutet wurden. Dergestalt mit dem sehr prosaischen Boden des heimlich bewunderten Geistes von Weimar und Jena vertraut geworden, war der selbstbewußte Entschluß des stolzen Dramatikers gewachsen, in der Stadt zu bleiben und die Zeit durch fleißigste Arbeit zu nutzen. Historische Abhandlungen wie der *Abfall der Verei-*

nigten Niederlande wurden in Angriff genommen; 1789 siedelte er nach Jena über.

Hatte er so bereits zarte Wurzeln in den Boden der neugefundenen Thüringer Wahlheimat getrieben, entstand mit der Bekanntschaft zu den beiden Rudolstädter Lengefeld-Töchtern eine Bindung, die ihn endgültig hielt. Charlotte wurde am 21. Februar 1790 seine Frau, die in über vierzehn schwierigen Ehejahren erfolgreich in ihre Rolle an der Seite dieses Kranken hineinwuchs und ihm zwei Söhne und zwei Töchter gebar.

Schillers Berufung zum Professor für Geschichte löschte zwar seinen Namen von der »Liste der literarischen Vagabunden« (F. Bruschall) und brachte ihm euphorischen Jubel der Jenaer Studierenden ein, doch die bedrängenden Schulden und die Not, seine Familie zu unterhalten, linderte erst eine dreijährige dänische Ehrengabe von jeweils 1000 Talern, die ihm seine Verehrer, der Finanzminister Graf Schimmelmann und der Erbprinz Friedrich Christian, zukommen ließen.

Schwierig ließ sich auch das Verhältnis zu Goethe an, der besonders *Die Räuber* verabscheute und sich von einigen späteren Beiträgen Schillers angegriffen fühlte. Schiller wiederum glaubte sich von der Kälte und dem scheinbaren Egoismus des Älteren abgestoßen, man »haßte« einander im Stillen und ging sich in der Öffentlichkeit aus dem Weg, allen vermittelnden Versuchen von Freunden zum Trotz. Erst jenes zufällige, glückliche Gespräch vom Juli 1794 im Anschluß an eine Sitzung der »Naturforschenden Gesellschaft« in Jena, an der beide teilgenommen hatten, brachte die Wende; ein sich anschließender werbender, gegenseitig wertschätzender Briefwechsel begründete den folgenden, erst durch Schillers Tod endenden Freundschaftsbund mit Goethe, der beide befruchtete und ihrem Schaffen neue Impulse verlieh, eine in der europäischen Geistesgeschichte einzigartige Konstellation.

Schiller fand dadurch 1795 zu seiner Berufung als Dichter und Dramatiker zurück. Die Musenalmanache, die Xenien, die Balladen, vor allem die Dramen der letzten Jahre entstanden vor diesem Hintergrund der geistigen Schaffensgemeinschaft mit Goethe. Die *Wallenstein*-Trilogie, nach dem Umzug der Familie 1799 nach Weimar gemeinsam und erfolgreich im Hoftheater inszeniert, ebenso das Trauerspiel *Maria Stuart*, die Bearbeitung von Shakespeares *Macbeth*, die Arbeit an der *Jungfrau von Orleans*, die Dramatisierung des Tell-Stoffs, die *Braut von Messina* und der Fragment gebliebene *Demetrius* bezeichnen die Stationen eines rastlos schöpferischen Dichterlebens. Unter welchen unglaublichen Anstrengungen sich der Schwerkranke diese immensen Leistungen abrang, wird immer Schillers Geheimnis bleiben. Das bescheidene Haus an der Esplanade, das immerhin im Grünen lag und der Familie ausreichend Platz bot, wurde 1802 erworben, im gleichen Jahr erfolgte die Nobilitierung. Schillers in den produktiven Jahren bis 1805 entstandenes Œuvre bleibt für immer mit dem Namen Weimars verbunden.

Faßt man nun die literarischen Geister jener klassischen Epoche ins Auge, die zu Recht oder Unrecht der zweiten und dritten Reihe der Autoren zugerechnet werden, so ist man zu Auswahl und Andeutung gezwungen. Die Ilmresidenz um 1800 galt als schreibbesessen. Der Märchendichter Johann Carl August Musäus, Lehrer am Gymnasium, zählte ebenso dazu wie François-René Le Goullon, der Leibkoch der Herzogin Anna Amalia, der ebenfalls schriftstellerte. August von Kotzebue, einer der meistgespielten Bühnenautoren Europas und bekannter Prosaschriftsteller seiner Zeit, wurde 1761 in Weimar geboren. Seine schillernde, von gravierenden Wechselfällen des Lebens gekennzeichnete Karriere endete 1819 dramatisch unter den mörderischen Messerstichen des fanatischen Jenaer

Burschenschaftlers Karl Ludwig Sand, der in ihm einen Vater-
landsverräter und Spion des reaktionären Zaren sah. Europäische Bestseller wie *Menschenhaß und Reue, Graf Benjowski*
oder *Die deutschen Kleinstädter* – aus dem sich bis in die Ge-
genwartssprache hinein der Begriff »Krähwinkel« als Syn-
onym für deutsche Spießigkeit erhalten hat – zogen die Menschen in Massen an. Seine mit großem dramatischen Geschick
zusammengestellten Rührstücke bedienten den Unterhal-
tungswunsch des kleinbürgerlichen Lese- und Theaterpubli-
kums, und auch Goethe ließ, aus Einnahmegründen, in seiner
Zeit als Theaterleiter in Weimar an vielen Abenden Kotzebue
spielen, obwohl ihm dieser Autor, und das seit vielen Jahren,
wegen seiner Intrigen und teils bissigen Attacken gegen die
Weimarer Kulturszene zutiefst zuwider war. Das »klassische
Weimar« als literarhistorische Periode zog seine Vitalität und
Attraktivität nicht zuletzt aus dieser spannenden permanen-
ten Auseinandersetzung mit seinen Gegnern.
Jean Paul Friedrich Richter, der kurze Zeit, von 1798 bis 1800,
in Weimar lebte, fand keine dauernde Bindung. Allein mit den
Herders pflegte er freundschaftlichen Umgang.
Eine ganz andere Rolle spielte Jakob Michael Reinhold Lenz
während seines gleichfalls nur kurzen Weimarer Aufenthalts.
Angekommen am 3. April 1776 als armer »Landläuffer«, mußte
er sich von Goethe und Bertuch erst mit Wäsche, Kamm, Sok-
ken und Schuhen versorgen lassen, um halbwegs gesellschafts-
fähig zu werden. Die kommenden Monate verbrachte er in
Weimar, dann in Berka, einem kleinen Ilmort in der Nähe, wo
verschiedene literarische Arbeiten entstanden, z. B. *Der Wald-
bruder*. Im September 1776 lud Charlotte von Stein ihn nach
Kochberg ein, zum Ärger Goethes, wo Zeichnen und englische
Sprache geübt wurden. Im November 1776 kam es dann in
Weimar zu jener mysteriösen »Eseley«, die die rabiate herzog-

liche Ausweisung des – pathologischen – Störenfrieds aus Weimar nach sich zog. Lenz endete im Wahnsinn; 1792 fand man ihn tot in einem Moskauer Rinnstein. Das Ereignis hat, gesteuert durch Goethes Verdikt, der Autor sei nur ein »vorübergehendes Meteor« am Himmel der deutschen Literatur gewesen, die Lenz-Rezeption bis in die Gegenwart entscheidend beeinflußt, teils verhindert. Der Besuch Lenzens in Weimar verdeutlicht aber, wie sehr die Anziehungskraft der Ilmresidenz mit Goethes Anwesenheit zugenommen hatte; die kolportierten Berichte über die dort stattfindenden Tollheiten taten das ihre.

So kam kurze Zeit auch Friedrich Maximilian Klinger nach Weimar, eines der zahlreichen literarischen Genies. Sein Drama *Wirrwarr* von 1777, das später den schlagkräftigeren Titel *Sturm und Drang* erhielt, gab schließlich einer ganzen literarischen Epoche den Namen. Klinger brachte es später in russischen Diensten zum Generalleutnant und zum Kurator der Universität Dorpat, ohne auf weitere Schriftstellerei verzichten zu müssen.

Von Wieland nach Weimar geholt, ist auch der Satiriker und spätere Sozialpädagoge Johannes Daniel Falk zu nennen. Er gab von 1796 bis 1800 das *Taschenbuch für Freunde des Scherzes und der Satire* heraus und gehörte bald zu den Honoratioren des städtischen Literaturbetriebs, ohne mit der sogenannten »ersten Reihe« in künstlerischen Wettbewerb treten zu wollen. Falks bedeutendere Leistung liegt in der zweiten Lebenshälfte. Nach dem Einmarsch der Franzosen zunächst zum vermittelnden und – wo möglich – Härten mildernden Dolmetscher des Weimarer Stadtkommandanten ernannt, dann zum Dolmetscher und Geheimsekretär des französischen Generalintendanten aufgestiegen, verhandelte er sogar mit dem Grafen Daru, dem »Obergeldeintreiber« Napoleons, um die drücken-

*Jakob Michael
Reinhold Lenz
(1751–1792),
Radierung von
Georg Friedrich
Schmoll, um 1775*

den Finanzforderungen der Besatzer an Sachsen-Weimar-Eisenach zu erleichtern – natürlich vergeblich. Dennoch waren
die Jahre zwischen 1806 und 1813 seine erfolgreichsten. Dann
trifft ihn 1813 die Kriegsfurie. Vier seiner sechs Kinder sterben
kurz hintereinander an Seuchen, die durch die kriegerischen
Ereignisse nach Weimar eingeschleppt worden sind. Mit seiner Frau Caroline Charlotte zutiefst erschüttert, deutete er
sein Schicksal als Aufgabe, seinen Verlust als Wink Gottes, sich
als Vater nunmehr der fremden, verwaisten Kinder anzuneh-
men, die in großer Zahl, auch das eine traurige Folge der
Kriegsjahre, in der Residenz lebten. Falk gründete im Mai 1813
die »Gesellschaft der Freunde in Not«, nahm Kriegswaisen
und verwahrloste Kinder allen Alters auf, die er schulisch und
beruflich ausbildete und denen er ein neues Zuhause gab. Bis
zu seinem Tod 1826 baute er diese sozialpädagogische Ein-

181

richtung unter größtem persönlichen Einsatz und unter zum Teil haarsträubender Finanzierungsnot organisatorisch immer weiter aus. Ende 1813 bevölkerten bereits 30 Kinder sein Haus, 1816 betreute er pädagogisch etwa 500 Kinder, die er teils bei Handwerkern und Bauern untergebracht hatte. 1821 zog das »Falksche Institut«, von zahlreichen Spenden unterstützt, in den »Lutherhof«, den er mit seinen Zöglingen selbst ausbaute. 1829 übernahm das Großherzogtum die Trägerschaft. Falk wurde zum Begründer der sozialen Fürsorge in Deutschland und zu einer der sozialpädagogischen Leitgestalten in ganz Europa. Die englische Sozialerziehung stilisierte ihn als ihren geistigen Wegbereiter; ein Mann wie Johann Hinrich Wichern sah in Falk sein Vorbild beim Ausbau der Inneren Mission.

Über der gesamten Weimarer Kultur- und Literaturszene schwebte seit den siebziger Jahren des 18. Jahrhunderts bis zu seinem Tod 1822 der außerordentlich kreative, nie um Ideen verlegene Friedrich Justin Bertuch, der Begründer des »Landes-Industrie-Comptoirs«, hinter dem sich seit Anfang der neunziger Jahre ein verschlungenes Geflecht von frühkapitalistischen Verlags- und sonstigen Geschäftsunternehmen verbarg. Etwa 10% der Weimarer Bevölkerung verdiente ihr Brot bei Bertuch, der als Einheimischer zunächst auswärts sein Glück versucht hatte. Nach dem Theologiestudium verbrachte er drei prägende Jahre bei dem gebildeten, weltoffenen Adligen Bachoff von Echt, der als dänischer Gesandter lange am spanischen Hof arbeitete. Diesem Aufenthalt verdankte der junge Mann die Kenntnis der spanischen Sprache und Literatur sowie seinen Geschäftssinn. Wieland holte Bertuch zurück nach Weimar und beschäftigte ihn in der Redaktion des *Teutschen Merkur*, eine Tätigkeit, bei der neue Verbindungen geknüpft wurden. Eigene lyrische Versuche scheiterten, nicht aber die Übersetzung des *Don Quijote* ins Deutsche. Durch Bertuch öffnete sich im Weimar Goethes ein Tor zur spanischen und portugiesischen Literatur und Kultur.

Bertuch tanzte auf vielen Hochzeiten, Goethe nannte ihn »Allerweltskerl«: 1775 wurde er Schatullier und Geheimsekretär des Herzogs Carl August, 1796 erbat er seine Demission, die er, ungern, erhielt. Neben seinem Amt blieb er Mitarbeiter und Redakteur des *Merkur,* begründete die Freie Zeichenschule mit, verdiente an Verpachtung von parzelliertem Land, gab in Herders Lehrerseminar Unterricht über Obstbau und rief schließlich das »Geographische Institut« ins Leben, das Landkarten und Globen herstellte.

Im Rahmen des »Landes-Industrie-Comptoirs« verlegte er Fach- und Kinderbücher, war an der Herstellung von Papier und Farben sowie an der Produktion von Spielwaren beteiligt, trieb Handel mit künstlichen Blumen und Früchten, organisierte Herstellung und Vertrieb von Kunstblättern und Weimar-Souvenirs, Spielkarten, Kachelöfen, künstlerischer Keramik sowie Gipsabgüssen von Skulpturen, betrieb die Herstellung optischer und physikalischer Geräte. Künstler wie Georg Melchior Kraus, Martin Gottlieb Klauer, Theodor Goetz oder Carl August Schwerdgeburth, aber auch viele Handwerker – Kupferstecher, Kolorierer und Buchdrucker – standen bei Bertuch in Lohn und Brot.

Der unternehmerische Aktionskreis Bertuchs reichte bis zu – allerdings gescheiterten – Versuchen, am Überseehandel mit Amerika und an der Salzgewinnung teilzuhaben. Auch zu aktuellen sozialen Fragen äußerte er sich: *Wie versorgt ein kleiner Staat seine Armen und steuert der Betteley* war eine Studie betitelt, die 1782 anonym erschien. Bertuch starb 1822; Schwiegersohn und Enkel führten das »Landes-Industrie-Comptoir« weiter.

Mit Goethes Tod 1832 endet die klassische Epoche Weimars. In den verbleibenden Jahrzehnten des 19. Jahrhunderts, mit dem vagen Begriff des »Silbernen Zeitalters« etikettiert, wechselte die dominierende Kunstform von der Literatur zur Musik und zur bildenden Kunst. Musikgeschichtlich gebührt zweifellos Franz Liszt die größte Anerkennung. In seinem einzigartigen Kraftfeld tauchen Persönlichkeiten wie Richard Wagner, Peter Cornelius und Hector Berlioz auf. Liszts Domizile in Weimar, zunächst die Altenburg, später das Gebäude der ehemaligen Hofgärtnerei am Park, wo sich heute das Lisztmuseum befindet, errangen als Kulturzentren Weltruf. Im Bereich der Literatur ist Franz Dingelstedt zu nennen, der zur Bewegung des Jungen Deutschland gehörte, von 1858 bis 1867 als Generalintendant am Weimarer Hoftheater wirkte und in dieser Zeit das Schauspiel zu neuer Blüte führte. Höhepunkte seines dramaturgischen Schaffens waren u. a. die Uraufführung der *Nibelungen*-Trilogie Friedrich Hebbels, der *Wallenstein*-Trilogie Schillers an einem einzigen Tag und vor allem die Inszenierung sämtlicher sieben Königsdramen William Shakespeares im Jahre 1864, als dessen 300. Geburtstag begangen wurde. Dingelstedt war maßgeblich an der Gründung der Deutschen Schillerstiftung 1859 und der Deutschen Shakespeare-Gesellschaft 1864 beteiligt. Diskrepanzen zwischen ihm und Liszt über die Hoftheaterpraxis beförderten den Weggang des Komponisten 1861 aus Weimar. Dingelstedts bleibendes Verdienst ist, dem englischen Klassiker Shakespeare bis heute einen festen Platz auf der Bühne des Weimarer Nationaltheaters gesichert zu haben. Seit 1860 existierte die von Großherzog Carl Alexander ins Leben gerufene Kunstschule, die sich unter ihrem ersten Direktor Stanislaus Graf Kalckreuth zu einem Zentrum der Landschaftsmalerei in Deutschland entwickelte.

Adelheid von Schorn, die Tochter des Kunsthistorikers Karl Ludwig von Schorn und der Schriftstellerin Henriette von Schorn, lebte als Stiftsdame in Weimar und verfügte aus eigener Anschauung über gute Kenntnisse des Weimarer Hoflebens und des städtischen Kulturbetriebs nach Goethes Tod und in der zweiten Hälfte des 19. Jahrhunderts. So sind ihre 1911 und 1912 erschienenen Bücher über »Das nachklassische Weimar« unter der Regierungszeit Karl Friedrichs und Maria Pawlownas (1. Teil) und dann unter der Herrschaft Karl Alexanders und Sophies (2. Teil) zu wichtigen Quellen des sogenannten »Silbernen Zeitalters« geworden. Auch von zahlreichen Dichtern wußte sie detail- und episodenreich zu berichten, die, teils länger oder wiederholt, Weimar besuchten und geistig anregend wirkten. Der Märchendichter Hans Christian Andersen, befreundet mit dem Erbgroßherzog Karl Alexander, ist hier zu erwähnen oder Karl Immermann, dessen Stück *Ghismonda* 1838 auf dem Weimarer Theater gegeben wurde. Im Herbst 1839 weilte Immermann noch einmal, anläßlich seiner Hochzeitsreise, als Gast bei Kanzler von Müller und las aus dem *Julius Cäsar*. »Für dieses kolossale Stück«, notierte Müller lakonisch, »war der mächtige Umfang seiner Stimme und die effektvolle Energie seines Vortrags wie ganz eigens geschaffen«. Die Fenster hätten zuweilen geklirrt, und die Zuhörerinnen seien erschrocken zusammengefahren. Auch der als schroff, sarkastisch und schrill verschrieene, aber sehr produktive Dramatiker Ernst Raupach besuchte vor 1852 mehrfach Weimar; er gilt in bezug auf die Machart seiner Stücke als Nachfolger Kotzebues.

Bedeutender noch war der Dichter, Schauspieler und Vorleser Karl von Holtei, der mit Goethes Sohn August befreundet war und auf seinem unsteten Wanderleben Weimar wiederholt berührt hat. Sein Singspiel *Der alte Feldherr* von 1829 und die

Lieder »Fordre niemand mein Schicksal zu hören« und »Denkst du daran, mein tapfrer Lagienka«, die von der deutschen Polenbegeisterung inspiriert waren, wurden damals in Deutschland sehr populär. In welch kleinbürgerlicher Atmosphäre sich alle diese Besucher Weimars wohlfühlten, hat Adelheid von Schorn im ersten Teil ihrer Erinnerungen festgehalten:

»Die Weimaraner galten damals als ein äußerst lebenslustiges Völkchen. Sie liebten ein Bällchen, Picknickchen, Gutzweckessen, Thé dansant, Kaffeegesellschäftchen, Tee mit Vorlesung oder Musik; eine Landpartie, eine nachmittägliche Promenade nach einem der vielen Vergnügungsorte, gehörte fünfmal wöchentlich zum Budget ordentlicher Leute, wie sparsam sie auch sonst alles einrichten mochten.

Eigentlich volkstümliche Vergnügungen waren der Wollmarkt im Juni, das Vogelschießen im August und der Zwiebelmarkt im Oktober; die Jahrmärkte und der Weihnachtsmarkt hatten keinen Einfluß auf die Geselligkeit. Bei Kränzchen u. dergl. kleinen Zusammenkünften vermischten sich die Klassen gern, um desto mehr Gelegenheit zu Vergnügungen zu haben. Verschwendung in Essen und Trinken herrschte nirgends, wohl aber beklagten sich die Familienväter manchmal, daß die Damen gern ihre Schönheit durch teure Modeartikel erhöhten. Ein großer Vorzug Weimars war, daß man leben konnte wie man wollte, daß Fremde sich an keine bestimmte Gesellschaft anzuschließen brauchten, sondern frei von einer zur andern gehen konnten, ohne angefeindet zu werden. An Weinstuben und Kaffeehäusern, in denen man sich gemeinsam vergnügte, fehlte es ganz. Manche fanden einen Nachteil, andere einen Vorteil für Weimar darin.«

Mit Liszts ständigem Aufenthalt in Weimar seit 1848 erreichte das »Silberne Zeitalter« seinen Höhepunkt; die Altenburg, wo

Franz Liszt (1811–1886),
Ölgemälde von Ary Scheffer, 1838

der Komponist und »großherzogliche Hofkapellmeister in au-
ßerordentlichen Diensten« mit seiner Freundin, der Fürstin
Carolyne von Sayn-Wittgenstein, zwölf Jahre lang residierte,
wurde das unbestrittene geistige Zentrum des städtischen Kul-
turlebens, von wo es in alle Welt ausstrahlte. In dieser von Musik dominierten Kunstwelt spielte Richard Wagner, der auch
sein eigener Librettist war, eine besondere Rolle. Seine Opern
Tannhäuser und *Lohengrin* wurden unter Liszts Leitung 1849
und 1850 in Weimar uraufgeführt. Liszt schlug 1851 in seiner
Schrift *De la Fondation – Goethe à Weimar* eine konstitutio-
nelle Förderung von Kunst und Wissenschaft in Sachsen-Weimar-Eisenach vor; alle Zweige der Kunst sollten in der Stiftung
vertreten sein und ein jährliches Kunstfest die hervorragend-
sten Werke mit Preisen auszeichnen. Liszts Ziel war dabei
nicht in erster Linie die museale Pflege des Weimarer Klassik-
Erbes, sondern er wollte der Stadt, aufbauend auf dieser Tra-

dition, dauerhaft den Status eines europäischen Innovationszentrums der Künste sichern. Freilich scheiterte dieses groß angelegte Projekt letztlich ebenso wie das von Richard Wagner geplante Festspielhaus, das er für seine »Nibelungen« in Weimar errichtet sehen wollte und das Liszt leidenschaftlich unterstützt hatte. Bayreuth trat später an die Stelle Weimars.

Aus den besuchsweise in Weimar weilenden Schriftstellern ragt Friedrich Hebbel hervor. 1852 war seine *Agnes Bernauer* in der Ilmresidenz aufgeführt wurden, 1858 seine *Genoveva*. Weimar erinnerte ihn an seine Heimat Wesselburen: »Alles unglaublich eng und klein«, schrieb er an seine Frau und setzte sarkastisch hinzu: »In Weimar muß man entweder Goethe – oder sein Schreiber sein.« Einen musikalischen Abend mit Liszt im Juni 1858, den er seiner Frau schilderte, erlebte er mit großer innerer Bewegung: »Abends auf der Altenburg große Gesellschaft, wo Liszt spielte, was er nur sehr selten thun soll; Zigeuner-Rhapsodien, durch die er mich allerdings auch electrisirte. Am Klavier ist er ein Heros; hinter ihm in polnisch-russischer Nationaltracht mit Halb-Diadem und goldenen Troddeln die junge Fürstin, die ihm die Blätter umschlug und ihm dabei zuweilen durch die langen, in der Hitze des Spiels wild flatternden Haare fuhr. Traumhaft phantastisch! Neben mir ein junger Dichter, Adolph Stern, Verfasser eines epischen Gedichtes, Jerusalem, das ich schon in der Illustrirten Zeitung besprochen und gelobt habe; er flog an allen Gliedern und wurde todtenbleich, als er mir vorgestellt wurde, ist aber ein gar herziger Junge und vertraute mir, als ich ihm durch einige Scherze wieder zu Athem verhalf, daß er in Zittau, wo er lebt, im letzten Winter Vorlesungen über mich gehalten hat. Ein ewiger Kreislauf! Wie ich einst vor Uhland, stehn sie jetzt vor mir und die noch in der Wiege liegen, werden wieder vor ihnen liegen und sie entschädigen!«

Auch die Uraufführung der *Tragödie der Nibelungen* erlebte Hebbel im Januar 1861 in Weimar. Eine ursprünglich erwogene Übersiedlung des Dramatikers und seiner Frau, die am Wiener Burgtheater als Schauspielerin tätig war, scheiterte an der Mißgunst Dingelstedts; Großherzogin Sophie meinte in diesem Zusammenhang, Dingelstedt sei »un caracter abominable«.

Was bei Hebbel nicht gelang, hatte bei dem Dichter und Gelehrten August Heinrich Hoffmann von Fallersleben Erfolg, der wegen freiheitlicher Ansichten seine Professur in Breslau verloren hatte und nach ruhelosem Wanderleben von Großherzog Carl Alexander 1854 nach Weimar berufen worden war. Er verkehrte intensiv auf der Altenburg. Seine zweibändigen *Unpolitischen Lieder* von 1840/42 begründeten deutschlandweit seinen Ruf als freisinniger Dichter; Theodor Körner war sein großes Vorbild. 1841 schrieb er auf Helgoland das »Lied der Deutschen«, das am 11. August 1922, durch Verordnung des sozialdemokratischen Reichspräsidenten Friedrich Ebert, zur offiziellen deutschen Nationalhymne erklärt wurde. Die Melodie war der alten österreichischen Kaiserhymne entlehnt, die Joseph Haydn 1797 komponiert hatte. Nach dem Friedensschluß von Versailles 1919, der wegen der Gebietsabtretungen Deutschlands an Polen, Frankreich, Belgien, die Tschechoslowakei, Litauen und Dänemark von der deutschen Nationalversammlung nur mit Vorbehalt angenommen wurde, hatte die erste Strophe des Liedes durchaus noch einen aktuellen Hintergrund. Spätestens aber durch die verbrecherischen Eroberungskriege der Nationalsozialisten geriet das »Lied der Deutschen« in Verruf. Heute wird nur noch die dritte Strophe gesungen.

Die Sangbarkeit seiner Gedichte kam besonders den Kinderliedern zugute. Hoffmann, der als Klassiker des Kinderliedes gilt, schrieb etwa 200 Liedtexte, die heute noch bekannt sind, auch wenn Hoffmanns Name kaum je damit in Verbindung gebracht wird, darunter »Alle Vögel sind schon da«, »Ein Männlein steht im Walde« oder »Kuckuck, Kuckuck, rufts aus dem Wald«. Als er 1860 Weimar enttäuscht verließ – den Geruch des 48er Revolutionärs wurde er nicht los –, war er froh, »von dieser Acker- und Dorfresidenz der Hof- und sonstigen Räte und Hungerleider erlöst« zu sein. Hoffmann, der 1854 den exklusiven »Neu-Weimar-Verein« im Umfeld des Liszt-Kreises mit aus der Taufe gehoben hatte, wohnte in der Leibnizallee, in der Nähe des Stadtschlosses; eine Gedenktafel erinnert an seinen Namen.

Ernst von Wildenbruch, den ernstzunehmende Quellen als illegitimen Hohenzollern-Sproß ausweisen, hat als Dramatiker um 1900 auch das Weimarer Theater beherrscht. Mit nationalen Heldenliedern nach dem Deutsch-Französischen Krieg begann seine literarische Karriere, in pathetischen Historiendramen, die er im Stil der Schillerschen Stücke zu verfassen glaubte, fand sie im wilhelminischen Deutschland ihren Höhepunkt. Bezeichnenderweise sind es historische Sujets aus der Hohenzollerngeschichte, mit denen er auf den Bühnen erfolgreich den Zeitgeist bediente. Als Pensionär ließ er sich mit seiner Frau Maria, einer Enkelin Karl Maria von Webers, 1900 in Weimar nieder, dessen literarischen Ruhm er in dem Festspiel *Das Hohelied von Weimar* überschwenglich feierte. 1915 wurde das von Richard Engelmann geschaffene Wildenbruch-Denkmal aufgestellt. Seine neubarocke Villa »Ithaka«, oberhalb des Goetheschen Gartenhauses gelegen, bewohnte er von 1907 bis zu seinem Tod 1909. Dieser Straßenzug »Am Horn«, wo sich Wildenbruch seine pompöse Villa errichten ließ, galt seit der Bebauung am Ende des 19. Jahrhunderts als mondänes Wohngebiet und erhielt den Spitznamen »Weimarer Riviera«, an der sich im Laufe der Jahre bevorzugt Schriftsteller und Künstler niederließen: Der expressionistische Dichter Georg Kaiser, der Maler Fritz Mackensen, der Bildhauer Richard Engelmann, der Schriftsteller und Theaterintendant Ernst Hardt wohnten »Am Horn«, ebenso die Schriftstellerin Gabriele Reuter, der Autor Paul Ernst und der Bauhäusler Paul Klee. Am Ende dieser Straße, direkt am Park, liegt das von Georg Muche errichtete Musterhaus, das als künstlerisches Vorbild für die seit 2001 entstehende Bauhaussiedlung in der Weimarer Parkvorstadt gilt.

Wenn vom »Nietzsche-Archiv«, einem Museum der Stiftung Weimarer Klassik, die Rede ist, so führt dieser Name in die Irre. Innenarchitektonisch ist es ein Jugendstil-Museum, das an die künstlerischen Leistungen des Belgiers Henry van de Velde erinnert, der auf Betreiben Harry Graf Kesslers 1902 nach Weimar kam. Friedrich Wilhelm Nietzsche, der seit 1897 in der Obhut seiner Schwester Elisabeth Förster-Nietzsche hier lebte, war bereits geistig umnachtet; drei Jahre später starb er. Seine Schwester nutzte das Gebäude seit 1897 als Bestands- und Editionszentrum für die Schriften ihres Bruders, wobei sie nachweislich an Verfälschungen beteiligt war. Da sie in den dreißiger Jahren direkte Kontakte zu Benito Mussolini, Wilhelm Frick und Adolf Hitler pflegte und sich das Archiv auch zu öffentlichen Beifallsbekundungen für den Nationalsozialismus hergab, kam es 1945 zur Schließung; der schriftliche Nachlaß des Philosophen ging in den Bestand des Goethe- und Schiller-Archivs über.

Im geistigen Klima Weimars war seit der Wende zum 20. Jahrhundert eine deutliche Verschiebung nach rechts im Sinne einer sogenannten »völkischen Kulturerneuerung« spürbar geworden, die mit dem Wirken solcher Autoren wie Adolf Bartels, Friedrich Lienhard oder Paul Ernst in Verbindung gebracht werden muß. Der rassistische Literaturhistoriker und Schriftsteller Bartels ließ sich 1895 in Weimar nieder, Friedrich Lienhard, zunächst bekannt geworden mit einer Dramen-Trilogie zur Wartburg 1903/06, kam 1917 in die Ilmstadt. In Programmschriften wie *Wege nach Weimar* (1905/08) vertrat und verbreitete er nationalistisch-völkische Thesen, die, flankiert durch Bartels' Rassismus, die nationalsozialistische Kunstauffassung und -praxis der folgenden Jahrzehnte vorbereiteten und in Weimar nachhaltigen Einfluß gewannen. Von 1903 bis 1944 lebte der dem sogenannten Neoklassizismus zuzurechnende Paul Ernst in der Stadt, Dramen wie *Brunhild* oder *Der heilige Crispin* entstanden hier. Später unterstützte er die »völkische« Literatur der Nazis, die ihn dafür für ihre Kulturpolitik vereinnahmten. Resultat auch solcher unheilschwangeren Gedanken und Texte waren das Konzentrationslager Buchenwald und eine durch Bombenterror zur Hälfte zerstörte oder schwer beschädigte Stadt. Vergeblich hatten sich andere Schriftsteller dieser Entwicklung entgegengestellt. Bereits 1930, in seiner *Deutschen Ansprache*, und dann erneut 1932, anläßlich der Feierlichkeiten zu Goethes 100. Todestag, war es Thomas Mann, der, wie Gerhard Hauptmann und Ricarda Huch Gast in der Stadt, vor dem »Veitstanz des Fanatismus« warnte und zur Verteidigung des klassisch-humanistischen Erbes aufrief. Sein Roman *Lotte in Weimar*, 1939 erschienen, ist ein Werk, das humanistische Werte zu verteidigen sucht. Noch 1949, anläßlich der Goethefeiern zum 200. Geburtstag des Dichters, nannte er die Klassikerstadt Weimar eine »Stadt unsterblichen Ruhmes«; freilich muß sie seither auch mit der Schande Buchenwalds leben.

Bruno Apitz, von 1937 bis 1945 selbst Häftling im KZ Buchenwald, hat das grausame Geschehen auf dem Ettersberg in seinem Roman *Nackt unter Wölfen* (1958) authentisch verarbeitet. In seiner künstlerisch verdichteten Geschichte von der Rettung des »Buchenwaldkindes« stellte er der braunen Barbarei das Heldentum und das Martyrium vieler Häftlinge gegenüber und ließ sie moralisch über ihre Peiniger triumphieren; das Buch wurde ein Welterfolg.

Kaum weniger eindringlich haben andere betroffene Schriftsteller nach Kriegsende ihre Lagererlebnisse literarisch verarbeitet, so z. B. Ernst Wiechert in seinem ergreifenden Bericht *Der Totenwald*, schon 1945 erschienen. Wiechert, der sich in Rundbriefen und Reden gegen den Machtwahn und Antisemitismus der Nazis gewandt hatte, war seit 1933 freier Schriftsteller. Öffentlich trat er für den verfemten Pastor Martin Niemöller und für Eduard Spranger ein und kam daraufhin 1938 für zwei Monate ins KZ Buchenwald. Goebbels drohte dem wegen schwerer Erkrankung Entlassenen die »physische Vernichtung« an, sollte er erneut gegen den nationalsozialistischen Staat aktiv werden. Der Bericht *Totenwald* – der Name ist ein Kompositum aus Dostojewskis »Totenhaus« und der Realität »Buchenwald« – ist ein Dokument der Grausamkeit. Wiechert schilderte in der Ich-Person des Johannes die Ankunft in Weimar und die ersten Stunden im KZ auf dem Ettersberg:

»Am nächsten Tag lud man sie dann am Vormittag wieder in einen Transportwagen, und gegen zwei Uhr hielten sie in Weimar. Unzählige Polizisten mit dem Karabiner unter dem Arm nahmen sie in Empfang. Der Unterlagerführer in SS-Uniform gab ihnen die ersten Anweisungen, derart etwa, daß sie bei einem Fluchtversuch oder der geringsten Widersetzlichkeit sofort ›abgeschossen‹ würden, daß sie ihre ›Schnauzen‹ geradeaus zu nehmen hätten, daß man diesen ›Schweinen‹ schon Schliff beibringen würde, und ähnliche Äußerungen einer neuen, Johannes noch unbekannten Kultur.

Wieder stand eine dichte Menschenmenge auf dem Vorplatz, aber schweigend, mit ernsten Gesichtern. Einen Blick warf Johannes auf das Bild der ihm so vertrauten Stadt, in der er so viel an Erhebung, an Glück, an stiller Hingabe erfahren hatte. Dann stieß man sie in einen geschlossenen Polizeiwagen, der vielleicht für zwölf Menschen Raum bot und in dem sie nun zweiundzwanzig waren, gebückt stehend die meisten, da das Dach niedrig war, bis eine Reihe von ihnen ohnmächtig wurde und so etwas Platz machte. Die Türen schlugen zu, der Motor sprang an, und dann fuhren sie die Strecke nach Ettersberg hinaus, demselben Berg, von dem Goethe mit Charlotte von Stein über das thüringische Land geblickt hatte, und wo nun hinter den elektrischen Drahtverhauen das Lager auf sie wartete. –

Sie fuhren etwa eine halbe Stunde, bis der Wagen hielt. Was Johannes sah, war eine breite Lagerstraße, von Rasenflächen und niedrigen Baracken begrenzt, sauber gehalten und nicht einmal eines dürftigen Blumenschmuckes ermangelnd. Doch ahnte ihm, daß dies wohl der Ort der Herrenwelt sei und daß die Sklavenwelt hinter einem Quergebäude mit einem Turm liegen müsse, auf dem er undeutlich den Umriß von Maschinengewehren zu erkennen meinte.

Auch blieb ihm keine Zeit, denn sie wurden in eine der Baracken gestoßen, in deren schmalem Gang sie in zwei Gliedern Aufstellung zu nehmen hatten. Alles in dem Raum war aus Holz, das Dach mit Dachpappe gedeckt, und die Sonne brannte durch die Fenster in ihren Rücken erbarmungslos auf sie herab. Hier mußten sie zwei Stunden bewegungslos unter dem Kommando ›Stillgestanden!‹ stehen und dann nacheinander in den Schreibstubenraum treten, wo man ihre Personalien aufnahm oder verglich.

Nach der ersten halben Stunde sah Johannes, wie ein paar der älteren unter ihnen zu schwanken begannen. Sie wurden von ihren Gefährten gestützt, so gut es ohne Verletzung des Kommandos möglich war, doch stürzten sie dann doch vorneüber, mit dem Kopf gegen die Holzwände, und auch Johannes vermochte den vor ihm stehenden ›Vater Hermann‹, den Fabrikbesitzer aus seiner Zelle in Halle, nicht mehr zu halten. ›Laßt die Schweine liegen!‹ schrie jemand, und so blieben sie, bis das Bewußtsein ihnen wiederkehrte.

Von Zeit zu Zeit kam einer der SS-Männer den Gang entlang, ging langsam die Reihe hinunter und starrte in jedes Gesicht, als suche er sich sein Opfer schon heraus. Da war ein über siebzigjähriger Jude mit einem bekannten Namen, der sich eben von der Erde wieder aufgerichtet hatte und der die Blicke der Vorübergehenden besonders auf sich zog. Fast jeder versprach, ehe er weiterging, ›mit dieser alten Judensau schon Schlitten zu fahren‹. Und ehe sie den Raum wieder verließen, war das alte Gesicht schon von Faustschlägen geschwollen.«

Ernst Wiechert formuliert eine entsetzliche Wahrheit im Zusammenhang mit seiner Ankunft in Buchenwald: Er habe gefühlt, »wie durch das Bild Gottes ein Sprung hindurchlief, der nicht mehr heilen würde.«

Der überwiegend französisch schreibende, spanische Schriftsteller Jorge Semprun, Häftling im KZ Buchenwald wie übrigens auch der Nobelpreisträger Imre Kertèsz, hielt sich 1960 als Gast in der damaligen DDR auf. In seinem Erinnerungsfragment *In den Wind gestreut …* erzählt er, wie sein Betreuer ihm dringend anriet, das ehemalige Lager und dann vor allem die monumentale Gedenkstätte am Südhang des Ettersbergs zu besichtigen, die 1958 eingeweiht worden war. Der Spanier weigerte sich standhaft: »O nein, merde! Ich hatte fünfzehn Jahre mit dem Versuch verbracht, kein Überlebender zu sein, es war mir gelungen, kein Mitglied irgendeines Vereins oder

Freundeskreises ehemaliger Deportierter zu werden. Vor den Wallfahrten, wie man die für die ehemaligen Deportierten und ihre Familien organisierten Reisen zu den Stätten der einstigen Lager nannte, hatte es mir immer gegraut.«

Doch der deutsche Betreuer drängte weiter: »Ein Mahnmal mit vielen Skulpturen habe die Deutsche Demokratische Republik dort errichtet. Ich nickte, ich hatte Fotos davon gesehen, ich kannte es: einfach abscheulich! Ein Turm, Gruppen von Marmorstatuen, eine von Mauern mit Basreliefs gesäumte Allee, monumentale Treppen. Mit einem Wort: abscheulich. Ich habe ihm natürlich meine Ansicht nicht gesagt. Ich habe mich darauf beschränkt, ihm meinen alten Traum zu erzählen: man möge das ganze Lager der langsamen Arbeit der Natur, des Waldes, der Wurzeln, des Regens, der Erosion der Jahreszeiten überlassen. Eines Tages würde man die von Bäumen überwucherten Gebäude des ehemaligen Lagers wiederentdecken. Er hat mir verwundert zugehört. Aber nein doch, ein Mahnmal, etwas, das einen erzieherischen, politischen Sinn habe, hätten sie errichtet. Das sei übrigens eine Idee von Bertolt Brecht gewesen. Er habe vorgeschlagen, dieses majestätische Mahnmal dem alten Konzentrationslager Buchenwald gegenüber, auf einem Hang nach Weimar hin, zu errichten. Er habe sogar gewollt, daß die Figuren überlebensgroß sein, aus Stein gehauen und auf schmucklose Sockel gestellt werden und mit dem Blick ein edelgeschnittenes Amphitheater umfassen sollten. In diesem Amphitheater sollte jedes Jahr ein Festival zum Gedenken an die Deportierten stattfinden: mit Oratorien, Chorgesängen, Vorträgen, politischen Aufrufen.

Ich hörte dem Funktionär der SED bestürzt zu. Ich wußte zwar, daß Brecht häufig einen schlechten Geschmack gehabt

Jorge Semprun (geb. 1923), Fotografie von Jerry Bauer

hatte – aber immerhin, in diesem Ausmaß! Ich habe freilich nichts gesagt. Es ödete mich an, mit ihm über all das zu reden. Nein, ich hätte keine Zeit, nach Weimar zu fahren, das sei alles. Es tue mir leid.« Erst 1992 kehrte Semprun erstmals nach Weimar zurück.

1995 kam er erneut; die Stadt verlieh ihm den Weimar-Preis, und der Geehrte hielt eine beeindruckende Rede über die Zukunft Deutschlands. Bei dieser Gelegenheit bekannte er, der sich selbst als »heimatloser Spanier« sieht, »der sich eine seiner Heimstätten in der französischen Sprache schuf«, zugleich »eine seiner tiefsten Wurzeln« an den Ufern der Ilm zu haben, »wo Goethes Gartenhaus steht. So, als hätte die fürchterliche Unheimlichkeit von Buchenwald erlebt werden müssen, um in das Heim einer anspruchsvollen und zutiefst empfundenen Brüderlichkeit zurückkehren zu können.« Noch in seinem bisher letzten Werk *Der Tote mit meinem Namen* (2002) hat Semprun am Thema seines traumatisierenden Lageraufenthalts fortgeschrieben.

Wie Jorge Semprun war auch die 1904 geborene Schriftstellerin Jutta Hecker Weimar-Preisträgerin und zugleich Ehrenbürgerin der Klassikerstadt. Als Tochter des Goethephilologen Max Hecker gefiel sie sich – wie sie selbst schrieb – zunächst in einer Protesthaltung gegen die klassikbegeisterte Atmosphäre des Elternhauses. Selbst ihr Promotionsthema, das sich mit der Romantik befaßte, sei Ausdruck dieses Ablehnens gewesen. Sie verließ Weimar und kehrte erst nach 1945 dorthin zurück. Mit ihrem ersten, sehr erfolgreichen Roman *Die Altenburg* (1955) hatte sie ihr Thema gefunden, dem sie bis zum Lebensende und als Schriftstellerin treu blieb: das »goldene« und das »silberne« Zeitalter Weimars und seine kulturellen Repräsentanten. In ihren biografischen Erzählungen und romanhaften Biografien hat sie sich mit Johann Pe-

*Landschaft am Ettersberg bei Weimar, Umgebung
des ehemaligen KZ Buchenwald, Fotografie von Roland Dreßler*

ter Eckermann, mit Corona Schröter, Winckelmann, Schiller
und Liszt befaßt, ist dabei aber immer um das »Zentral-
gestirn Goethe« gekreist. Mit ihren einfühlsam geschriebe-
nen, eine profunde Sachkenntnis verratenden Büchern, die
viel gelesen und häufig aufgelegt wurden, hat sie vermutlich
mehr für die Rezeption der Klassik getan als manche Schul-
stunde oder wissenschaftliche Abhandlung. Hochbetagt starb
sie am 26. Juli 2002 in Weimar.

Bis 1987 Lektor in der Weimarer Dependance des Aufbau-Ver-
lags, hat sich der Erzähler, Herausgeber und Lyriker Wulf Kirsten vor allem durch seine sprachschöpferische Leistung einen
Ruf erworben, der zuletzt durch die Verleihung des renom-
mierten »Schiller-Ringes 2002 der Deutschen Schillerstiftung«
für herausragende Verdienste um die deutsche Sprache und

Literatur weiteres künstlerisches Gewicht erlangte. Der langjährige Hesse-Verehrer – man lese etwa das *Gespräch mit der Wasseramsel* (1996) – stammt aus der Gegend von Meißen, die in seinem kritischen Bericht *Die Schlacht bei Kesselsdorf,* der satirischen Erzählung *Kleewunsch* sowie zahlreichen Gedichten deutliche Spuren hinterlassen hat:

> verschwägert und verschwistert
> bin ich
> mit der geologischen struktur
> zwischen Constappel und Siebenlehn,

heißt es in dem Gedicht »sieben sätze über meine dörfer« aus der Sammlung *die erde bei meißen.*
Vermutlich steht dem wanderfreudigen Wahlweimarer inzwischen auch das Thüringische sehr nahe. Dennoch wirft Kirsten als Herausgeber der Anthologie *Thüringen im Gedicht* die berechtigte Frage auf, was das denn eigentlich sei? »Eher ein offen verfließendes Gebilde im allgemeinen Bewußtsein«, lautet die mehr historisch als geografisch belegte Antwort. Einen »Wortsammler« hat sich Kirsten einst genannt und macht damit deutlich, wie sehr ihm an den Details der Sprache gelegen ist, auch im Hinblick auf geografische Bindung. Im Gedicht »feldwegs nach Orlamünde« wirbt jedes Wort für den eigenwilligen Reiz dieser geschichtsträchtigen Gegend zwischen Ilm- und Saaletal:

> feldwegs nach Orlamünde
> eine schlichtwollige landschaft
> wirrsträubig gebauscht und verbuscht,
> fehlsiedlungen in dorn und weiden,
> welt vor dem ziegelschlag,

hungerfleckig verdistelt und verhedericht,
lichtüberfluß von ungefähr, namen über namen,
nicht zu vergessen den guten heinrich
des Jacob Grimm, der klappertopf
frißt das brot
noch von den backschaufeln herunter.
das himmelreich gleicht einem senfkorn,
man soll das wort gottes
nicht unter die ofenbank schieben,
wo nichts zu worfeln noch zu schwingen,
wo keiner den feldfrieden bricht.
der untere strümpfel weiß noch
von flurumzügen, wie der aberglaube
hoch zu roß um den flauer geritten.

saalüberwärts ins Orlatal geblickt,
ein biergarten schäumt
unter endlos zerdehnter traueresche.
im abendschein
durchs alte stadttor ziehn,
wenn aus den laubkronen unten
der pirol dir die kindheit zurückruft,
als wär die dreimal gewendete zeit
neunmal stehengeblieben
in der stadt auf dem riff
zwischen Pfisters gehöft
und kemenate, im rost verlummert
und schamstumm erstickt.

Zuletzt war Wulf Kirsten als Mitherausgeber an dem Lesebuch
Stimmen aus Buchenwald (2002) beteiligt, das eindringliche
Stimmen zum Alltagsterror des KZ versammelt.

Seit den neunziger Jahren lebt die Schriftstellerin Gisela Kraft in Weimar. In Gedichten und Prosatexten läßt die 1936 in Berlin geborene Autorin ihre Gedanken um Probleme der modernen Welt kreisen. Die studierte Islamwissenschaftlerin, die 1984 von Westberlin in die DDR übersiedelte, hat in vielen ihrer Texte der produktiven Begegnung der Kulturen das Wort geredet. Welterfahrenheit verraten ihre Arbeiten, die zwischen Rügen und Anatolien, in Berlin oder Kairo, auf Zypern oder auf Kreta niedergeschrieben worden sein können. Weitausgreifend ihr Gedicht »biographie« aus der Sammlung *Keilschrift* (1992), in dem auch Autobiografisches mitklingt:

> solange die erde lebt
> mitdrehen. ich hunnen-atom
> ging auf die barrikaden
> der neolithischen revolution
> stand kopf beim meister der veden.
> ich nicht-ich. regenstation.
> meßstreifen. zelle der netzhaut
> des eingeborenen gottes.
> pluto im haar. merkur eine
> perle zwischen den zehen.
> meine kindheit planetengezänk.
> dann und wann tot und offen.
> liebeslehrling in springender haut.
> sterbaufmännchen. sternenweib.
> widerruf mich und bleib
> treu den stoffen

Es nimmt nicht wunder, daß die Texte der ausgewiesenen Islamkennerin häufig türkische Stoffe und Vorlagen aufgreifen.

Gisela Kraft steht damit in einer langen Traditionslinie, die bis zu Goethes *West-östlichem Divan* zurückreicht.

Doch verlassen wir nun Weimar, dessen zuletzt errichtetes Denkmal den beiden Dichtern Hafis und Goethe gewidmet ist, und wenden uns dem anderen Teil der »Doppelstadt« zu.

Die Universitätsstadt Jena

Im Gedicht »Die Lustigen von Weimar«, 1813 entstanden, beschrieb Goethe in flotten, scherzhaften Versen rückblickend die Sicht seines geselligen Weimarer Kreises auf die benachbarte Saalestadt:

> Donnerstag nach Belvedere,
> Freitag geht's nach Jena fort:
> Denn das ist, bei meiner Ehre,
> Doch ein allerliebster Ort!
> Samstag ist's, worauf wie zielen,
> Sonntag rutscht man auf das Land;
> Zwäzen, Burgau, Schneidemühlen
> sind uns alle wohlbekannt. …
>
> Und es schlingt ununterbrochen
> Immer sich der Freudenkreis
> Durch die zweiundfunzig Wochen,
> Wenn man's recht zu führen weiß.
> Spiel und Tanz, Gespräch, Theater,
> Sie erfrischen unser Blut;
> Laß den Wienern ihren Prater;
> Weimar, Jena, da ist's gut!

Zwätzen, Burgau, Schneidemühlen – romantisch gelegene Dörfer der Jenenser Umgebung bildeten die häufigen Ziele geselliger Ausfahrten auch der Weimarer Künstler und Hofleute; die Studenten hatten sich eigene »Hochburgen« ausgewählt, so z. B. das unweit gelegene sachsen-meiningische Dorf Lichtenhain, in dem sie ihren jährlichen Bier-Herzog kürten, der diesen Titel nach der höchsten getrunkenen Kännchen-Anzahl erhielt.

Jena, im Mittelalter ein Ackerbürgerstädtchen mit umfangreichem Weinanbau, tritt Mitte des 16. Jahrhunderts in eine neue Phase seiner städtischen Entwicklung ein. Mit der Niederlage des protestantischen Kurfürsten Johann Friedrich I. in der Schlacht von Mühlberg am 24. April 1547 verlor der Führer des Schmalkaldischen Bundes nicht nur die Kurwürde an seinen Dresdener albertinischen Vetter Moritz, sondern mit dem Kurland um Wittenberg auch die dortige Universität, wo u. a. die eigenen Landesbeamten ausgebildet worden waren und die lutherische Reformation ihren Ausgang genommen hatte. So wurde 1548 in Jena ersatzweise eine »Hohe Schule« gegründet, die neun Jahre später durch Kaiser Ferdinand I., den toleranteren Bruder des abgedankten Karl V., die Universitäts-Privilegien und das uneingeschränkte Promotionsrecht für alle vier Fakultäten – Theologie, Jurisprudenz, Medizin und Philosophie sowie der sprachlich-historischen und mathematisch-naturwissenschaftlichen Fächer – erhielt. Die Eröffnungsfeierlichkeiten fanden im Februar 1558 statt. Johann Friedrich der Großmütige, nach Niederlage und kaiserlicher Gefangenschaft nur noch »geborener« Kurfürst, erlebte diese feierliche Stunde freilich nicht mehr; er war bereits 1554 gestorben. Zur 300-Jahr-Feier der Alma mater wurde 1858 auf dem Jenenser Marktplatz das Denkmal des »Hanfried«, wie er im Volksmund genannt wurde, errichtet. Am 30. Juni 2003 jährte sich der 500. Geburtstag des Kurfürsten, protestantischen Herzogs und Universitätsbegründers.

Mit dem Wachsen der Universität änderte sich allmählich die soziale Struktur der Stadt; die Studenten wurden zu einem Wirtschaftsfaktor, Verlage und Buchhandlungen siedelten sich an. Die Jenaer Lutherausgabe und der Geist des Reformators, der die »Salana« beherrschte, ließen Jena im ausgehenden 16. Jahrhundert zu einem Zentrum des Protestantismus in Deutschland werden. Der wissenschaftliche Verfall der Universität im 17. Jahrhundert, der wirtschaftliche Niedergang der Stadt nach den Verwüstungen des 30jährigen Krieges führten zu einer allgemeinen Verrohung des kommunalen und studentischen Lebens. 1661 kam es zu einem städtischen Krawall, bei dem sich 350 bewaffnete Bürger mit 500 Studenten schlugen; vier Tote blieben auf dem Marktplatz zurück. Dennoch hatte sich die Universität schneller von den Kriegsfolgen erholt als die Stadt. Bedeutende Professoren, z. B. der lutherische Theologe Johann Musaeus oder der aufklärerische Mathematiker und Astrologe Erhard Weigel, sorgten für das Wiedererstehen des Rufes der »Salana«. Weigel, dessen Haus, 1667/70 erbaut, wegen seiner imposanten Architektur und der darin installierten technisch-physikalischen Anlagen später als eines der sieben Wunder Jenas galt, hat sich in seinen modernen Lehrmethoden – Anschaulichkeit, Fröhlichkeit, Deutsch als Wissenschaftssprache – durchaus als geistesverwandt mit einem Comenius oder Ratke erwiesen. Seine Schüler Johann Gottfried Leibniz und Johann Salomo Semler trugen die Saat weiter, die Weigel als »bahnbrechender Vorläufer der Philantropisten« (Herbert Koch) gelegt hatte und die auch August Hermann Francke in Halle übernahm.

Letztes erwähnenswertes Ereignis im literarisch-wissenschaftlichen Leben der Universitätsstadt Jena vor der Zeit der Klassik war die Gründung der »Teutschen Gesellschaft« im Jahre 1728, einer aufklärerischen Lesegesellschaft, die sich der Förderung der deutschen Muttersprache verschrieben hatte und damit Intentionen der »Fruchtbringenden Gesellschaft« aufnahm und fortführte.

Im November 1722 kam der Schlesier Johann Christian Günther nach Jena, der bedeutendste Lyriker der Frühaufklärung. Seine Gedichte stehen an der Schnittstelle von Barockdichtung und Erlebnislyrik. Er führte ein unstetes Wanderdichterleben und konnte sich, nachdem ihn sein Vater verstoßen hatte, weder als Poet noch als Arzt etablieren; er starb bereits mit 27 Jahren. Neben Studenten- und Trinkliedern sind seine »Leonorenlieder« als frische, leidenschaftlich lebensfrohe Liebeslyrik in Erinnerung geblieben. Goethe, der ihn als wichtigen Vorgänger seiner eigenen Lyrik ansah, setzte ihm in *Dichtung und Wahrheit* ein spätes Denkmal:

»Hier gedenken wir nur Günthers, der ein Poet im vollen Sinne des Worts genannt werden darf. Ein entschiedenes Talent, begabt mit Sinnlichkeit, Einbildungskraft, Gedächtniß, Gabe des Fassens und Vergegenwärtigens, fruchtbar im höchsten Grade, rhythmisch-bequem, geistreich, witzig und dabei vielfach unterrichtet; genug er besaß alles, was dazu gehört, im Leben ein zweites Leben durch Poesie hervorzubringen, und zwar in dem gemeinen wirklichen Leben. Wir bewundern seine große Leichtigkeit, in Gelegenheitsgedichten alle Zustände durch's Gefühl zu erhöhen und mit passenden Gesinnungen, Bildern, historischen und fabelhaften Überlieferungen zu schmücken. Das Rohe und Wilde daran gehört seiner Zeit, seiner Lebensweise und besonders seinem Charakter, oder, wenn man will, seiner Charakterlosigkeit. Er wußte sich nicht zu zähmen, und so zerrann ihm sein Leben wie sein Dichten.« Johann Christian Günther, dessen Schicksal ein wenig an das spätere Lenzens erinnert, hat in Jena keine Spuren hinterlassen; auch sein Grab auf dem Johannis-Friedhof ist verschwunden.

Jenas Blütezeit ist nicht nur unauflöslich verbunden mit der Zeit der Weimarer Klassik, sie ist vielmehr ein Teil von ihr. Schon kurz nach seiner Ankunft in Weimar lernte Goethe die Saalestadt kennen: »Die Lage von Jena selbst hat mich gefreut, der Ort mich gedruckt«, lautete sein erster ehrlicher Eindruck im Brief vom 23. Dezember 1775 an den Herzog Carl August. Die Stadt wuchs ihm schnell ans Herz. Goethe kümmerte sich zunächst dienstlich um das Straßenwesen und um die Regulierung der Saale, die mit häufigem Eisgang und Überschwemmungen fast jährlich für Schaden sorgte. Nach der schmerzhaft akzeptierten Rückkehr von der Italienreise 1788 rückte die Universität Jena mehr und mehr in den Mittelpunkt seines Interesses. Daß er im Bereich der Wissenschaft in Jena zunehmend Ersatz und ein Äquivalent für die entbehrte Kunst fand, hat er 1790 selbst bezeugt: »Meine frühern Verhältnisse zur Universität Jena, wodurch wissenschaftliche Bemühungen angeregt und begünstigt worden, eilte ich sogleich wieder anzuküpfen. Die dortigen Museen fernerhin, unter Mitwirkung vorzüglicher sachkundiger Männer, vermehrt aufzustellen, zu ordnen und zu erhalten war eine so angenehme als lehrreiche Beschäftigung, und ich fühlte mich bei'm Betrachten der Natur, bei'm Studium einer weitumhergreifenden Wissenschaft für den Mangel an Kunstleben einigermaßen entschädigt.« Nicht nur die *Metamorphose der Pflanzen* – die zu schreiben ihm eine »Herzenserleichterung« war – entstand als Jenenser Specimen pro loco, auch die spätere Farbenlehre, die der alte Goethe als seine bedeutendste naturwissenschaftliche Leistung ansah (und deshalb auch so hartnäckig verteidigte!), nahm dort ihren Ausgangspunkt.

Goethes naturwissenschaftliches Interesse an der Medizin, an Botanik, Chemie und Physik, an der Astronomie und Gesteinskunde, sein Kunstinteresse und seine Sammlerleidenschaft ließen ihn, beginnend in den neunziger Jahren bis zu seinem Tod 1832, zu einem der eifrigsten Förderer der Universität werden. Die Gründung des Botanischen Gartens, der Universitätssternwarte, der Veterinäranstalt gehen unmittelbar auf seine Anregungen zurück, die Erweiterung und Modernisierung der Universitätsbibliothek hat er wesentlich befördert.

Der neu erstrahlende Glanz der Salana ist mit Goethes personal- und kulturpolitischem Wirken verbunden. Daß die Jenaer Universität in den neunziger Jahren des 18. Jahrhunderts ihre Studentenzahlen versiebenfachen und neben Halle zur bedeutendsten deutschen Hochschule aufsteigen konnte, hing auch und vor allem mit den neuberufenen Professoren zusammen: den Chemikern Göttling und Döbereiner, den Botanikern Batsch und Voigt, den Medizinern Loder, Hufeland und Stark, den Naturwissenschaftlern Oken und Ritter, dem Historiker Luden, den Philosophen Reinhold, Fichte, Schelling, Fries und Hegel. In Jena, wo sich Goethe von den Zwängen des Weimarer höfischen Protokolls und auch von der betriebsamen Unruhe seines eigenen Hauses am Frauenplan, in dem Christiane emsig wirkte, befreit sah, fand er die notwendige Ruhe für seine wissenschaftlichen und künstlerischen Arbeiten und konnte nach Belieben am ungezwungenen gesellschaftlichen Verkehr teilnehmen. Hier entstanden u. a. große Teile von *Wilhelm Meisters Lehrjahre*, *Die Braut von Korinth* oder *Hermann und Dorothea*. Er verkehrte freundschaftlich in den Häusern vieler Professoren, und hier fanden auch die fruchtbaren Begegnungen mit Schiller statt, der ab 1789 für zehn Jahre in der Stadt lebte.

Schiller, der im Sommer 1785 den späteren Freund und Förderer Christian Gottfried Körner kennengelernt und eine Zeitlang in Dresden und Tharandt gelebt hatte, war im Juli 1787 nach Weimar gereist. Charlotte von Kalb empfing den Mannheimer Freund und führte ihn in die Gesellschaft ein. Besonders Wieland begegnete dem jungen Dichter, der nach einer akzeptablen Form wirtschaftlicher Selbständigkeit suchte, mit Wohlwollen. Schiller drückten erhebliche Schulden, und er suchte nach Wegen, diese abzahlen zu können. Durchaus realistisch schätzte er ein, daß er als freier Schriftsteller »schanzen oder verhungern« müsse. Eine erste, noch folgenlose Begegnung mit Goethe – die auf der Karlsschule vom Jahr 1779 blenden wir hier aus – erfolgte im Spätsommer 1788 in Rudolstadt bei der Familie Lengefeld. Erneut verkehrte der Dichter in einem ihm sympathischen Kreis und fand schließlich in Charlotte von Lengefeld seine spätere Frau. Noch im März 1789 allerdings faßte er, gedrückt von schwerer materieller Not, zynisch eine Geldheirat ins Auge. An Freund Körner schrieb er derb: »Könntest Du mir innerhalb eines Jahres eine Frau von 12000 Thl. verschaffen, mit der ich leben, an die ich mich attachieren könnte, so wollte ich Dir in 5 Jahren – eine Fridericiade, eine klassische Tragödie und weil Du doch so darauf versessen bist, ein halb Dutzend schöner Oden liefern – und die Akademie in Jena möchte mich dann im Arsch lecken.«

Dazu kam es gottlob nicht. Vielmehr half diese Akademie zunächst, den bürgerlichen Status des jungen Dichters zu retten. Goethe tat im Weimarer Geheimen Conseil den helfenden Vorschlag, den Autor der 1788 publizierten *Geschichte des Abfalls der vereinigten Niederlande von der spanischen Regierung* für eine Lehrtätigkeit an der Universität zu empfehlen, und nach dem entsprechenden Prozedere – die anderen drei thü-

209

ringischen Erhalterstaaten Coburg, Gotha und Meiningen mußten neben Sachsen-Weimar-Eisenach noch zustimmen – konnte der neuberufene Professor am 26. Mai 1789 in Jena seine berühmte akademische Antrittsvorlesung *Was heißt und zu welchem Ende studiert man Universalgeschichte?* halten. Im Brief an Körner vom 28. Mai hat er dieses auch für die Universität denkwürdige Ereignis festgehalten:

»Vorgestern als den 26sten habe ich endlich das Abentheuer auf dem Katheder rühmlich und tapfer bestanden, und gleich gestern wiederhohlt. Ich lese nur 2mal in der Woche und zwey Tage hintereinander, so daß ich 5 Tage ganz frey behalte.

Das Reinholdische Auditorium bestimmte ich zu meinem Debut. Es hat eine mäßige Größe und kann ohngefehr 80 sitzende Menschen, etwas über 100 in allem faßen; ob es nun freilich wahrscheinlich genug war, daß meine erste Vorlesung, der Neugierde wegen, eine größre Menge Studenten herbeylocken würde, so kennst Du ja meine Bescheidenheit. Ich wollte die größre Menge nicht gerade voraussetzen indem ich gleich mit dem größten Auditorium debutierte. Diese Bescheidenheit ist auf eine für mich sehr brillante Art belohnt worden. Meine Stunden sind Abends von 6 biß 7. Halb 6 war das Auditorium voll. Ich sah aus Reinholds Fenster Trupp über Trupp die Straße heraufkommen, welches gar kein Ende nehmen wollte. Ob ich gleich nicht ganz frey von Furcht war, so hatte ich doch an der wachsenden Anzahl Vergnügen und mein Muth nahm ehr zu. Ueberhaupt hatte ich mich mit einer gewißen Festigkeit gestählt, wozu die Idee, daß meine Vorlesung mit keiner andern die auf irgend einem Catheder in Jena gehalten worden die Vergleichung zu scheuen brauchen würde, und überhaupt die Idee von allen die mich hören, als der Überlegene anerkannt zu werden, nicht wenig beytrug. Aber die Menge wuchs nach und nach so, daß Vorsaal und

Treppe voll gedrängt waren und ganze Haufen wieder giengen. Jetzt fiel es einem der bey mir war ein, ob ich nicht noch für diese Vorlesung ein anderes Auditorium wählen sollte. Grießbachs Schwager war gerade unter den Studenten, ich ließ ihnen also den Vorschlag thun bei Grießbach zu lesen und mit Freuden ward er aufgenommen. Nun gabs das lustige Schauspiel. Alles stürzte hinaus und in einem hellen Zug die Johannisstraße hinunter, die eine der längsten in Jena, von Studenten ganz besät war. Weil sie liefen was sie konnten, um in Grießbachs Auditorium einen guten Platz zu bekommen, so kam die Straße in Allarme, und alles an den Fenstern in Bewegung. Man glaubte anfangs es wäre Feuerlerm und am Schloß kam die Wache in Bewegung. Was ists denn? Was gibts denn? hieß es überal. Da rief man denn! Der neue Profeßor wird lesen. Du siehst, daß der Zufall selbst dazu beytrug, meinen Anfang recht brillant zu machen. Ich folgte in einer kleinen Weile von Reinhold begleitet nach, es war mir als wenn ich durch die Stadt, die ich fast ganz durchzuwandern hatte, Spießruthen liefe.

Grießbachs Auditorium ist das größte und kann, wenn es voll gedrängt ist zwischen 3 und 400 Menschen faßen. Voll war es dießmal und so sehr daß ein Vorsaal und noch die Flur biß an die Hausthüre besetzt war, und im Auditorium selbst viele sich auf die Subsellien stellten. Ich zog also durch eine Allee von Zuschauern und Zuhörern ein und konnte den Katheder kaum finden, unter lautem Pochen, welches hier für Beyfall gilt, bestieg ich ihn und sah mich von einem Amphitheater von Menschen umgeben. So schwühl der Saal war, so erträglich wars am Catheder, wo alle Fenster offen waren und ich hatte doch frischen Odem. Mit den zehn ersten Worten, die ich selbst noch fest aussprechen konnte, war ich im ganzen Besitz meiner Contenance, und ich las mit einer Stärke und Sicherheit der Stimme, die mich selbst überraschte. Vor der Thüre konnte man mich noch recht gut hören. Meine Vorlesung machte Eindruck, den ganzen Abend hörte man in der Stadt davon reden und mir wiederfuhr eine Aufmerksamkeit von den Studenten, die bey einem neuen Profeßor das erste Beispiel war. Ich bekam eine Nachtmusik und Vivat wurde 3mal gerufen.«

Im August 1789 verlobte sich der frischgebackene außerordentliche Professor mit Charlotte von Lengefeld, Herzog Carl August bewilligte ein bescheidenes Jahressalär von 200 Reichstalern, und am 22. Februar 1790 heiratete das Paar in der Kirche zu Wenigenjena. »Zum academischen Leben ist Jena der beste Ort. Auch ist es hier sehr wohlfeil, und dieß besonders kommt mir beym Anfang eigner Haushaltung sehr zu gut«, lautete ein erstes Resümee. Dem hielt zumindest die akademische Realität der Folgejahre nicht stand. Bis 1793 dauerte die Vorlesungstätigkeit, dann mußte sie Schiller krankheitsbedingt einstellen. Als freier Schriftsteller, als Publizist und Herausgeber verbrachte er die nächsten Jahre in der Saalestadt.

Die entscheidende Begegnung zwischen Goethe und Schiller fand im Anschluß an eine Sitzung der Naturforschenden Gesellschaft in Jena am 20. Juli 1794 statt; ein zweites Gespräch bei den Humboldts begründete jenen ungewöhnlichen Freundschaftsbund, der bis zu Schillers Tod 1805 währte.

Schillers Zeit in Jena ist außerordentlich produktiv. Die Mitarbeit an der *Jenaischen Literaturzeitung,* schließlich – gemeinsam mit Goethe – *Die Horen* stehen zu Buche. Aus dem umfangreichen literarischen Werk seien stellvertretend die Balladen »Der Taucher«, »Die Kraniche des Ibykus« oder das Gedicht »Die Glocke« genannt. 1797 kaufte sich Schiller ein Wohnhaus am Löbdertor – sein insgesamt viertes Domizil in Jena –, wo er die Arbeit am *Wallenstein* beendete. Durch eine

Goethezeichnung von 1810 ist auch Schillers Garten, in dessen Eckgebäude der Dichter gern arbeitete, als ein literarischer Ort überliefert. An den Minister Christian Gottlob von Voigt schrieb Schiller am 6. April 1795: »Jetzt endlich kann ich mich mit völliger Gewißheit als einen Bürger der hiesigen Universität betrachten, und alle Gedanken, Jena zu verlassen, sind nun auf immer verbannt. Kein Ort in Deutschland würde mir das sein, was Jena und seine Nachbarstadt mir ist, denn ich bin überzeugt, daß man nirgends eine so wahre und vernünftige Freiheit genießt und in einem so kleinen Umfang so viele vorzügliche Menschen findet.«

Aus Anlaß des 175. Geburtstags des Dichters am 10. November 1934 erhielt die Salana den Ehrennamen »Friedrich-Schiller-Universität«, die sich heute dem humanistischen Erbe des Namensgebers besonders verpflichtet fühlt. Der nationalsozialistische Hintergrund der Namensgebung soll hier allerdings nicht weiter ausgeleuchtet werden.

Wie intensiv das geistige Leben in Jena in der zweiten Hälfte der 90er Jahre war, beleuchtet schlaglichtartig ein Briefpassus Goethes an Knebel vom 28. März 1797:

»Schiller ist fleißig an seinem Wallenstein, der ältere Humboldt arbeitet an der Übersetzung des Agamemnon von Aeschylus, der ältere Schlegel an einer des Julius Cäsar von Shäkespear, und indem ich so sehr Urache habe über die Natur des epischen Gedichts nachzudenken, so werde ich zugleich veranlaßt auch auf das Trauerspiel aufmerksam zu seyn, wodurch denn manches besondere Verhältniß zur Sprache kommt.

Dabey bringt noch die Gegenwart des jüngern von Humboldt, die allein hinreichte eine ganze Lebensepoche interessant auszufüllen, alles in Bewegung was nur chemisch, physisch und physiologisch interessant seyn kann, so daß es mir manchmal recht schwer ward mich in meinen Kreis zurück zu ziehen.

Nimmst du nun dazu daß Fichte eine neue Darstellung seiner Wissenschaftslehre, im Philosophischen Journal, herauszugeben anfängt, und daß ich, bey der speculativen Tendenz des Kreises in dem ich lebe, wenigstens im Ganzen Antheil daran nehmen muß, so wirst du leicht sehen, daß man manchmal nicht wissen mag wo einem der Kopf steht ...«

Mit dem »älteren Schlegel« fällt der Blick auf die zweite große literarische Gruppierung neben dem Goethe-Schiller-Kreis in Jena: die Frühromantiker. Im Zentrum standen August Wilhelm Schlegel und seine Frau Caroline, die im Sommer 1786 an die Saale gekommen waren und am Löbdergraben ein Haus bezogen. Zum Kreis gehörten weiterhin Dorothea Veit, Friedrich Schlegel, Friedrich von Hardenberg (Novalis), der junge Schelling, zeitweilig auch Ludwig Tieck und der Naturwissenschaftler Johann Wilhelm Ritter. In der Zeitschrift *Athenäum* trugen sie ihre Lebensvorstellungen, ihre poetischen und philosophischen Gedanken an die Öffentlichkeit. Die Frühromantiker, die in einer Art intellektueller Kommune zusammenlebten, predigten und praktizierten einen grenzenlosen Individualismus, was zwangsläufig auch zu Konflikten mit den gesellschaftlichen Konventionen führen mußte. Besonders das Leben der selbstbewußten Caroline, die vielgeliebte unter den Romantikern, geborene Michaelis, verwitwete Böhmer, geschiedene Schlegel, neuverheiratete Schelling, intellektuell, schriftstellerisch begabt und spitzzüngig, galt vielen Bürgern als skandalumwittert.

Die eigentlichen Domizile der Schlegels, zunächst am Markt, dann zwischen der Leutragasse und der Brückengasse, haben sich nicht erhalten. Das sogenannte »Romantikerhaus«, heute eines der bekanntesten und beliebtesten Museen Jenas, in dem das Erbe der Frühromantiker gepflegt und vermittelt wird, ist das Wohnhaus des Philosophen Johann Gottlieb Fichte gewe-

Schiller, Wilhelm und Alexander von Humboldt und Goethe in Jena,
Holzstich von Andreas Müller, undat.

sen, der Jena im Sommer 1799 wegen des sogenannten Atheis-
musstreits bereits verlassen hatte. Das literarische und gesellige Treiben der Frühromantiker spielte sich 1799 im Quartier
zwischen Rathausgasse, Leutragasse, Brückengasse und Col-
legiengasse ab; keines der alten Häuser existiert noch im Ori-
ginalzustand.

Die Männer und Frauen um Friedrich August und Caroline
Schlegel waren sich wohl bewußt, Mitlebende einer Zeiten-

wende zu sein. Sie suchten neue Wege in die Zukunft, und das keineswegs nur auf literarischen Bahnen. Friedrich von Hardenberg etwa, der sich als Schriftsteller das programmatische Pseudonym Novalis (der das Neuland Bestellende) gab und dessen 200. Todestag sich 2001 jährte, wurde mit seinem Romanfragment *Heinrich von Ofterdingen* und der darin beschworenen »Blauen Blume« geradezu zum Stammvater der Romantik. Er studierte in Freiberg Mineralogie und ist in seiner nur kurzen Tätigkeit als Bergbauingenieur an verschiedenen Orten Thüringens und Westsachsens tätig gewesen, bevor er – erst 29jährig – in Weißenfels am 25. März 1801 an einem Lungenleiden starb. Noch kurz vor seinem Tod wurde er zum Amtshauptmann des Thüringer Bergkreises ernannt. In seinem tätigen Leben folgte er einem universalistischen Anspruch, Schriftstellerei war ihm keinesfalls wichtiger als das praktische Leben. Der Tod seiner jungen Verlobten Sophie von Kühn 1797 und einiger Brüder hat bei der zunehmenden Tendenz zur Verinnerlichung in seinen Texten eine wichtige Rolle gespielt, aber gravierender noch war der von ihm schmerzlich erlebte Gegensatz zwischen der zeitgenössischen Wirklichkeit und den Lebens- und Kunstansprüchen des Individuums. Seine *Hymnen an die Nacht*, 1800 im *Athenäum* erschienen, spiegeln seine Erlösungs- und Todessehnsucht, stellen Krankheit und »das Wunderreich der ewigen Nacht« dem unbefriedigenden, prosaischen Leben gegenüber. Seiner tiefempfundenen Religiosität entsprach es, in allem Geheimnisvollen, Wunderbaren und Märchenhaften den eigentlichen Kern der Poesie zu erblicken – sein Symbol der »Blauen Blume«. Mit ihrer Sensibilisierung des problematischen Verhältnisses zwischen modernen Menschen (in der heraufdämmernden kapitalistischen, von Maschinen beherrschten Welt) und zunehmend vereinnahmter (und gnadenlos ausgebeuteter) Natur stehen die Frühromantiker am Anfang einer neuen Weltsicht, die heute höchst modern und aktuell anmutet und z. B. prononciert ökologisches Denken einbezieht.

August Wilhelm Schlegel, ein zweites Beispiel, übersetzte in wenigen Jahren, unterstützt von seiner Frau Caroline, 16 Dramen Shakespeares und hat damit der Rezeption englischer klassischer Literatur in Deutschland einen nicht überschätzbaren Dienst erwiesen. Varnhagen von Ense hat die intellektuell höchst beweglichen, streitbaren und vielseitigen Frühromantiker in Jena später als »Jakobiner der Poesie« bezeichnet. Im Jahr 1800 zerfiel ihre Jenenser Gruppierung an zunehmenden inneren Widersprüchen und äußerer Ablehnung; in Philosophie, Literatur und Kunst haben ihre fruchtbaren Impulse jedoch weitergewirkt.

Mit 24 Jahren kam Friedrich Hölderlin Anfang November 1794 nach Jena. Schiller, der große Landsmann, hatte ihn magisch angezogen. Beide lernten sich im September 1793 in Ludwigsburg kennen, und Schiller empfahl ihn dann der Charlotte von Kalb in Waltershausen als Erzieher ihres Problemsohnes Fritz, eine Aufgabe, an der Hölderlin schier zu verzweifeln drohte. Ende 1794 konnte er sich dieser quälenden Bürde entziehen. In Jena suchte sich der junge Dichter ein schönes Domizil nahe der Zwätzengasse, siedelte dann aber Anfang 1795 in die Nähe des Fichteschen Hauses um, wo er als freier Schriftsteller lebte. Von Anfang an besuchte er fleißig und regelmäßig die Vorlesungen des Philosophen und trieb seine wissenschaftlichen und poetischen Studien weiter. Daneben beschäftigte er sich mit seinen eigenen konkreten literarischen Plänen: Vorstufen des späteren *Hyperion*-Romans wurden zu Papier gebracht. Trotz karger Lebensführung scheint drükkende Finanznot die Ursache gewesen zu sein, nochmals das Quartier zu wechseln. Hölderlin ging auf das Angebot seines

*Friedrich Hölderlin
(1770–1843),
Pastellbild von Franz
Karl Hiemer, 1792*

Freundes Isaak von Sinclair ein und bezog ein offenbar sehr einsam und naturnah auf dem Hausberg liegendes Gartenhäuschen, wo er noch bis Mai 1795 zwei ihn beglückende Frühlingsmonate verbrachte. Im Brief an Christian Ludwig Neuffer vom 28. April 1795 lobte er seine idyllische Dichterklause: »Jetzt genieß ich den Frühling. Ich lebe auf einem Gartenhause, auf einem Berge, der über der Stadt liegt und wovon ich das ganze herrliche Tal der Saale überschaue. Es gleicht unserm Neckartale in Tübingen, nur daß die jenischen Berge mehr Großes und Wunderbares haben. Ich komme beinahe gar nicht unter die Menschen.«

Hier auf dem Hausberg fand er die Stimmung für das Gedicht
»An die Natur«, das einzige, das in Jena entstand:

> Da ich noch um deinen Schleier spielte,
> Noch an dir, wie eine Blüte, hing,
> Noch dein Herz in jedem Laute fühlte,
> Der mein zärtlichbebend Herz umfing,
> Da ich noch mit Glauben und mit Sehnen
> Reich, wie du, vor deinem Bilde stand,
> Eine Stelle noch für meine Tränen,
> Eine Welt für meine Liebe fand.
>
> Da zur Sonne noch mein Herz sich wandte,
> Als vernähme seine Töne sie,
> Und die Sterne seine Brüder nannte
> Und den Frühling Gottes Melodie,
> Da im Hauche, der den Hain bewegte,
> Noch dein Geist, dein Geist der Freude sich
> In des Herzens stiller Welle regte,
> Da umfingen goldne Tage mich.

Ende Mai fanden diese »goldnen Tage« ein abruptes Ende.
Sinclairs Verwicklung in die gewaltsamen Studententumulte
vom 27. Mai 1795 und drohende Konsequenzen mögen ein
Auslöser für die überstürzte Abreise Hölderlins aus Jena im
Juni gewesen sein.

Jan Kollár, ungarischer Slowake, später protestantischer Pastor
in Ofen, Dichter und Begründer des literarischen Panslawis-
mus, studierte von 1817 bis 1819 in Jena. Es waren bewegte
Jahre mit historisch weitreichenden Ereignissen. In der Folge
der Befreiungskriege und der damit verbundenen nationalen
Euphorie kam es am 12. Juni 1815 in der »Grünen Tanne« zu

Jena, einem beliebten Studententreffpunkt, zur Gründung der Urburschenschaft. Ab diesem Zeitpunkt galten die Landsmannschaften als aufgelöst. Die dabei beschlossene Verfassungsurkunde wurde bezeichnenderweise mit Ernst Moritz Arndts 1813 entstandenem, den Lützower Jägern gewidmeten Lied »Was ist des Deutschen Vaterland?« eingeleitet. Am 19. Oktober 1818, ein Jahr nach dem aufsehenerregenden Wartburgtreffen, kam es, wiederum in Jena, zur Gründung der Allgemeinen Deutschen Burschenschaft, an der sich Studenten von 14 deutschen Universitäten beteiligten. Über die damalige Begeisterung unter den Jenenser Studenten ist folgender Bericht Kollárs höchst aufschlußreich:

»Als wir nach Jena gekommen waren, quartierten wir uns im Gasthause ›Zum wilden Bären‹ ein, wo sich einst Luther und Melanchthon aufhielten, aber schon am folgenden Tage zogen wir in der Früh aus. Ganz Jena war voll von Studenten, deren sich damals einige tausend angesammelt hatten. Am zweiten oder dritten Tage führte uns eine ganze Menge nach Kunitz, wo der erste Commers abgehalten werden sollte. Das ist ein Dorf an der Saale unter Jena ungefähr eine Stunde Weges und seit alten Zeiten berühmt durch die Kunitzer Eierkuchen. Schon auf dem Wege über die Wiesen wurden für mich neue und nie gehörte akademische Lieder gesungen, z. B. ›Ich lobe mir das Burschenleben‹ usw. In Kunitz waren das Gasthaus und der Garten mit Studenten angefüllt. Auf einmal entstand eine große Stille, und es wurde mit ernster, würdiger und majestätischer Stimme das Lied ›In dieser feierlichen Stunde‹ gesungen. Dann nahm man mit Bier gefüllte Pokale in die Hand, und nach einem Moment küßten und umarmten sich alle durcheinander wie Brüder, und von dieser Zeit an duzten sich alle hier Anwesenden. Der Platz von Jena, wo es immer von Studentenhaufen wimmelt, ist viereckig. Manchmal bilden die

Studenten bei Tag und namentlich abends eine Kette, indem sie sich bei den Händen nehmen und von einem Ende zum andern auf- und abziehen und dabei die Nationallieder, namentlich jenes ›Was ist des Deutschen Vaterland?‹ anstimmen. …

Der Bürger in Jena ist in der That ein armes, vor dem Burschen sich erniedrigendes und von ihm abhängiges Geschöpf, weshalb es in Jena eigentlich kein Bürgerleben gibt, denn es wird vom akademischen Leben verschlungen. Wenn aber dennoch hie und da Raufereien zwischen Burschen und Bürgern oder Gesellen und Handwerkern entstehen, so ertönt sofort das schreckliche ›Bursche heraus!‹ durch ganz Jena, und in dem Augenblicke zittert die ganze Stadt, denn die Studentenschaft zieht bewaffnet dahin und siegt gewiß. Beim Ausbruch eines Feuers z. B. oder bei der Ausschließung eines Burschen hat ein jeder Bursch den sogenannten ›Ziegenhainer‹, d. h. einen knorrigen, aus hartem Holz, das im Dorfe Ziegenhain wächst, gebrannten Stock bei sich. Mit diesem Prügel schlägt er auf das Pflaster, was einen schrecklichen unterirdischen Lärm und einen durch die ganze Stadt sich verbreitenden Widerhall hervorruft. Die Burschen versammeln sich am Marktplatz und ziehen, wohin die Noth ruft. Ihren beliebten und verehrten Professoren bringen sie an Namens- und Geburtstagen oder auch bei anderen Gelegenheiten Ständchen mit Musik, bei welcher Gelegenheit Reden gehalten werden. Wen sie noch mehr auszeichnen und feiern wollen, dem zu Ehren pflanzten sie vor seinem Haus, an einem kleinen Platze oder anderswo an geeigneter Stätte einen jungen Baum, besonders eine Eiche, die zur Erinnerung mit dem Namen des Mannes getauft wird, und zwar unter großen Vorbereitungen und Ceremonien. Damit wurden zu meiner Zeit Oken und Fries geehrt, weil sie auf der Wartburg waren …«

Kollár heiratete später Friederike Schmidt, eine Pfarrerstochter aus Lobeda, einem malerischen Dörfchen nahe Jena.

Die Dornburger Schlösser

Die romantisch über dem Fluß thronenden drei Dornburger Schlösser, eine Stunde saaleabwärts von Jena gelegen, waren das häufige Ziel sowohl von Weimarer als auch Jenenser Land- und Lustpartien. Namentlich Goethe, Carl August und die Hofgesellschaft hielten sich seit 1776 öfter hier auf; 1824 erwarb der Großherzog das Renaissanceschloß und richtete es für sich ein. So war es durchaus von symbolischer Bedeutung, daß sich Goethe, tief erschüttert, hierher zurückzog, nachdem der Lebensfreund am 14. Juni 1828 auf der Rückreise von Berlin überraschend in Graditz bei Torgau gestorben war.

Unfähig, den Trauerfeierlichkeiten in Weimar beizuwohnen, floh Goethe in die Abgeschiedenheit des Dornburger Renaissanceschlosses, wo er sich in den ersten Wochen vor der Außenwelt vollständig abschirmte, um den Schmerz zu verarbeiten. Der Aufenthalt währte vom 7. Juli bis zum September, umgeben von Weinbergen, freundlichen, hilfsbereiten Menschen und der beschwichtigenden Schönheit der tröstenden Natur. So wurde der Dornburger Sommer 1828 eine arbeitsreiche und zugleich beruhigende Zeit in Goethes Leben. Botanische Werke, Schriften über den Weinbau, Journale zum Zeitgeschehen konnten konzentriert gelesen und ruhig durchdacht werden; es entstanden kleinere Aufsätze zum Weinstock, zur Glokkenblume, gestützt durch praktische Anschauung, sowie das autobiografische Vorwort zu seinen botanischen Studien. Intensiv widmete er sich der Beobachtung des Wetters. »Also sitz ich hier auf dieser Felsenburg«, schrieb er am 18. August an den

Die Dornburger Schlösser, Fotografie von Sigrid Geske

»Urfreund« Knebel, »von der aufgehenden Sonne geweckt, mit der scheidenden gleichfalls Ruhe suchend, den Tag über in gränzenloser, fast lächerlicher Thätigkeit.« Natürlich gehörte die geliebte Geologie zu seinen Beschäftigungen, und es freute die Dornburger, wenn sie den rüstigen Alten, mit dem Steinhammer bewaffnet, an den Felsen klopfen sahen.

Da ihm das Gasthausessen nicht zusagte, ließ er sich von der Frau des sympathischen Hofgärtners und Kastellans Carl August Christian Sckell versorgen. Zu Ende seines Aufenthalts war ein regelrechtes Kommen und Gehen von Verwandten und Freunden aus Jena und Weimar zu verzeichnen. Schon am 13. August schrieb er an Frédéric Soret, daß er »in Dornburg eines lange nicht gekannten körperlichen Wolseyns genieße und daß der Geist auch wieder auf eine freyere Thätigkeit hoffen darf.«

Die Krise durch den Tod von Carl August war überwunden. Zwei Gedichte, »Dem aufgehenden Vollmonde« und »Dornburg, September 1828«, künden vom wiedergefundenen Gleichgewicht des Dichters und fangen die Stimmung dieser Dornburger Wochen ein.

Die klassische Zeit Jenas dauerte, wenn man sie denn an Personen festmachen möchte, noch etwas länger als in Weimar, wo sie mit Goethes Tod 1832 endete. Denn um zwei Jahre überlebte ihn Karl Ludwig von Knebel, der seit 1784 und nach einem kurzen Ilmenauer Zwischenspiel ab 1805 endgültig in Jena lebte. Seit 1821 bewohnte er mit seiner Familie ein behagliches Haus am »Paradies«, das ihm seine Freunde geschenkt hatten. Der exzellente Kenner der zeitgenössischen deutschen Literatur, der Properz- und Lukrezübersetzer galt zwar als Randfigur der Klassik, wurde aber als »Hebamme guter Gedanken« – womit Herzog Carl August vor allem gute literarische Einfälle meinte – sehr geschätzt. Knebels eigene Gedichte, in den zwanziger Jahren herausgegeben, erlangten keine große Resonanz. Am 23. Februar 1834 starb der fast 90jährige in Jena, der allerletzte Jugendgefährte Goethes, mit diesem befreundet seit 1774. »Dem theuren Lebensgenossen von Knebel« schrieb Goethe »zum 30. November 1825«, zu dessen 79. Geburtstag, die schlichten Verszeilen:

> Dir in's Leben, mir zum Ort
> Leuchtete dasselbe Zeichen.
> Und so ging, so geh' es fort
> Unsrer Freundschaft sonder gleichen.

Nicht die Dichter und Literaten, sondern Wissenschaftler, Erfinder und Ingenieure drückten dem Jena der zweiten Hälfte des 19. Jahrhunderts ihren Stempel auf: Ernst Haeckel, Otto

Schott, Ernst Abbe und Carl Zeiss. Jena, die Universitätsstadt, wurde zugleich eine bedeutende Industriestadt. Auf die literarisch namhaften Besucher der Saalestadt und ihrer Umgebung in diesen Jahrzehnten, darunter Friedrich Nietzsche, der 1882 im nahen Tautenburg mit der Schriftstellerin Lou von Salomé zusammentraf, oder Gerhart Hauptmann, der 1883 in Jena weilte, soll hier nicht weiter eingegangen werden. Blicken wir also ins 20. Jahrhundert.

Johannes R. Becher, Sohn eines Münchner Oberlandgerichtspräsidenten, früh ergriffen von einem radikalen Gesellschafts- und Vater-Haß, hat ein wechselvolles Leben verbracht. Nach dem Vorbild des Doppelselbstmords Heinrich von Kleists und Henriette Vogels am 21. November 1811 versuchte er im April 1910, seiner älteren Freundin Franziska Fuß und sich das gleiche Schicksal zu bereiten – nur er überlebte. Dieser Tod steht am Anfang seines Dichterlebens. Unruhe, Protest, Umsturz – das sind die herausgeschrieenen Losungsworte der jungen expressionistischen Schriftstellerbohème, zu der Becher in Berlin und München gehörte. Etwa seit 1914 war er dem Morphium verfallen; Leben als potenzierter Rausch schloß das gezielte Ausreizen von menschlichen Grenzsituationen ein. In Jena, wo er im Juli 1916 erstmals auftauchte, ließ er sich in den Folgejahren mehrfach in die psychiatrische Klinik von Geheimrat Otto Binswanger, einem der renommiertesten Psychiater Europas, einweisen, um seiner Sucht Herr zu werden. Ohne die Unterstützung von Freunden, so Harry Graf Kessler, Else Hadwiger, Katharina und Anton Kippenberg, Mechtilde Fürstin Lichnowsky, die an sein literarisches Talent glaubten, hätte der junge Becher diese Zeit vermutlich nicht überlebt. Die Verbindung zum Insel-Verlag und das Stipendium der Freunde gaben ihm materiellen Halt. Nach diesen Jenaer Sanatoriums-Aufenthalten und dem Versuch von 1918, ein Medizinstudium in Jena zu beginnen, begann Becher sich etwa ab Anfang der zwanziger Jahre zum politischen Dichter zu wandeln. 1919 war er in die KPD eingetreten, ab 1923 widmete er sich verstärkt seiner Parteiarbeit, in deren Dienst er fortan seine Dichtung stellte. Seine expressionistischen Gedichte übertreffen bei weitem seine ideologisch gefärbten Werke.

Von 1936 bis 1946 lebte die Historikerin und Schriftstellerin Ricarda Huch in Jena. Sie folgte ihrer Tochter Marietta und dem Schwiegersohn Franz Böhm, einem Juristen, der an die Universität berufen worden war. Sie war 1933 unter Protest gegen das »Reich der Hölle« aus der Preußischen Akademie der Künste ausgetreten, in die man sie erst 1930 als erste Frau aufgenommen hatte. 1932 hatte sie den Goethe-Preis der Stadt Frankfurt erhalten. Als poetisch-wissenschaftliche Autorin großer historischer Stoffe, so z. B. mit ihrer dichterischen Darstellung des Dreißigjährigen Krieges oder mit einfühlsamer Sachprosa, etwa zur Romantik, hatte sie sich einen hervorragenden literarischen Ruf erworben. Goethe und Gottfried Keller, über den sie eine Biografie verfaßte, verehrte sie als ihre Vorbilder. Seit September 1939 bewohnte sie mit der Familie ein Haus am Oberen Philosophenweg (heute Ricarda-Huch-Straße). Am 18. März 1945 schrieb sie nach einer Bombennacht an Anton Kippenberg: »Hier ist das Haus am Markt ganz zerstört, in dem die erste Begegnung Goethes mit Schiller stattgefunden hat. Unser kleines Jena könnte in einer Viertelstunde völlig vernichtet sein, und vielleicht kommt es noch so.« Eine düstere Ahnung, die sich schon am Tag darauf als wahr herausstellen sollte. In dem autobiografischen Text *Tag in Jena 1945* hat sie die Todesstunde des altehrwürdigen historischen Stadtzentrums am 19. März – Weimar erlebte seinen schlimmsten Angriff schon am 9. Februar – festgehalten:

Ricarda Huch (1864–1947), Fotografie von Veritas, 1924

»Früher waren die großen Angriffe bei Nacht, Anfang 1945, als es keine Abwehr mehr gab, fanden sie am Tage statt. Wir hatten schon mehrere schaudernd erlebt, als am 19. März jener furchtbare hereinbrach, der die Innenstadt Jenas vollständig zerstörte. Er kam nicht überraschend, denn man hatte einige Tage vorher feindliche Flieger beobachtet, die fotografierten, und man wußte, was bevorstand. Als um elf Uhr der Voralarm kam, machten wir uns zusammen auf den Weg, meine Tochter, mein Enkel und ich. Mein Enkel gehörte als Sanitäter mit dem Titel Rottwachtmeister zu der Hilfspolizei, die bei Fliegerangriffen etwaigen Verletzten die erste Hilfe zu leisten hatte, und mußte bei dem Alarm, nachts wie am Tage, sich bei der Polizeistation einfinden, der er zugeordnet war. Er war damals fünfzehn Jahre alt, fast noch ein Kind, aber groß und kräftig. Seine Station, ein großes Schulhaus, liegt unterhalb unserer Wohnung, etwa fünf Minuten entfernt. Wir gingen ein paar Schritte zusammen, dann mußten wir uns trennen: er legte seine Hand auf meinen Arm, sagte Lebewohl oder auf Wiedersehen und sah mich mit seinen schönen schwarzen Augen an; dann lief er in großen Sprüngen seinen Weg abwärts. Mir schnürte sich die Kehle zusammen, ich wagte nicht, meine Tochter anzusehen. Es war wieder kalt geworden, vom Frühling hatte uns nur geträumt. Der volle Alarm folgte dem Voralarm schnell, wir mußten sogleich in den Keller. …

Das dumpfe Rauschen der Todesmaschinen jagte ununterbrochen über uns hin, es waren offenbar sehr viele, und sie flogen sehr tief. … Das Fliegergeräusch wurde immer lauter, immer drohender. Das Gespräch verstummte …

Dann kam etwas Entsetzliches, Unbeschreibliches; ein langgezogenes, zischendes Pfeifen. – Das ist das Zeichen: im nächsten Augenblick werden wir tot oder zerfleischt und doch noch lebend sein. Die rasselnde Schlange stürzt sich auf ihr gelähmtes Opfer, um es in ihrer ekelhaften Umarmung zu erdrücken. Ein Krachen wie Weltuntergang – das war ein sogenannter Bombenteppich, keine einzelne Bombe. Das elektrische Licht ging aus, es wurde dunkel; stillschweigend wurde eine mitgebrachte Kerze entzündet. Wenn man Krach hört, ist man gerettet, aber nur für einen Augenblick; das mörderische Rasseln geht weiter. Wir sind im Rachen des Todes, da ist kein Entrinnen. Es wird lauter und lauter, kommt näher und näher – wieder das mordlustige Pfeifen und dann der tödliche Krach. Hat es uns diesmal nicht getroffen, so trifft es das nächstemal um so sicherer; es scheint gerade auf unser Haus zu zielen. …

Wenn nur das fürchterliche, an den Nerven zerrende Getöse der Flieger eine Minute, einen Augenblick aufhörte! Endlich,

endlich wird es schwächer, hört es ganz auf. Sollte es vorüber sein?

… eine neue Fliegerstaffel näherte sich, das grausame Spiel begann von neuem. Wir waren schon fast zwei Stunden lang im Keller, und noch eine Stunde lang ging es so weiter. Unwillkürlich duckten wir uns tief, wenn das Pfeifen kam; am liebsten hätten wir uns auf den Boden geworfen und laut geschrien. ›Hört es gar nicht auf?‹ fragte meine Tochter mit einer seltsam kleinen Stimme. ›Doch, einmal wird es aufhören‹, sagte Frau von Haller und versuchte einen zuversichtlichen Klang in die Worte zu legen. Ich sah sie an: Ihr Gesicht schien mir kreidig weiß und sonderbar verändert. War eine Ohnmacht oder ein Weinkrampf im Anzuge? Nein, sie blieb ganz ruhig. Das Hündchen Struppi, das sich an ihre Füße geschmiegt hatte, zitterte am ganzen Körper; ich nahm es auf und streichelte es. Es winselte leise und hörte nicht auf zu zittern. ›Ich kann es nicht länger aushalten‹, sagte meine Tochter. Ich dachte an die vergangene Zeit, als sie klein war und sich vor dem Gewitter fürchtete. Wie lange, wie unendlich lange war das her, und wie glücklich waren wir damals! Wie herrlich war das himmlische Donnergrollen gegen das mordlustige Brüllen der Maschinen! Laß mich in die Hände des Herrn fallen, sagte König David, ich will nicht in die Hände der Menschen fallen. …

Da kam unverhofft die Entwarnung. Wir verabschiedeten uns und gingen nach Hause. Hatten wir denn noch ein Haus? Ja, da stand es, wenn es auch stark gewackelt hatte, denn die Fensterscheiben waren zerbrochen und Kalk war von den Wänden gefallen, es hatte tapfer ausgehalten und empfing uns mit vertrauter Geborgenheit. Es war wie sonst, nur daß mir alles weit weg zu sein schien und eine feierliche Unwirklichkeit hatte.

Das Feuer im Öfchen brannte noch, um drei konnten wir essen. Mein Enkel kam erst nach zehn. Seine Station war getroffen, aber er lebte. Die Stadt stand in Flammen.«

Zahlreiche Ämter nahm die Hochbetagte nach 1945 noch an, um am Prozeß der Demokratisierung Deutschlands teilzunehmen. Zu ihrem 82. Geburtstag erhielt sie den philosophischen Ehrendoktor der Jenenser Universität. 1947 verließ sie die Stadt heimlich; die zunehmenden Restriktionen in der Sowjetischen Besatzungszone ließen sie diesen Schritt gehen. Am 17. November 1947 starb Ricarda Huch in Schönberg am Taunus.

Das menschenverachtende, inhumane System der Naziherrschaft, z. B. im KZ Buchenwald, das Ernst Wiechert im *Totenwald* beschrieben hatte, rächte das Schicksal schrecklich in Form des alliierten Lufterrors, mit dem Tod und Verderben über die deutsche Zivilbevölkerung hereinbrachen und unersetzliche Kulturschätze vernichtet wurden.

Die Kriegswunden der Jenaer Altstadt sind vernarbt, aber deutlich sichtbar. Die »Keksrolle«, wie das runde, stadtbildbeherrschende ehemalige Universitätshochhaus von der Bevölkerung genannt wird, erhebt sich dort, wo einst die mittelalterlichen Gassen und krummen Straßen der Altstadt verliefen. Unweit von diesem modernen Hochhaus steht schief der altehrwürdige »Pulverturm«, ein Rest der mittelalterlichen Stadtbefestigung, und im benachbarten »Haus auf der Mauer« residiert u. a. die »Thüringische literaturhistorische Gesellschaft Palmbaum e.V.«, an deren vielfältigem Wirken auch zeitgenössische Autoren und Schriftsteller beteiligt sind.

6. Kapitel

Von Rudolstadt über Gera nach Altenburg

Die Residenzstadt Rudolstadt

Südwestlich von Jena, immer der Saale flußaufwärts folgend, erreicht man Rudolstadt. Wenn Erfurt als Blumen-, Dom- und Lutherstadt gilt, Weimar als Klassikerstadt, wenn Jena Universitäts- und Zeissstadt, Sondershausen die Musikerstadt ist, so hat Rudolstadt solcherlei historische Attribute nicht. Die schwarzburgische Residenz liegt – das ist durchaus symbolisch zu verstehen – in Thüringens und Deutschlands Mitte. Die Grafen und nachmaligen Fürsten von Schwarzburg-Rudolstadt waren es, die dem Ort Glanz und Ausstrahlung verliehen. Seit 1527 herrschte in Rudolstadt und auf der über der Stadt thronenden Heidecksburg Graf Heinrich, Sohn des Grafen Günther XXXVII. Gemeinsam mit seiner Gattin, der hennebergischen Gräfin Katharina, führte er 1532 offiziell die Reformation ein. Den Beinamen »die Heldenmütige« erwarb sich die zu diesem Zeitpunkt bereits verwitwete Gräfin im Jahre 1547 mit einem legendären Auftritt gegenüber dem Herzog Alba. Schiller, der von dieser Begebenheit während eines Rudolstädter Aufenthalts 1788 erfuhr, hat die köstliche Anekdote in seiner kleinen Erzählung *Herzog von Alba bei einem Frühstück auf dem Schlosse zu Rudolstadt. Im Jahre 1547* festgehalten und im *Teutschen Merkur* vom gleichen Jahr abdrucken lassen:

»Eine teutsche Dame aus einem Hause, das schon ehedem durch Heldenmut geglänzt und dem teutschen Reich einen Kaiser gegeben hat, war es, die den fürchterlichen Herzog von Alba durch ihr entschlossenes Betragen beinahe zum Zittern gebracht hätte. Als Kaiser Karl V. im Jahr 1547 nach der Schlacht bei Mühlberg auf seinem Zuge nach Franken und Schwaben auch durch Thüringen kam, wirkte die verwitwete Gräfin Katharina von Schwarzburg, eine geborne Fürstin von Henneberg, einen Sauve-Garde-Brief bei ihm aus, daß ihre Untertanen von der durchziehenden spanischen Armee nichts zu leiden haben sollten. Dagegen verband sie sich, Brot, Bier und andre Lebensmittel gegen billige Bezahlung aus Rudolstadt an die Saalbrücke schaffen zu lassen, um die spanischen Truppen, die dort übersetzen würden, zu versorgen. Doch gebrauchte sie dabei die Vorsicht, die Brücke, welche dicht bei der Stadt war, in der Geschwindigkeit abbrechen und in einer größern Entfernung über das Wasser schlagen zu lassen, damit die allzugroße Nähe der Stadt ihre raublustigen Gäste nicht in Versuchung führte. Zugleich wurde den Einwohnern aller Ortschaften, durch welche der Zug ging, vergönnt, ihre besten Habseligkeiten auf das Rudolstädter Schloß zu flüchten.

Mittlerweile näherte sich der spanische General, von Herzog Heinrich von Braunschweig und dessen Söhnen begleitet, der Stadt, und bat sich durch einen Boten, den er voranschickte, bei der Gräfin von Schwarzburg auf ein Morgenbrot zu Gaste. Eine so bescheidene Bitte, an der Spitze eines Kriegsheers getan, konnte nicht wohl abgeschlagen werden. Man würde geben, was das Haus vermöchte, war die Antwort; Seine Exzellenz möchten kommen und vorlieb nehmen. Zugleich unterließ man nicht, der Sauve-Garde noch einmal zu gedenken, und dem spanischen General die gewissenhafte Beobachtung derselben ans Herz zu legen.

Ein freundlicher Empfang und eine gut besetzte Tafel erwarteten den Herzog auf dem Schlosse. Er muß gestehen, daß die thüringischen Damen eine sehr gute Küche führen und auf die Ehre des Gastrechts halten. Noch hat man sich kaum niedergesetzt, als ein Eilbote die Gräfin aus dem Saal ruft. Es wird ihr gemeldet, daß in einigen Dörfern unterwegs die spanischen Soldaten Gewalt gebraucht, und den Bauern das Vieh weggetrieben hätten. Katharina war eine Mutter ihres Volks; was dem Ärmsten ihrer Unterthanen widerfuhr, war ihr selbst zugestoßen. Aufs äusserste über diese Wortbrüchigkeit entrüstet, doch von ihrer Geistesgegenwart nicht verlassen, befiehlt sie ihrer ganzen Dienerschaft, sich in aller Geschwindigkeit und Stille zu bewaffnen, und die Schloßpforten wohl zu verriegeln; sie selbst begibt sich wieder nach dem Saale, wo die Fürsten noch bei Tische sitzen. Hier klagt sie ihnen in den beweglichsten Ausdrücken, was ihr eben hinterbracht worden, und wie schlecht man das gegebene Kaiserwort gehalten. Man erwidert ihr mit Lachen, daß dies nun einmal Kriegsbrauch sei, und daß bei einem Durchmarsch von Soldaten dergleichen kleine Unfälle nicht zu verhüten stünden. ›Das wollen wir doch sehen‹, antwortete sie aufgebracht. ›Meinen armen Untertanen muß das ihrige wieder werden, oder bei Gott!‹ – indem sie drohend ihre Stimme anstrengte, ›Fürstenblut für Ochsenblut!‹ Mit dieser bündigen Erklärung verließ sie das Zimmer, das in wenigen Augenblicken von Bewaffneten erfüllt war, die sich, das Schwert in der Hand, doch mit vieler Ehrerbietigkeit, hinter die Stühle der Fürsten pflanzten und das Frühstück bedienten. Beim Eintritt dieser kampflustigen Schar veränderte Herzog Alba die Farbe; stumm und betreten sah man einander an. Abgeschnitten von der Armee, von einer überlegenen handfesten Menge umgeben, was blieb ihm übrig, als sich in Geduld zu fassen, und auf welche Bedingungen es auch sei, die beleidigte Dame zu versöhnen? Heinrich von Braunschweig faßte sich zuerst und brach in ein lautes Gelächter aus. Er ergriff den vernünftigen Ausweg, den ganzen Vorgang ins Lustige zu kehren, und hielt der Gräfin eine große Lobrede über ihre landesmütterliche Sorgfalt und den entschlossenen Mut, den sie bewiesen. Er bat sie, sich ruhig zu verhalten, und nahm es auf sich, den Herzog von Alba zu allem, was billig sei, zu vermögen. Auch brachte er es bei dem Letztern wirklich dahin, daß er auf der Stelle einen Befehl an die Armee ausfertigte, das geraubte Vieh den Eigentümern ohne Verzug wieder auszuliefern. Sobald die Gräfin von Schwarzburg der Zurückgabe gewiß war, bedankte sie sich aufs schönste bei ihren Gästen, die sehr höflich von ihr Abschied nahmen.

Ohne Zweifel war es diese Begebenheit, die der Gräfin Katharina von Schwarzburg den Beinamen der Heldenmütigen erworben. ...

Die Kirche zu Rudolstadt verwahrt ihre Gebeine.«

Als Folge der Schrecken des Dreißigjährigen Krieges, der in Rudolstadt fürchterliche Spuren hinterlassen hatte, wurde der Pietismus in der Residenz dominierend. Eine gefühlsbetonte Frömmigkeit und ein tätiges Christentum schienen den Menschen die einzig praktikable Alternative. Der in Jena ausgebildete und später dort auch lehrende Jurist Ahasverus Fritsch wurde 1657 an den Schwarzburger Hof berufen, wo er es bis zum Kanzler brachte. 1676 stiftete er die »Geistliche fruchtbringende Jesusgesellschaft«, in der er Mitglieder des Herrscherhauses, Adlige, Beamte und Geistliche vereinte. An die 300, zumeist lateinisch abgefaßte Schriften zu historischen, juristischen, literarischen und theologischen Fragen machten ihn in der deutschen Gelehrtenwelt bekannt. Ahasverus Fritsch starb 1707.

Im Lengefeldschen Haus in Rudolstadt (heute Schillerstraße 25) sind sich Goethe und Schiller am 7. September 1788 erstmals begegnet, hier erhielt Schiller im Sommer 1788 die Anregung zu seinem »Lied von der Glocke«, als er in der dortigen Gießerei miterlebte, wie die Glocke für die Stadtkirche St. Andreas gegossen wurde. In Volkstedt nahe Rudolstadt hat er die Monate von Mai bis November 1788 verbracht.

Die musische Atmosphäre der Saaleresidenz hängt, wie so oft bei thüringischen Residenzen, auch mit dem Wirken der 1635 erstmals erwähnten Hofkapelle zusammen. Philipp Heinrich Erlebach gilt als bedeutender deutscher Kapellmeister. Ende des 18. und Anfang des 19. Jahrhunderts waren es Traugott Maximilian Eberwein und Albert Methfessel, die das Musikleben der Stadt bereicherten. Im Festsaal des berühmten Hotels »Zum Ritter« ließen sie die Schöpfungen der Wiener Klassik, vor allem die Werke Ludwig van Beethovens, aufführen. Methfessel wurde auch als Lieddichter sehr populär. Das 1814 komponierte Lied »Hinaus in die Ferne, mit lautem Hörnerklang«, die Lieder »Der Gott, der Eisen wachsen ließ« oder »Stimmt an mit hellem hohem Klang« wurden über Jahrzehnte gern und oft gesungen, auch im »Ritter«. Arthur Schopenhauer hat hier im Jahre 1813 an seiner Dissertation geschrieben.

Viel weniger berühmt, aber umso beliebter bei seinen Landsleuten war der Mundartdichter Anton Sommer. Eigentlich war er, fünftes Kind eines fürstlichen Waldhornbläsers, Hauslehrer, Lehrer und dann Garnisonsprediger, aber er hatte die Gabe, den Originalen seiner Heimat aufs Maul zu schauen und Episoden, Eindrücke und Stimmungen in Rudolstädter Mundart niederzuschreiben (man muß sich diese Texte laut vorlesen, um ihrem Klang richtig nachspüren zu können). Ein Beispiel sei hier zitiert:

Mei Rudelstadt
Wenn aener onger'n Haine stiht
Un guckt salthierden ronger,
Wenn su in Frihling alles blüht
'n ganzen Tale nonger –
Das ös nur änne Pracht.
Wan da nach's Harze hopft und lacht,
Dar hat gar käns in Leibe. ...

Un wu d'r Barg ä Ende hat,
Salt scheint de liebe Sonne
Su freindlich rab off Rudelstadt,
Das ös nur änne Wonne.
Das läht su schmuck, su friedlich salt,
Su göbt's doch off d'r ganzen Walt
Ka zwätes Flackchen merre. ...

Ja gelle, dir gefällt's dahier,
Su haste's näch derhäme? –
Mei Rudelstadt, das lob ech mir
Un seine Barg' un Bäme.
Das ös nur änne wahre Pracht,
Wan da nech's Harze hopft un lacht,
Der hat gar käns in Leibe.

1888 starb der Heimatdichter, fast völlig erblindet, verehrt von seinen Landsleuten.

Mitte Juli 1911 kam der 18jährige Gymnasiast Rudolf Ditzen, Sorgenkind seiner Eltern, nach Rudolstadt. Oft kränkelnd, in einer träumerischen Scheinwelt lebend, war dem Jungen zwei Jahre zuvor in Leipzig ein dramatischer Unfall passiert: Ungebremst krachte er mit seinem Fahrrad in ein Pferdefuhrwerk,

Rudolf Ditzen
alias Hans Fallada
(1893–1947)

wurde am Kopf von Huftritten getroffen und anschließend vom schweren Gefährt überrollt. Ditzen, der sich in Rudolstadt seelisch und körperlich wiederherstellen sollte, verfiel dagegen in neue Depressionen. In der Saalestadt traf er den zwei Jahre jüngeren Hans-Dietrich von Necker wieder, einen Schulfreund aus früherer Berliner Zeit. Mit diesem Wiedertreffen nahm das Schicksal seinen Lauf: Beide hegten Selbstmordgedanken und tauschten sich darüber aus. Mit einem fingierten Duell wurde die Gymnasiastentragödie am Morgen des 17. Oktober 1911 eingeleitet. Bei dem nahe der Stadt gelegenen Dörfchen Eichfeld schossen die beiden Jungen mit scharfen Waffen aufeinander, wobei Necker tödlich getroffen wurde. Ditzen gab sich daraufhin selbst zwei Schüsse in die Brust und brach neben dem toten Freund zusammen. Ein herbeieilender Bauer fand die beiden. Rudolf Ditzen überlebte das furchtbare Geschehen. Im Gutachten von Professor Binswanger wurde dem 18jährigen eine Gemütsdepression mit ausgeprägten Zwangsvorstellungen attestiert. Solcherart als geisteskrank eingestuft, wurde der Patient im Februar 1912 in das Privatsanatorium Tannenfeld bei Gera eingeliefert. In der Stiftsgasse/Ecke Schloßaufgang IV, am ehemaligen Haus des damaligen Generalsuperintendenten Dr. Braune, erinnert heute eine Gedenktafel daran, daß hier der Gymnasiast Rudolf Ditzen gewohnt hat, der als Schriftsteller unter dem Namen Hans Fallada bekannt werden sollte. Romane wie *Kleiner Mann – was nun?*, *Wer einmal aus dem Blechnapf frißt* oder *Der eiserne Gustav* machten den Autor weltberühmt. Jahrzehntelang sich wiederholende Alkohol- und Rauschgiftexzesse führten Fallada tief nach unten, rauschhafte Arbeitswut, durch die seine Werke entstanden, wieder nach oben. Das Pseudonym, gebildet aus der Märchenfigur Hans im Glück und dem verzauberten Pferdekopf Falada, »der da hanget«, ist vieldeutig mit dem tatsächlichen Leben des Dichters vergleichbar. Mord und versuchter Selbstmord in Rudolstadt stehen am Anfang dieses von dramatischen Wendungen bestimmten Schriftstellerlebens.

Die Schriftstellerin Inge von Wangenheim, ehemalige Schauspielerin und Journalistin, 1912 in Berlin geboren, wechselte in der Mitte ihres Lebens, auf die Fünfzig zugehend, ihren Wohnort und zog von Berlin nach Rudolstadt, wo sie 14 Jahre lebte und arbeitete. »Das Dreieck Rudolstadt – Jena – Weimar wurde mir zum Schicksal«, urteilte sie selbst.

Seit 1960 wohnte sie in einem kleinen historischen Gebäude – über sich das Residenzschloß Heidecksburg, neben sich das spätbarocke Stadtschloß Ludwigsburg. Sie habe von Haus aus einen Hang zur Radikalität gehabt, bekannte die persönlich stets engagierte Autorin, und im »lieblichen« Thüringen habe sie eine wohltuende Erziehung zur »Toleranz und Liberalität« erfahren. Die Stoffe ihrer Bücher zog sie aus Geschichte und Gegenwart dieses Landes »der Schlösser und Burgen, der großen Wälder und grünen Matten, der offenherzigen, freisinnigen Bewohner mit der hohen Lebens- und Arbeitskultur«, wie sie euphorisch empfand. In der humorvollen Erzählung *Die hypnotisierte Kellnerin* hielt sie die kauzige Figur eines Rudolstädter Originals fest, der als beliebter und erzählfreudiger Wirt der »Coburger Bierstube« in die Stadtannalen einging, die Liebesgeschichte *Spaal* ist geografisch in Weimar und in der reizvollen Umgebung des Schlosses Kochberg angesiedelt, wo einst Goethe, Lenz und Charlotte von Stein auf- und anregende Zeiten miteinander verlebt hatten. Mehr als zwei Dutzend sehr lesenswerte, auch mit kritischen Hinweisen auf gesellschaftliche Realitäten in der damaligen DDR nicht geizende Bücher erschienen zwischen 1968 und 1990. Seit 1974 lebte sie in Weimar. Ihr letztes, zu Lebzeiten nicht mehr publiziertes Werk ist der 1988/89 entstandene Essay *Auf Germaniens Bärenfell*, heute als historisches Dokument der bewegten Wendejahre zu lesen. Der Text kündet ebenso von den humanistischen Überzeugungen wie vom tiefen Glauben an einen möglichen gesellschaftlichen Fortschritt, denen Inge von Wangenheim als Autorin stets nachfolgte, auch wenn sie von Illusionen und Enttäuschungen bis zuletzt nicht verschont blieb. Am 6. April 1993 starb sie in Weimar.

Saalfeld – Stadt der Feengrotten

Nur wenige Autokilometer südlich von Rudolstadt liegt Saalfeld. Noch vor Erreichen der Stadtgrenze passiert man das Denkmal für den gefallenen preußischen Prinzen Louis Ferdinand, der am 10. Oktober 1806 bei dem Dörfchen Wöhlsdorf in einem Vorhutgefecht gegen die Franzosen fiel, ein böses Omen für die Preußen, das sich vier Tage später in der Doppelschlacht von Jena und Auerstedt auf das schlimmste bestätigen sollte. Als kleine thüringische Residenz gehörte das Saalestädtchen, das wegen der farbenreichen Zauberwelt seiner Feengrotten weithin bekannt ist, bis 1826 zum Herzogtum Sachsen-Coburg-Saalfeld, danach zum Herzogtum Sachsen-Meiningen. Jahrhundertelang ist hier Alaunschieferabbau betrieben worden. Alaunsalze benötigte man in der Vergangenheit als Heilmittel sowie für das Gerben und Färben. Zwischen 1910 und 1913 wurden die unterirdischen Hohlräume – darunter der sogenannte »Märchendom« und die »Gralsburg« – entdeckt und seither von über 15 Millionen Gästen besucht. Historisch bedeutsam ist das um 1250 unter dem Patronat der Schwarzburger Grafen gegründete Franziskanerkloster; die Stadtgründung war bereits um 1180 erfolgt. Mittelalterliche Straßen und die Saale ließen Saalfeld bis ins 16. Jahrhundert am Fernhandel partizipieren. Besonders die Saaleflößerei – hier ist vor allem das »Flößerdorf« Uhlstädt zu erwähnen – spielte im Erwerbsleben der Flußanwohner eine wichtige Rolle. Der Bau der Eisenbahn Mitte des 19. Jahrhunderts ließ dieses alte, gefährliche Gewerbe, das nur kräftige und abgehärtete Männer gebrauchen konnte, allmählich aussterben.

Dieser stark geschichtsdurchtränkte Boden ließ die 1851 in der Mark Brandenburg, in Zielenzig (heute Sulęcic, Polen) geborene Marthe Renate Fischer zur Schriftstellerin reifen und lieferte ihr zugleich die Stoffe für ihre zahlreichen Romane und Novellen. Ihr von viel persönlichem Leid und Entsagung überschattetes Leben – eigene Krankheiten, jahrelange Pflege der Mutter und dann der geisteskranken Schwester, eigene Ehe- und Kinderlosigkeit – brachte ihr andererseits in 26 schöpferischen Thüringer Jahren nicht wenig schriftstellerische Erfolge, die sich freilich nach ihrem Tod 1925 nicht fortsetzten; sie ist heute weitgehend vergessen, allen Bemühungen engagierter Pfleger ihres Werkes zum Trotz. 11 Jahre, von 1899 bis 1910, lebte sie in Uhlstädt; im gleichen Jahr erschien auch ihr erfolgreichster Roman *Die aus dem Drachenhaus,* in dem sie sich mit Elementen des Volksaberglaubens auseinandersetzte. Volkskundliches, also Sprache, Brauchtum, Trachten, Liedgut, überlieferte Sagen, lokale Traditionen und Gewerbe wie etwa die Saaleflößerei, speiste ihre Bücher, die durch jahrelange Studien vorbereitet wurden. Acht Jahre habe sie an ihrem *Drachenroman* gearbeitet, berichtete die Autorin, die von 1911 bis 1914 in Leutenberg und bis zu ihrem Tod in Saalfeld lebte. *Die Blöttnertochter* (1913) und *Die kleine Helma Habermann* (1923) sind weitere Romane, die neben einigen Novellenbüchern in dieser Zeit entstanden. Ihr Spezialgebiet blieb die Aberglaubenforschung, die in den Tälern und Nebentälern der Saale reichlich ethnografisches Material fand. Die Bewunderer ihrer Epik jedenfalls, darunter so gewichtige Stimmen wie die der Marie von Ebner-Eschenbach, stellten Marthe Renate Fischer in die Nachfolge eines Wilhelm Raabe und eines Gottfried Keller. Ihre Wohnhäuser in Uhlstädt und Saalfeld tragen Gedenktafeln, ihr Grab auf dem Saalfelder Friedhof schmückt eine 1930 von der Bildhauerin Ilse Plehn geschaffene kunststeinerne Plastik, die eine thüringische Bäuerin darstellt, sitzend, die Hände zum Gebet gefaltet, eine Figur, wie sie die Schriftstellerin mit Vorliebe auch in ihren Werken gestaltet hat.

Renthendorf – Mekka der Tierforscher

Ganz andere schriftstellerische Wege beschritten die Brehms, die im abgelegenen ostthüringischen Renthendorf lebten; seit 1946 beherbergt das Haus eine museale Gedenkstätte. Christian Ludwig Brehm, der berühmte »Vogelpastor«, nicht nur in seiner Wahlheimat, den lieblichen Tälern im Einzugsgebiet der Orla, als Ornithologe bekannt, war ein Lebensalter, von 1822 bis 1864, hier als Ortspfarrer tätig. In seiner Vogelwarte, den beiden alten »Ahörnern«, und im nahen Wald hat er die Vögel belauscht, ihren Zug beobachtet, in seinem Haus jene großartige Vogelsammlung angelegt, die später vom Millionär Rothschild angekauft und nach England gebracht wurde.

Noch berühmter als der Vater wurde der Sohn, der Zoologe und »Tiervater« Alfred Edmund Brehm. Als Schriftsteller und Tiergärtner strebte er eine breite naturwissenschaftliche Allgemeinbildung seiner Zeitgenossen an. Sein volkstümlich verfaßtes Hauptwerk, das 1863/69 erschienene, insgesamt sechsbändige, zuletzt zehnbändige *Illustrierte Tierleben*, wurde ein populäres, höchst begehrtes Volksbuch, das seit der zweiten Auflage den Bestseller-Namen *Brehms Tierleben* trägt. Der heimatverbundene Tierforscher, der als Zoologe Ägypten, den Sudan, Äthiopien, Spanien, Norwegen, Lappland und Westsibirien bereist hatte, kehrte stets in den 450-Seelen-Ort Renthendorf zurück, wo er die wissenschaftlichen Erträge seiner Reisen aufarbeitete. Die *Reiseskizzen aus Afrika* (1855), Resultat einer ersten großen Fahrt, schrieb er während seiner Studienzeit in Jena, später folgten weitere sechs große Reisen mit entsprechenden literarischen Erträgen. Brehm leitete einen zoologischen Garten in Hamburg und ein Aquarium in Berlin, ehe er sich 1874 als freier Schriftsteller in Berlin niederließ. Bei Vorträgen in den USA 1883/84 zog er sich eine schwere Ma-

Alfred Edmund Brehm
(1829–1884),
Fotografie von
F. C. Schaarwächter

lariainfektion zu, an deren Folgen er 1884 in Renthendorf starb. Seine fesselnde Darstellung, die liebe- und verständnisvolle Schilderung der intensiv beobachteten Natur und auch der jeweils einheimischen Menschen bildeten die Grundlage für seinen weltweiten Erfolg als Autor und Vortragsreisender. Noch weitgehend unveröffentlicht sind Brehms Reisetagebücher; 1982, im Vorfeld seines 100. Todestags, wurde die Beschreibung der Sibirienreise von 1876 veröffentlicht. Brehms Name ist allgemein bekannt, seine Schriften aber werden heute kaum noch gelesen; sie sind sicher noch liebens- und lesenswert, aber oft auch überholt.

Greiz im Vogtland

Greiz, die ehemalige Haupt- und Residenzstadt des Fürsten-
hauses Reuß ältere Linie, liegt an der südöstlichen Grenze
Thüringens, im Vogtland. Wellige, dicht bewaldete Höhen-
züge und teils tief eingeschnittene Flußtäler prägen diese
schöne Landschaft. Zahlreiche Gewässer gehören zum Bild;
die Weiße Elster ist darunter der größte Fluß. Er umschließt in
einem großen Bogen die Greizer Altstadt, die vom Residenzschloß oben auf dem Burgberg beherrscht wird. Ein touri-
stischer Edelstein ist der Greizer Park mit dem frühklassizi-
stischen Sommerpalais, in dem die staatliche Bücher- und
Kupferstichsammlung, eine Stiftung der Älteren Linie des
Hauses Reuß aus dem Jahr 1922, aufbewahrt wird. Seit 1975
wächst die Karikaturensammlung, die unter dem Namen Sati-
ricum weit über die Landesgrenzen hinaus bekannt ist.

Der 1933 im sächsischen Oelsnitz geborene Lyriker, Erzähler,
Übersetzer und Essayist Reiner Kunze hat 15 Jahre in Greiz
gelebt; 1976 wurde er aus dem Schriftstellerverband der ehemaligen DDR ausgeschlossen und mußte im Jahr darauf das
Land verlassen. Aufgrund einer zunehmend kritischen Hal-
tung zum politischen System der DDR sah er sich als Dichter
wachsenden Repressalien ausgesetzt, er und seine Familie
wurden vom Staatssicherheitsdienst gezielt schikaniert und
ausgespäht. Die nach dem Studium seiner Akten entstandene Dokumentation *Deckname ›Lyrik‹* (1990) – eine ebenso
bedrückende wie erschreckende Lektüre – verdeutlicht die
menschenzerstörenden und zynischen Methoden, mit denen
Kritiker des Staates zermürbt und mundtot gemacht werden
sollten. Weitere biografische Fakten bietet *Am Sonnenhang.
Tagebuch eines Jahres* (1993). Reiner Kunze fand in der Nähe
von Passau eine neue Heimat. Im August 1989 befragt, wel-

Reiner Kunze (geb. 1933), Fotografie von Peter Peitsch

che Verbindungen er noch zu seiner sächsischen bzw. thüringischen Heimat habe und wie sich diese auf sein aktuelles literarisches Schaffen auswirkten, gab er eine nachdenklich stimmende Antwort: »Sie wirkt sich vielleicht so aus, daß Augen, die dort sehen gelernt haben, hier manches nicht sehen, und die andererseits manches hier sehen, das Augen, die hier sehen gelernt haben, nicht, nicht mehr oder noch nicht sehen.« Die erste Lesung in der Noch-DDR nach seiner Ausbürgerung fand am 26. Januar 1990 in der Stadtkirche von Greiz statt.

Was den Dichter mit allen Ideologien in Konflikt brachte – auch in der Bundesrepublik –, ist sein unbedingter Einsatz für die Würde des einzelnen, unverwechselbaren Individuums. Seine Gedichte, sprachlich oft verknappt und verkürzt bis zur letzten, der wesentlichen Aussage, fordern den Leser durch ungewöhnliche Bild- und Gedankenassoziationen.

DER HIMMEL VON JERUSALEM

Mittags, schlag zwölf, hoben die moscheen
aus steinernen hälsen zu rufen an,
und die kirchtürme fielen ins wort
mit schwerem geläut

Die synagoge, schien's, zog ihren schwarzen mantel
enger, das wort
nach innen genäht

Reiner Kunze, einer der bedeutendsten deutschen Dichter der
Gegenwart, erhielt bisher zahlreiche Literaturpreise, darunter
den Georg-Trakl-Preis und den Georg-Büchner-Preis. Seine
Werke sind in über 30 Sprachen übersetzt worden.

Gera, Bad Köstritz und Crossen

Von Greiz und der älteren Linie Reuß geht es nördlich nach
Gera und zur jüngeren Linie Reuß. Graf Heinrich XVIII. Reuß
J. L. ließ zwischen 1729 und 1732 nach Plänen von Baumeister
Gottfried Heinrich Krohne die Orangerie des Schlosses Oster-
stein errichten, wo sich heute die wertvollen Kunstsammlungen befinden, denen das Otto-Dix-Haus am Mohrenplatz zugeordnet ist. Nur acht Kilometer nördlich von Gera liegt das
Dörfchen Köstritz, seit 1895 Bad und bekannt durch sein
fürstliches Schwarzbier.
Im Geburtshaus des 1585 hier geborenen ersten deutschen
Komponisten von europäischem Rang, Heinrich Schütz, ist
heute eine Forschungs- und Gedenkstätte eingerichtet. Noch
als kurfürstlich-sächsischer Hofkapellmeister erinnerte er sich

dankbar der Stätte seiner Kindheit, wie ein Widmungsgedicht auf den Tod seines ehemaligen Landesherrn, Heinrich Posthumus Reuß, beweist. Die inzwischen restaurierten Sarkophage dieses Fürsten und seiner zweiten Gemahlin in der Geraer Johanniskirche erinnern an die berühmten »Musikalischen Exequien« des Sagittarius, eine Vertonung der Bibelwort-Beschriftung des Posthumus-Sarkophags, womit kulturhistorisch die frühneuzeitliche Sepulkralkultur in ihrem Zusammenspiel von Text und Musik lebendig gehalten wird.

Freilich ist der Posthumus nur noch wenigen ein Begriff, und ähnlich vergessen ist wohl der religiöse Lyriker Julius Sturm, der 1816 in Köstritz geboren wurde, in Gera zur Schule ging und in Jena studierte, bevor er 1841 Hauslehrer im schwäbischen Heilbronn wurde. Dort freundete er sich u. a. mit dem Dichter und »Geisterseher« Justinus Kerner an, der aber auch dem lachenden Humor huldigte. Lenau und Uhland verkehrten in Kerners und Sturms Umkreis. Der ging dann als reußischer Prinzenerzieher in die Heimat zurück und lebte mit seinem Zögling, dem Prinzen Heinrich XIV. Reuß J.L., in Schleiz und Meiningen. 1850 wurde Sturm Pastor in Göschwitz bei Schleiz, und im gleichen Jahr erschien erstmals der Band *Gedichte* von ihm, christlich-fromme, auch weltliche und patriotische Lieder, wie sie in die Zeit der sich abzeichnenden deutschen Einigung unter Preußens Führung paßten. 1858 und 1892 folgten der 2. und 3. Band seiner Gedichte, von denen so manches seinen Weg in die damaligen Gesangbücher fand. 1857 kehrte er als Pfarrer in seinen Geburtsort Köstritz, in die alte Köstritzer Pfarre zurück. Er starb 1896 in Leipzig.

Julius Sturm kann als ein Beispiel gelten für die seit der Reformation gewachsene Symbiose zwischen Pfarrer- und Dichtersein; immerhin entstammt etwa ein Drittel aller deutschen Poeten und Philosophen dem protestantischen Pfarrhaus, dem privilegierten Ort einer nachhaltigen Bildung. »Die deutsche Antike beginnt im Pfarrhaus«, stellte Heinz Schlaffer lakonisch fest, und es ist typisch, daß auch Sturm ein Verehrer Shakespeares war. Im 19. Jahrhundert brach diese deutsche Pfarrer-Poeten-Tradition ab, was die Popularität der Lyrik Sturms in seiner Zeit und seine weitgehende Unbekanntheit heute zu Teilen erklärt.

Crossen an der Elster erscheint Touristen wie ein kleines, verträumtes Städtchen des Saale-Holzland-Kreises, direkt an der Grenze Thüringens zu Sachsen-Anhalt liegend. Immerhin kann der Ort auf eine über 1000jährige Geschichte zurückblicken. Der Vorläufer des Crossener Schlosses, dessen prachtvoller Festsaal sehenswert ist, geht auf das 12. Jahrhundert und die Naumburger Bischöfe, die Stadtherren, zurück. Ihr heutiges Gesicht erhielt die Schloßanlage Anfang des 18. Jahrhunderts. 1724 erwarb es Jakob Heinrich von Flemming, der leitende Kabinettsminister Augusts des Starken, und im Besitz der Flemmings blieb es bis ins 20. Jahrhundert. 1908 erbte es die Schriftstellerin Elisabeth von Heyking, geborene Flemming, die es bis zu ihrem Tod 1925 bewohnte.

Während also väterlicherseits berühmter sächsischer Hofadel unter ihren Vorfahren war, traten mütterlicherseits nicht minder berühmte Namen auf. Die schöne, vielumschwärmte Armgart von Arnim, Achims und Bettinas Tochter, heiratete den preußischen Diplomaten Albert Graf von Flemming. Sie war die Mutter der späteren Erfolgsautorin Elisabeth von Heyking, deren Leben wiederum Stoff eines ganzen Romans liefern könnte. 1861 in Karlsruhe geboren, verbrachte das begabte frühreife Mädchen eine wohlbehütete Kindheit und Jugend, bis im Jahre 1880 ihre Mutter, die Gräfin Armgart Flemming, starb. Die 18jährige Elisabeth, wie ihre um drei Jahre jüngere Schwester Irene vielumworben, weil hübsch und vermögend, wurde sehr bald mit dem Nationalökonomen Stephan zu Putlitz verheiratet. Am Tag ihrer Hochzeit lernte sie den weltläufigen Balten Edmund von Heyking kennen, in dem sie nach einigen Monaten ihre große Liebe entdeckte. Ein klassischer Konflikt baute sich auf, der mit dem Selbstmord von Putlitz' endete, da er es nicht verwinden konnte, die geliebte Frau an einen anderen zu verlieren. Als es um die Tochter aus der früh gescheiterten Ehe zu einem gerichtlichen Streit zwischen der Mutter und der väterlichen Familie kam, den Elisabeth gewann, nahm der Haß derer zu Putlitz auf sie »alttestamentarische« Formen an. Sie reiste nach Venedig, um Ruhe vor dem Gesellschaftsskandal zu finden. Baron Edmund von Heyking folgte ihr und heiratete sie im Juni 1884. Um ihr Anfeindungen zu ersparen, denen sie in Preußen hätte ausgesetzt sein können, trat Heyking in den Auswärtigen Dienst ein und begnügte sich mit zweitrangigen diplomatischen Posten. Mit der Hochzeit begann für die beiden Eheleute ein unstetes 20jähriges Wanderleben, das sie nach New York, Valparaiso, Kalkutta und Kairo, zweimal nach China und schließlich nach Mexiko führte, nur durch zwei längere Urlaube in der Heimat unterbrochen. Elisabeth von Heyking hat über diese erfahrungsreichen Jahre im Ausland ein noch heute als spannende Kulturgeschichte zu lesendes Tagebuch geführt, das 1926, ein Jahr nach ihrem Tod, veröffentlicht wurde. Noch in Mexiko verfaßte sie den 1903 anonym erschienenen Roman *Briefe, die ihn nicht erreichten,* der eine tragische Liebesgeschichte in Peking zur Zeit des Boxeraufstandes erzählt. Das Buch wurde ein Riesenerfolg und in fast alle europäischen Sprachen übersetzt. Den tragischen Szenen aus der ersten Ehe der Elisabeth von Heyking folgten am Ende ihres Lebens erneut schicksalhafte Wendungen. 1908 hatte sie zunächst das ererbte Schloß Crossen bezogen, wozu ein Park, umliegende Wälder und ein See gehörten. Bis zum Kriegsausbruch verbrachte die nun vermögende Familie hier glückliche Jahre, ehe das alte Wilhelminische Deutschland unterging, von der sensibel das Unheil spürenden Schriftstellerin Heyking in ihrem Roman von 1903 schon vorausgeahnt. 1915 starb ihr Mann, 1917 und 1918 fielen ihre beiden Söhne aus der zweiten Ehe, Schläge, die sie nicht mehr verkraftete. Daß Crossen und das Elstertal der Vielgereisten zur späten Heimat geworden waren, verrät die 1918 erschienene Erzählung *Orgelpfeifen.* Nur diese literarischen Spuren sind hier von ihr geblieben.

Die Skatstadt Altenburg

Das nahe Naumburg, nördlich von Crossen in Sachsen-Anhalt gelegen, wo die breite Spur Friedrich Nietzsches aufzunehmen wäre, oder das nur wenig weiter entfernte Freyburg an der Unstrut, wo auf der Neuenburg, der Schwester der Wartburg, das Epos *Eneit* des Minnesängers Heinrich von Veldeke fertiggestellt wurde, lassen wir – bedauernd – links liegen. Auch in Posterstein und Löbichau, wo die kunstsinnige und reiche Herzogin Dorothea von Kurland, Schwester der Elisa von der Recke, von 1796 bis 1821 einen kleinen Musenhof unterhielt, verweilen wir nicht. Altenburg an der Pleiße, der östlichste Zipfel des Freistaats Thüringen, ist unser letztes Ziel. Die Stadt gehörte zum Kurfürstentum Sachsen, und neben der Erlangung der Kurwürde im Jahre 1423 dürfte es für die Wettiner im 15. Jahrhundert kein wichtigeres Ereignis gegeben haben als den sogenannten Prinzenraub von Altenburg. In der Nacht vom 7. zum 8. Juli 1455 drangen der Ritter Kunz von Kauffungen und seine Helfershelfer in das Altenburger Schloß ein und raubten gewaltsam die beiden Söhne des Kurfürsten Friedrich des Sanftmütigen, Ernst und Albrecht. Die beiden 15- bzw. 12jährigen Prinzen sollten ihm als Pfand bei einer Auseinandersetzung um ein strittiges Gut dienen. Der Troß der Entführer jagte in großer Eile der böhmischen Grenze zu, ihr Ziel war das feste Schloß Eisenberg bei Brüx in Böhmen, das Kauffungen gehörte. Halb Sachsen war ab dem 8. Juli auf den Beinen, um der Flüchtigen habhaft zu werden. Durch Zufall wurde Kunz mit dem Prinzen Albrecht in der Nähe der Erzgebirgsorte Grünhain und Elterlein durch den Köhler Hans Pucheler, »eynn arm mann«, entdeckt und kurz darauf gefangengenommen. Wenige der übrigen Entführer verbargen sich noch einige Tage in der Nähe des Schlosses Stein am rechten Ufer der Zwickauer Mulde in einer »Steynrutzen«, wo sie den Prinzen Ernst noch bis zum 11. Juli 1455 in ihrer Gewalt behielten; dann gaben auch sie auf und lieferten den Gefangenen, gegen Zusicherung von Straffreiheit, nach Hartenstein aus.

Die fromme und überglückliche Kurfürstin Margarethe stiftete für die Kirche von Ebersdorf, das damals als Wallfahrtsort galt, eine ewige Dankesmesse und traf zusätzlich die Anordnung, daß nach jeder dieser Messen der Geistliche zwei Arme – in erster Linie Köhler, sofern solche teilnähmen – mit einer Geldspende beglücken sollte.

Kunz von Kauffungen bezahlte seinen »Frevel«, der die Existenz einer ganzen Dynastie gefährdet hatte, mit seinem Leben: Als Landfriedensbrecher wurde er bereits am 14. Juli – eine Woche nach seiner Tat – auf dem Marktplatz von Freiberg enthauptet. Weitere seiner Helfershelfer wurden in Zwickau mit dem Tode bestraft, anderen gelang die Flucht ins Ausland. Das tollkühne Geschehen, im Laufe der folgenden Jahrhunderte mehr und mehr ausgeschmückt, wurde ein beliebter Stoff für Dichter, Dramatiker, Balladensänger und Romanautoren. Als ältestes literarisches Erzeugnis, vermutlich in zeitgenössischen erzgebirgischen Bergmannskreisen entstanden und dort auch wie ein Volkslied gesungen, gilt ein alter sogenannter »Bergreihen«:

> Wir wollen ein liedel heben an,
> was sich hat angespinnen,
> wies in dem Pleißnerland gar schlecht war bestalt,
> als sein jungen fürsten geschach groß gewalt
> durch den Kunzen von Kauffungen,
> ja Kauffungen.

> Der adler hat uf den fels gebaut
> ein schönes nest mit jungen,
> und wie er einst ware geflogen aus,
> holete ein geier die jungen vogel raus,
> drauf wards nest ler gefungen,
> ja gefungen. ...

> Altenborg, du bist zwar eine feine stat,
> dich tät er mit untreu meinen;
> da in dir warn all hoflüt rauschend voll,
> quam Kunze mit leitern und buben toll
> und holte die försten so kleine,
> ja so kleine. ...

> Aber sie worden öm weder abgejagt,
> und Kunz mit sinen gesellen
> uf Grünhain in unseres herrn abts gewalt
> gebracht und darnach auch uf Zwicka gestalt,
> und musten sich lan prellen,
> ja lan prellen.

Lange Jahre nur Nebenresidenz des Herzogtums Sachsen-Gotha-Altenburg, wurde die Stadt ab 1826 alleinige Residenz des Herzogtums Sachsen-Altenburg. Der Residenzcharakter verlor freilich im 19. Jahrhundert seine Dominanz, die industrielle Entwicklung überprägte bald das äußere Stadtbild, wenngleich das alte, in seinen Anfängen aus dem 11. Jahrhundert stammende Schloß blickbestimmend blieb.

Herausragende Gelehrte hat Altenburg hervorgebracht, die sich auch als Schriftsteller und Autoren auszeichneten. Da ist an vorderster Stelle die Familie derer von der Gabelentz zu nennen, die zwar im wenige Kilometer entfernten Schloß Poschwitz residierte, aber in Altenburg eine Nebenwohnung besaß. Hans Carl Leopold von der Gabelentz wirkte als liberaler Politiker und war Kanzler des Herzogtums Sachsen-Altenburg. Er gehörte zu den vier oder fünf Altenburger Bürgern, die zwischen 1810 und 1817 das Skatspiel erfanden. In diesem Kreis verkehrte auch Friedrich Arnold Brockhaus, der Gründer des gleichnamigen Verlags, der mit seiner Buchhandlung 1811 von Amsterdam nach Altenburg gekommen war und hier auch die letzten Bände seines *Conversationslexikons* drucken ließ; 1818 zog er in die Buchstadt Leipzig. Die Nachfahren Leopolds führten die Skattradition als Spieler und Kartensammler fort, so daß Altenburg heute ein Spielkartenmuseum und zu Recht den Sitz des deutschen Skatgerichts beherbergt.

Hans Conon von der Gabelentz, Sohn Leopolds, war auch politisch aktiv, ist aber vor allem als bedeutender Sprachwissenschaftler in Erscheinung getreten; er verfaßte wissenschaftliche Untersuchungen zu fast 100 Sprachen der Welt. Er war u. a. befreundet mit dem »Vogelpastor« Ludwig Brehm. Gabelentz' Sohn Georg setzte die sprachwissenschaftlichen Studien des Vaters fort und erhielt später in Leipzig und Berlin eine Professur für ostasiastische Sprachen. Seine *Chinesische*

Grammatik, 1881 in Leipzig erschienen, galt als bahnbrechend, desgleichen sein fundamentales Werk *Die Sprachwissenschaft* (1891).

Clementine von der Gabelentz, auch sie ungewöhnlich sprachbegabt, heiratete Börries Freiherr von Münchhausen auf Apelern, einen Nachfahren des »Lügenbarons« Karl Friedrich Hieronymus von Münchhausen. Beide erwarben 1880 einen alten Gabelentzschen Besitz in Windischleuba zurück, das »Schloß in den Wiesen«, wie es ihr Sohn, der Schriftsteller Börries von Münchhausen, später in einem Gedicht nannte. Dessen Balladen und Lieder, die einem deutschnationalen, teils deutschtümelnden Ton huldigen, griffen oft historische Stoffe aus der deutschen Vergangenheit auf und verklärten sie im Geist einer längst untergegangenen Adelswelt. In der Ballade »Der Marschall« von 1899 liest man die Verse:

> Treu dem König und seinem Sohn,
> Treu in Palast und Hütte,
> Treu dem Schwerte, treu der Kron,
> Das ist Adels Sitte. …

> Adel ist recht, und Bauer ist gut,
> Aber ich hasse unedeles Blut.

> Adel ist gut, und Bauer ist recht,
> Aber ich hasse das kleine Geschlecht!

> Seit wann ist Adelsblut so gering,
> Daß es mit dem Krämer ging!

Börries blieb auch nach dem ersten Weltkrieg, den er als Rittmeister erlebte, seinen Stoffen und seiner Sichtweise treu.

Mit der Gabelentz-Familie verwandt war ein weiterer gebürtiger Altenburger, dessen bedeutender Ruf und Ruhm die Zeiten überdauert haben: Bernhard August von Lindenau. Als Naturwissenschaftler, Militär, Politiker, als Kunstsammler und -förderer trat er hervor und wirkte weit über die Grenzen Mitteldeutschlands hinaus. Er arbeitete zunächst als Direktor der Sternwarte auf dem Seeberg bei Gotha, bevor er in die Landespolitik wechselte. 1825 ernannten ihn die Agnaten des verstorbenen Herzogs Friedrich IV. von Sachsen-Coburg-Altenburg zum Regierungsbevollmächtigten des verwaisten Landes, bis die Neugliederung Thüringens festlag, zu der er maßgeblich beigetragen hatte. Die politische Landkarte Thüringens bis zum Jahre 1918 war damit auch sein Werk. In den Befreiungskriegen 1813/15 bekleidete er die Stelle eines Generaladjudanten beim sachsen-weimarischen Herzog Carl August. Goethe ließ sich 1823 bei der Einrichtung der Jenenser Sternwarte von Lindenau beraten; im Austausch über vorwiegend naturwissenschaftliche Themen standen beide Männer von 1809 bis 1829.

Als er 1827 in königlich-sächsische Dienste wechselte, war seine Popularität in ganz Thüringen bereits so groß, daß man ihn liebevoll »Herzog Bernhard« nannte, eine Anspielung auf die volkstümliche Gestalt des gleichnamigen protestantischen Weimarer Heerführers im Dreißigjährigen Krieg. Als hoher sächsischer Beamter, ab 1830 als Staatsminister, befaßte sich Bernhard von Lindenau u. a. mit Fragen der modernen Staatsverfassung, des Heereswesens und der wirtschaftlichen Einheit Deutschlands. Am Zustandekommen des deutschen Zollvereins war er beteiligt. 1843 ging er offiziell in den Ruhestand, präsidierte aber noch bis Mitte 1848 vor der Ständeversammlung und zählte im gleichen Jahr zu den Abgeordneten in der Frankfurter Paulskirche. Der 64jährige, der 1843 aus Dresden nach Altenburg zurückkehrte, vermachte seine großen Kunstsammlungen als Stiftung der Vaterstadt. Im heute bedeutenden Lindenau-Museum, dessen repräsentatives Gebäude 1873/75 errichtet wurde, lebt sein Name fort.

Nachbemerkung

Literarische Streifzüge
als Blütenlese

Seit Walther von der Vogelweide, der das Lob des Landgrafen Hermann sang, existiert Thüringen als literarische Landschaft. Seit nahezu 800 Jahren hinterlassen in dieser Gegend Dichter ihre Spuren, die hier geboren sind, sich dauerhaft niederließen oder als zeitweilige Gäste auftraten, die mehr oder weniger schnell wieder verschwanden. Eine eigenständige Thüringer Literatur gibt es nicht; sie ist Teil der deutschen Literatur. Bei der großen Anzahl von Schreibenden in dieser langen Zeit kann von Vollständigkeit auch nicht annähernd die Rede sein. Es ging um ein Buch mit anthologischem Charakter, das viele personelle Lücken und Auslassungen von vornherein in Kauf nahm. Gleichwohl sind neben den Verfassern von belletristischen, rein literarischen Texten auch solche Autoren bewußt ins Bild gerückt worden, die in ihrer Eigenschaft als Historiker, Philosophen, Pädagogen, Theologen oder Naturwissenschaftler publizierten, um die breite Palette, die Vielfarbigkeit der Thüringer Literatur- und Buchlandschaft im Lauf der Jahrhunderte aufleuchten zu lassen. Luther steht da durchaus gleichberechtigt neben Brehm, Müntzer neben Ekhof, Humboldt neben Heyking. Ganz in diesem Sinne sollte der streifende Blick nicht begrenzt bleiben auf die sogenannten Großen der Literatur, auf Goethe, Schiller und Wieland etwa, was zu einer Weimarlastigkeit geführt hätte, die ausdrücklich vermieden werden sollte. Freilich bildet der Städte-Zweiklang Jena–Weimar im literarischen Thüringen einen zentralen Ort, aber Ludwig Bechstein, Marthe Renate Fischer oder Julius Sturm – um nur willkürlich einige Namen zu nennen – waren eben nicht ausdrücklich und immer auf dem »Weg nach Weimar«. Das literarische Thüringen vermag vielerorts anzuregen und zu interessieren, gerade deshalb mußte auch das schreckliche, weil grausame und unmenschliche Buchenwald einbezogen werden; auch hier lebten, litten und starben Dichter.

Zu einer Blütenlese gehört, daß ein Strauß qualitativ höchst unterschiedlicher Blumen gebunden werde; neben bekannten Autoren wurden daher Vergessene, aus dem heutigen literarischen Gedächtnis Entschwundene einbezogen; eine ästhetische, politische oder sonstige Bewertung der behandelten Autoren und ihrer Werke war vordergründig nirgendwo beabsichtigt.

Der historische Bogen reicht von Wolfram von Eschenbach und Heinrich von Veldeke bis zu Sarah Kirsch und Reiner Kunze. Wieder war Mut zur Lücke erforderlich, auch bei der Auswahl der Beispiel-Texte. Nicht zuletzt sind die zahlreichen jungen Schriftsteller, die heute in Thüringen leben und schreiben, nicht berücksichtigt worden.

Nur wenige Orte Thüringens haben wir auf unserem literarischen Streifzug berührt, aber es waren Orte, die in sich die 1500jährige Geschichte des Landes tragen. Als Kaiser Karl der Große am 5. Januar 775 dem Kloster Hersfeld den zehnten Teil der königlichen »Villa Salzungen« schenkte, waren etwa vier Fünftel der heutigen Siedlungen in Thüringen bereits gegründet. Flußnamen weisen auf germanische Ursprünge zurück (wisa = Wiese; aha = Wasser; wisaraha = Wiesenfluß): Wisera Uuisora Vuisaraha Werraha Wirraha Virrha – Werrha. Ortsnamen mit den Endungen -ungen, -ingen, -a, -ar, -stedt und -leben sind gleichfalls bis ins 5. Jahrhundert zurückgehende germanische Gründungen: Salzungen, Wasungen, Miehla, Möhra, Schleusingen, Meiningen, Wechmar, Weimar, Wandersleben, Wiegleben, Tennstedt, Oßmannstedt.

Fränkische Gründungen aus der Zeit von 500 bis 800 weisen Endungen wie -hausen, -heim, -dorf, -feld, -berg, -born, -furt, -brück und -bad auf: Henneberg, Eisenberg, Erfurt, Tiefurt, Kindelbrück, Steinbrück, Urbach, Goldbach, Hildburghausen, Mühlhausen, Schlotheim, Wangenheim, Mohlsdorf, Frankendorf, Eisfeld, Saalfeld, Trockenborn, Immelborn.

Die Hauptrodungszeit von 800 bis 1300 brachte die Namen mit den Endungen -rode, -reuth, -thal und -stein hervor: Eigenrode, Brotterode, Tannroda, Friedrichroda, Wengersgereuth, Arnsgereuth, Waffenrod, Schirnrod, Grimmenthal, Seligenthal, Liebenstein, Lobenstein.

Slawische Siedlungen im Osten Thüringens enden auch auf -zen, -z oder -itz: Zwötzen, Schleiz, Köstritz, Göschwitz.

Unser literarischer Streifzug von Eisenach nach Altenburg war somit auch ein Gang durch die Geschichte und Kulturgeschichte Thüringens; auf diese historischen Hintergründe, die natürlich auch die Dichter und Autoren prägten, wurde verschiedentlich leise hingewiesen. Diesen Zusammenhang hatte der alte Goethe im Auge, als er am 18. Juni 1829 an Carl Friedrich von Reinhard schrieb: »Denn eigentlich gedeiht doch das Wunderwürdige der Geschichte den Mitlebenden sowie den Nachkommen alsdann erst heilsam und ersprießlich, wenn man sie erkennen läßt, wie das Merkwürdigste und Größte von bedeutenden Menschen unter den sonderbarsten Zuständen und Zufälligkeiten geleistet worden.«

Literaturverzeichnis (Auswahl)

Der Abdruck der urheberrechtlich geschützten längeren Zitate und Gedichte erfolgt mit freundlicher Genehmigung der Autoren und lizenzgebenden Verlage.

Albrecht, Wolfgang: Hier wohn' ich nun, Liebste … Die Wartburg in Literatur und Kunst von Goethe bis Wagner. 1749–1849. Eisenach 1986.

Arens, Hans: E. Marlitt. Eine kritische Würdigung. Trier: Wissenschaftlicher Verlag 1994.

Barnay, Ludwig: Bühnenerlebnisse mit den Meiningern. In: Die Sterne dürfet ihr verschwenden … Schauspielererinnerungen des 18. und 19. Jahrhunderts. Hrsg. u. kommentiert v. Barbara Albrecht u. Günter Albrecht. Berlin: Der Morgen 1980.

Bärnighausen, Hendrik: Johann Karl Wezel und seine Wohnungen in Sondershausen. In: Dichter-Häuser, S. 99–106.

Bärnighausen, Hendrik: Marthe Renate Fischer, die »klassische Darstellerin des Thüringer Volkslebens«, in Uhlstädt, Leutenberg und Saalfeld. In: Dichter-Häuser, S. 367–376.

Baumbach, Rudolf: Bin ein fahrender Gesell. Hrsg. u. zus.gest. v. Andreas Seifert. Zella-Mehlis, Meiningen: Heinrich-Jung-Verl.-Ges. 1995.

Bechstein, Ludwig: Deutsches Dichterbuch. Eine Sammlung der besten und kernhaftesten deutschen Gedichte aus allen Jahrhunderten. 2., verb. Aufl. Leipzig: Schlicke 1854.

Bechstein, Ludwig: Wanderungen durch Thüringen. Hildesheim u. New York: Olms 1978.

Bernhard August von Lindenau als Naturwissenschaftler, Staatsmann und Kunstsammler. Vf.: Dieter Gleisberg, Kurt R. Biermann, Dieter B. Herrmann, Gerhard Schmidt. In: Altenburger Geschichtsblätter Nr. 5. Altenburg: Lindenau-Museum 1979.

Bienert, Thomas: Mittelalterliche Burgen in Thüringen. Hrsg. v. d. Sparkassen-Kulturstiftung Hessen-Thüringen. Kassel: Wartburg 2000.

Birkholz, Volkmar: Ja es sind die bunten Mohne … Goethe und Erfurt. Rudolstadt u. Jena: hain 1999.

Böttiger, Karl August: Literarische Zustände und Zeitgenossen. Begegnungen und Gespräche im klassischen Weimar. Hrsg. v. Klaus Gerlach u. René Sternke. Berlin: Aufbau 1998.

Brachnicke, Gerhard: Ludwig Storch ein Gothaer Dichter. Gotha: Landesbibliothek 1957.

Braungart, Margarete: »Mensch Meyer« – Carl Joseph Meyer zum 200. Geburtstag. In: Thüringer Museumshefte. 4. Jg. 1996, H. 1, S. 55–57.

Brehm, Alfred Edmund: Reise zu den Kirkisen. Aus dem Sibirientagebuch 1878. Leipzig: Reclam 1982.

Brender, Irmela: Christoph Martin Wieland mit Selbstzeugnissen und Bilddokumenten. Reinbek bei Hamburg: Rowohlt 1990.

Brendler, Gerhard: Martin Luther, Theologe und Revolution. Berlin: Verlag der Wissenschaften 1983.

Briefe von Dunkelmännern. Epistolae obscurorum virorum. Mit einer Einleitung von Wolfgang Hecht. Berlin: Rütten & Loening 1964.

Bruschall, Friedrich: Friedrich Schiller mit Selbstzeugnissen und Bilddokumenten. Hamburg: Rowohlt 1997.

Bruyn, Günter de: Das Leben des Jean Paul Friedrich Richter. Eine Biographie. Halle, Leipzig: Mitteldeutscher Verlag 1975. Zitat S. 111–113: © Mitteldeutscher Verlag Halle (Saale) 1975. Alle Rechte vorbehalten. S. Fischer Verlag GmbH, Frankfurt am Main.

Cibulka, Hanns: Die Heimkehr der verratenen Söhne. Leipzig: Reclam 1996. Zitat S. 90–92: © Reclam Verlag Leipzig 1996, dort S. 25 f. und S. 118 f.

Corpus der Goethezeichnungen. Bearb. Gerhard Femmel. Bd. IV A. Leipzig: A. E. Seemann 1966.

Dichter-Häuser in Thüringen. Hg. v. Detlef Ignasiak. Bucha bei Jena: quartus 1996.

Dittrich, Janny: Willibald Alexis in Arnstadt. Geschichts- und literaturwissenschaftliche Untersuchungen über ein Dichterleben in der zweiten Hälfte des 19. Jahrhunderts. Frankfurt/M.: Peter Lang 2001.

Dobritzsch, Elisabeth: Barocker Bühnenzauber. Das Ekhof-Theater in Gotha. München: Bayer. Vereinsbank 1995.

Dwars, Jens-Fietje: Johannes R. Bechers Wohnungen in Jena. In: Dichter-Häuser, S. 393–400.

Eckermann, Johann Peter: Gespräche mit Goethe in den letzten Jahren seines Lebens. Berlin u. Weimar: Aufbau 1982.

Ehrlich, Willi: Ilmenau, Gabelbach, Stützerbach. 5. Auflage. Weimar: NFG 1990.

Fetting, Hugo (Hg.): Conrad Ekhof. Ein Schauspieler des achtzehnten Jahrhunderts. Berlin: Henschel 1954.

Frenzel, Karl: Rokoko. Büsten und Bilder. Berlin: Allg. Verein für Deutsche Litteratur 1895.

Friese, Hans: Wer nur den lieben Gott läßt walten. Georg Neumark und sein Lied. Berlin: Evangel. Verlagsanstalt 1960.

Fritsch, Ute: In der Nähe »großer Geister« und »mutiger Herzen«. In: Dichter-Häuser, S. 187–194.

Gabelentz, Hans von der: Die Wartburg. Ein Wegweiser durch ihre Geschichte und Bauten. 3. Aufl. München o.J.

Gansel, Carsten (Hg.): Metamorphosen eines Dichters. Johannes R. Becher. Gedichte, Briefe, Dokumente 1909–1945. Berlin: Aufbau Taschenbuch Verlag 1992.

Gauß, Renate: Otto Ludwigs Gartenhaus in Eisfeld. In: Dichter-Häuser, S. 283–290.

Genius huius loci. Weimar. Kulturelle Entwürfe aus fünf Jahrhunderten. Ausstellungskatalog. Weimar: Stiftung Weimarer Klassik 1992.

Geschichte der deutschen Literatur. Von den Anfängen bis zur Gegenwart. Siebenter Band: 1789 bis 1830. Berlin: Volk und Wissen 1978.

Geschichte der Stadt Erfurt. Hrsg. im Auftrag des Rates der Stadt Erfurt von Willibald Gutsche. Weimar: H. Böhlaus Nachf. 1986.

Goethes Werke. Hrsg. im Auftrag der Großherzogin Sophie von Sachsen. Weimar: H. Böhlaus Nachf. 1887–1919 (Weimarer Ausgabe). Abt. I: Poetische Werke und Schriften. Abt. II: Naturwissenschaftliche Schriften. Abt. III: Tagebücher. Abt. IV: Briefe.

Günther, Antonia: »… als schiede ich von einer zweiten Heimat.« Wirkungsstätten Storms in Heiligenstadt. In: Dichter-Häuser, S. 299 bis 306.

Gustav Freytag als Politiker, Journalist und Mensch. Mit unveröffentlichten Briefen von Freytag und Max Jordan. Eingeleitet u. hrsg. v. Johannes Hofmann. Leipzig: Weber 1922.

Gutzkow, Karl: Rückblicke auf mein Leben. Berlin: Hoffmann 1875.

Heine, Heinrich: Die romantische Schule. In: Werke und Briefe in zehn Bänden. Hrsg. v. Hans Kaufmann, Bd. 5. Berlin, Weimar: Aufbau 1972.

Heine, Heinrich: Säkularausgabe. Werke. Briefwechsel. Lebenszeugnisse. Bd. 20. Berlin: Akademie 1975.

Herder, Johann Gottfried: Ahndung künftiger Bestimmung. Hrsg. v. d. Stiftung Weimarer Klassik. AK Stuttgart u. Weimar: J. B. Metzler 1994.

Herder, Johann Gottfried: Briefe. Gesamtausgabe 1763–1803. Bearb. v. Wilhelm Dobbeck u. Günter Arnold, Bd. 5. Weimar: H. Böhlaus Nachf. 1979.

Hesse, O.: Aus Sömmerdas Vergangenheit und Gegenwart. Erfurt: Bartholomäus 1898.

Hey, Wilhelm: Fünfzig Fabeln. Gotha: Perthes [1912].

Heyking, Elisabeth von: Tagebücher aus vier Welttheilen. 1896/1904. Hrsg. v. Grete Litzmann. Leipzig: Koehler & Amelang 1926.

Hobohm, Cornelia: Das Pfarrhaus in Ichtershausen – Wirkungsstätte des Fabel- und Liederdichters Wilhelm Hey. In: Dichter-Häuser, S. 275 bis 282.

Hoffmann von Fallersleben, August Heinrich: Deutschland über Alles! Zeitgemäße Lieder. Leipzig: Voigt & Günther 1859.

Hölderlin, Friedrich: Sämtliche Werke und Briefe. Bd. 1–4. Berlin und Weimar: Aufbau 1970.

Houben, Heinrich Hubert (Hg.): Gespräche mit Heine. Potsdam: Rütten & Loening o. J.

Huch, Ricarda: Erinnerungen an das eigene Leben. Mit einem Vorwort von Bernd Balzer. Köln: Kiepenheuer & Witsch 1980. Zitat S. 227–230: © 1980 by Kiepenheuer & Witsch, Köln, dort S. 443–448.

Huch, Ricarda: Im alten Reich. Lebensbilder deutscher Städte. Bd. 1.2. Leipzig, Zürich: Grethlein 1927/29.

Hufeland, Christoph Wilhelm: Eine Selbstbiographie. Mitgeteilt v. Dr. Göschen. Berlin: Reimer 1863.

Igel, Bernhard: Der Hellgrevenhof in Eisenach. In: Dichter-Häuser, S. 27–32.

Ignasiak, Detlef u. Frank Lindner: Das philosophische Thüringen. Persönlichkeiten, Wirkungsstätten, Traditionen. Bucha bei Jena: quartus 1998.

Ignasiak, Detlef: Die alte Köstritzer Pfarre und die Musen. In: Dichter-Häuser, S. 329–336.

Ignasiak, Detlef: Rittergut und Pfarrhaus von Wenigensömmern. In: Dichter-Häuser, S. 75–82.

Ignasiak, Detlef: Theateraufführungen am Hofe Ernsts des Frommen. In: Palmbaum. Literarisches Journal aus Thüringen. Hrsg. v. d. Thür. Literaturhist. Gesellsch. Palmbaum e.V. Bucha bei Jena: quartus. 10. Jg. 2002, 1. Heft, S. 61–66.

Jonscher, Reinhard: Kleine thüringische Geschichte. Vom Thüringer Reich bis 1945. Jena: Jenzig 1993.

Kaufmann, Ulrich: »Lenz, Goethes Freund, ist hier, aber es ist kein Goethe«. In: Die Pforte. Veröffentlichungen des Freundeskreises des Goethe-Nationalmuseums e.V. Heft 4. Weimar 1998, S. 24–38.

Kirsch, Sarah: Werke in fünf Bänden. Bd. 1: Gedichte 1. Hrsg. v. Franz-Heinrich Hackel. Stuttgart: Deutsche Verlags-Anstalt 1999. Zitat S. 59, 60 (»Das Dorf« und »Eine Schlehe im Mund komme ich übers Feld«): © 1999 Deutsche Verlags-Anstalt GmbH, Stuttgart, dort S. 186 und S. 61.

Kirsch, Sarah: Ich Crusoe. Sechzig Gedichte und sechs Aquarelle. Mit einem Vorwort v. Joachim Kaiser u. einem Nachwort von Karin von Maur. Stuttgart: Deutsche Verlags-Anstalt 1995.

Kirsten, Wulf (Hg.): Eintragung ins Grundbuch. Thüringen im Gedicht. Rudolstadt, Jena: hain 1996.

Kirsten, Wulf: die erde bei meißen. Gedichte. Frankfurt am Main: Suhrkamp 1989.

Kirsten, Wulf: Stimmenschotter. Gedichte 1987–1992. Zürich: Ammann 1993. Zitat S. 200 f.: © 1993 by Ammann Verlag & Co., Zürich.

Kirsten, Wulf: Über Walter Werners Gedichte. In: Palmbaum. Literarisches Journal aus Thüringen. Hrsg. v. d. Thür. Literaturhist. Gesellschaft Palmbaum e.V. Bucha bei Jena: quartus. 10. Jahr 2002, Heft 1, S. 19–23.

Kisch, Egon Erwin: Hetzjagd durch die Zeit. In: Gesammelte Werke in Einzelausgaben, hrsg. v. Bodo Uhse u. Gisela Kisch. Bd. V. Berlin u. Weimar: Aufbau 1972.

Klauß, Jochen: Goethes Wohnhaus in Weimar. Ein Rundgang in Geschichten. Mit Aufnahmen von Jürgen Pietzsch. Weimar: Klassikerstätten 1991.

Klopstocks Werke in einem Band. Ausgewählt u. eingeleitet von Karl-Heinz Hahn. Berlin u. Weimar: Aufbau 1979.

Koch, Herbert: Geschichte der Stadt Jena. Stuttgart: S. Fischer 1966.

Kraft, Gisela: Katze und Derwisch. Gedichte. Berlin und Weimar: Aufbau 1985.

Kraft, Gisela: Keilschrift. Gedichte. 1984–1990. Berlin u. Weimar: Aufbau 1992. Zitat S. 202 (»biographie«): © bei der Autorin.

Kunze, Reiner: Am Sonnenhang. Tagebuch eines Jahres. Frankfurt: S. Fischer 1993.

Kunze, Reiner: Begehrte, unbequeme Freiheit. Interviews 1989–1992. Hauzenberg: Edition Toni Pongratz, Nr. 48, 1993.

Kunze, Reiner: eines jeden einziges leben. gedichte. Frankfurt: S. Fischer 1986. Zitat S. 246: © 1986 S. Fischer Verlag GmbH, Frankfurt am Main, dort S. 83.

Laage, Karl Ernst: Theodor Storm. Biographie. Heide: Boyens & Co. 1999.

Lindner, Frank: Das erste Haus in »Salzmanien«. In: Dichter-Häuser, S. 107–116.

Ludwig Bechstein – Ein Lesebuch. Hrsg. v. d. Meininger Museen mit Unterstützung der Sparkassen-Kulturstiftung Hessen-Thüringen. Textauswahl u. Kommentare: Andreas Seifert. Bucha bei Jena: quartus 2001.

Ludwig Bechstein: Dichter, Sammler, Forscher. Festschrift zum 200. Geburtstag. Hrsg. i. A. des Ludwig-Bechstein-Kuratoriums durch das Hennebergische Museum. Kloster Veßra (Bd. 1) und durch die Meininger Museen (Bd. 2). Kloster Veßra, Meiningen, Münnerstadt 2001.

Luther, Martin: D. Martin Luthers Werke. Kritische Gesamtausgabe. (Weimarer Ausgabe). Abt. 1, 18. Bd. Weimar: H. Böhlaus Nachf. 1908.

Mader, Richard: Der Thüringer Wald und die Dichterstädte. Niederhausen: Falken 1990.

Mann, Thomas: Gesammelte Werke. 12. Bd. Berlin: Aufbau 1955.

Martini, Fritz: Deutsche Literatur im bürgerlichen Realimus. 1848–1898. Stuttgart: J. B. Metzler 1972.

Mein Jena lob ich mir. Briefe und Berichte aus fünf Jahrhunderten zus.-gest. u. eingel. v. Ilse Knoll. Hrsg. Stadtmuseum Jena. Jena o.J.

Müller, Herta: »Die Meininger kommen!« – Sonderausstellung in Meiningen. In: Thüringer Museumshefte, Jg. 8. Heft 2/1999, S. 60–64.

Müller-Waldeck, Gunnar u. Roland Ulrich: Neues von Daheim und zu Haus. Erinnerungen an Hans Fallada. Gespräche – Betrachtungen – Dokumente. Hrsg. i. A. d. Hans-Fallada-Vereins Greifswald e.V. Frankfurt: Ullstein 1993.

Münchhausen, Börries, Freiherr von: Das dichterische Werk in zwei Bänden. Bd. 1: Das Balladenbuch. Bd. 2: Das Liederbuch. Stuttgart: Deutsche Verlags-Anstalt 1956.

Müntzer, Thomas: Politische Schriften, Manifeste, Briefe 1524/25. Eingel., komm. u. hrsg. v. Manfred Bensing u. Bernd Rüdiger. Leipzig: Bibliograph. Institut 1970.

Osmann, Gudrun: Fritz Reuters Villa am Fuße der Wartburg. In: Dichter-Häuser, S. 307–312.

Pleticha, Heinrich u. Wolfgang Müller: Kulturlandschaft Thüringen. Würzburg: Herder 2000.

Ratke, Wolfgang: Die neue Lehrart. Pädagogische Schriften. Eingeleitet v. Gerd Hohendorf. Berlin: Volk u. Wissen 1957.

Reitz, Gerd: Ärzte zur Goethezeit. Weimar: Verlag und Datenbank für Geisteswissenschaften 2000.

Roob, Helmut: Deutschlands erster utopisch-wissenschaftlicher Schriftsteller – Lehrer am Gothaer Ernestinum [über Kurd Laßwitz]. In: Dichter-Häuser, S. 361–366.

Roth, Hans: August Trinius, der »Thüringer Wandersmann«, und Waltershausen. In: Dichter-Häuser, S. 345–350.

Rudolstadt – eine Residenz in Thüringen. Hrsg. v. Thüringer Landesmuseum Heidecksburg Rudolstadt in Verbindung mit dem Freundeskreis Heidecksburg e.V. Leipzig: E. A. Seemann 1993.

Saupe, Paul: Johannes Daniel Falk. 1768–1826. Schriftsteller, tätig in gefährlichen Kriegsläuften, Pädagog verwilderter Kinder. Weimar: Tradition und Gegenwart 1979.

Scheffel, Joseph Victor von: Gesammelte Werke in 6 Bänden. Stuttgart 1907.

Schillers Werke. Nationalausgabe. Begründet von Julius Petersen. Weimar: H. Böhlaus Nachf. 1943 ff.

Schlaffer, Heinz: Die kurze Geschichte der deutschen Literatur. München, Wien: Carl Hanser 2002.

Schleif, Walter: Goethes Diener. Berlin u. Weimar: Aufbau 1965.

Schmidt, Kurt: Geschichte der Stadt Waltershausen. Von den Anfängen bis zum ersten Weltkrieg. Bearb. u. erw. v. Sigmar Löffler. Waltershausen 1959.

Schorn, Adelheid von: Das nachklassische Weimar unter der Regierungszeit Karl Friedrich und Maria Pawlownas. Weimar: Kiepenheuer 1911; zweiter Theil: Unter der Regierungszeit von Karl Alexander und Sophie. Weimar: Kiepenheuer 1912.

Schubert, Gerd: Nicht einmal auf der Insel Felsenburg eine sichere Bleibe – Johann Gottfried Schnabels Umzüge in Stolberg. In: Dichter-Häuser, S. 83–90.

Schuchardt, Günter (Hg.): Romantik ist überall, wenn wir sie in uns tragen. Aus Leben und Werk des Wartburg-Kommandanten Bernhard von Arnswald. Regensburg: Schnell und Steiner 2000.

Seidel, Thomas A. u. Volkhardt Knigge (Hgg.): Versteinertes Gedenken. Das Buchenwalder Denkmal von 1958. Bd. 2. Leipzig: Edition Schwarz-Weiß 1997.

Seifert, Andreas: Die liebenswürdige Oberflächlichkeit. Vier Kapitel über Rudolf Baumbach. In: Südthüringer Forschungen 22 (1987).

Seifert, Andreas: Von der wundersamen Belebung eines 200jährigen. Jubiläumsjahr führte zur Wiederentdeckung Ludwig Bechsteins. In: Thüringer Museumshefte. 11. Jg. 2002, Heft 2, S. 63–65.

Selbstauskunft. Sarah Kirsch im Gespräch (August 1993). In: Peter-Huchel-Preis. Ein Jahrbuch, begründet v. Bernhard Rübenak, hrsg. v. Wolfgang Heidenreich. 1993.

Semprun, Jorge: »In den Wind gestreut …«. In: Versteinertes Gedenken. Das Buchenwald-Mahnmal von 1958. Bd. 2. Hrsg. v. Volkhardt Knigge. Leipzig: Edition Schwarz-Weiß 1997. Zitat S. 195–198, dort S. 92. Aus: Jorge Semprun: Was für ein schöner Sonntag. Frankfurt: Suhrkamp 1981. © 1981 Suhrkamp Verlag, Frankfurt am Main.

Semprun, Jorge: Blick auf Deutschlands Zukunft. Rede zur Entgegennahme des Weimar-Preises der Stadt Weimar am Tag der deutschen Einheit 3. Oktober 1995. Mit einer Laudatio von Volkhardt Knigge. Frankfurt am Main: Suhrkamp 1995.

Sommer, Anton: Bilder und Klänge aus Rudolstadt in Volksmundart. Bd. 1. Rudolstadt: Mitzlaff 1886.

Stahr, Adolf: Weimar und Jena. Bd. 1. 2. Aufl. Oldenburg u. Leipzig: Schulze [1892].

Starnes, Thomas C.: Christoph Martin Wieland. Leben und Werk. Aus zeitgenössischen Quellen chronologisch dargestellt. Bd. 3: 1800–1813. Sigmaringen: Thorbecke 1987.

Steiner, Gerhard: Die Sphinx von Hildburghausen. Friedrich Sickler. Ein schöpferischer Geist der Goethezeit. Weimar: H. Böhlaus Nachf. 1985.

Steiner, Walter u. Uta Kühn-Stillmark: Friedrich Justin Bertuch. Ein Leben im klassischen Weimar zwischen Kultur und Kommerz. Köln, Weimar, Wien: Böhlau 2001.

Steinhausen, Klaus (Hg.): Über allen Gipfeln ist Ruh. Literarische Streifzüge durch Thüringen. Halle, Leipzig: Mitteldeutscher Verlag 1990.

Storch, Ludwig: Wanderbuch durch den Thüringerwald. Gotha: Klett 1842.

Taube, Manfred: Die von der Gabelentz – eine Altenburger Gelehrtenfamilie. In: Altenburger Kunst und Kultur im 19. Jahrhundert. Altenburg: Lindenau-Museum 1992, S. 73–77.

267

Thüringen in Wort und Bild. Bd. 1.2. Hrsg. v. d. Thüringer Pestalozziver-
einen. Berlin: J. Klinckhardt 1900.

Thüringen. Ein Reiseführer. Rudolstadt: Greifenverlag 1977.

Trinius, August: Wenn die Sonne sinkt. Thüringer Erzählungen und
Skizzen. Einleitung von Otto Weltzien. Leipzig: Max Herres (1905).

Uhrig, Max-Rainer: Friedrich Rückert und sein Coburger Refugium. In:
Dichter-Häuser, S. 267–274.

Vulpius, Wolfgang: Goethe in Thüringen. Stätten seines Lebens und
Wirkens. Rudolstadt: Greifenverlag 1955.

Wagner, Richard: Sämtliche Briefe. Hrsg. i. A. d. Richard-Wagner-Fami-
lien-Archivs Bayreuth v. Gertrud Strobel u. Werner Wolf. Bd. 2. Leipzig: Dt. Verlag für Musik 1970.

Wangenheim, Inge von: Schauplätze. Bilder eines Lebens. Rudolstadt:
Greifenverlag 1983.

Weigelt, Sylvia: Sängerkrieg auf der Wartburg – Wahrheit und Dichtung.
In: Dichter-Häuser, S. 16–26.

Weimar im Urteil der Welt. Stimmen aus drei Jahrhunderten. Hrsg. v.
Herbert Greiner-Mai in Zusammenarbeit mit Gerhard Hendel, Anne-
rose u. Wolfgang Schröder. Berlin u. Weimar: Aufbau 1977.

Wenig, Ernst Karl: Es sagt aus alten Tagen. Ein neues Thüringer Sagenbuch. Rudolstadt: Greifenverlag 1989.

Weniger, Ludwig: Zur Geschichte der Ratichischen Reformbewegung in
Weimar. In: Mitteilungen der Gesellschaft für deutsche Erziehungs-
und Schulgeschichte. Hrsg. v. K. Kehrbach, Jg. X (1900), Heft 1, S. 23 f.

Werner, Walter: Worte für Holunder. Gedichte. Halle/S.: Mitteldeutscher
Verlag 1974. Zitat S. 113 f.: © Elisabeth Werner, Untermaßfeld.

Wiechert, Ernst: Häftling Nr. 7188. Tagebuchnotizen und Briefe. München: Kurt Desch 1966 [enthält lange Passagen aus Der Totenwald].
Zitat S. 193–195: © bei Langen Müller in der F. A. Herbig Verlagsbuch-
handlung GmbH, München.

Wielands Briefwechsel. Hrsg. v. d. Akademie d. Wiss. d. DDR durch
Hans Werner Seiffert. Bd. 4 und 5. Berlin: Akademie 1979 u. 1983.

Wolff, Jürgen: Literaturreisen im Thüringer Wald. Stuttgart, Dresden:
Klett 1991.

Bildnachweis

Personenregister

Abbe, Ernst 225
Ackermann, Konrad Ernst 82
Aeschylos 213
Alba, Fernando Alvarez, Herzog
  von 231–234
Albertus Magnus 144
Albrecht, Wolfgang 28
d'Alembert, Jean 78
Alexis, Willibald, d. i. Häring,
  Wilhelm 137 f., 142
Andersen, Hans Christian 33,
  185
Anhalt-Dessau, Anna-Sophia,
  Herzogin von 158
Anhalt-Köthen, Ludwig I.,
  Herzog von 66 f., 158
Ansbach, Markgraf von 77
Apitz, Bruno 192
Aquino, Thomas von 144
Arens, Hans 140
Arens, Johann August 171
Aristophanes 50, 166
Arndt, Ernst Moritz 31, 220
Arnim, Achim von 35, 248
Arnim, Armgard von 248
Arnim, Bettina von 248
Arnswald, Bernhard von 28–30
Arouet, François-Marie
  (s. Voltaire)
Attila, König der Hunnen 43

Bach, Johann Sebastian 31, 136,
  162
Bachoff von Echt 182
Bärnighausen, Hendrik 65
Barnay, Ludwig 100, 103 f.
Bartels, Adolf 191 f.
Bartsch, Wilhelm 61
Basedow, Johann Bernhard 70
Batsch, August Johann Georg
  Carl 208
Bauer, Jerry 196
Baumbach, Rudolf 106–108
Bayern, Ludwig I. König von 172
Bayern, Ludwig II. König von 26
Bayern, Kurfürst Maximilian
  Joseph 174
Becher, Johannes R. 58, 225 f.
Bechstein, Johann Matthäus 108
Bechstein, Ludwig 30, 38,
  108–111, 119, 258
Bechtolsheim, Juliane Auguste
  Christine geb. Gräfin Keller
  22, 37, 79
Bechtolsheim, Johann Ludwig
  von 22 f., 37, 79
Bechtolsheim, Karl Emil von 79
Becker, Karl 106
Beethoven, Ludwig van 116, 235
Beitz, Fotoatelier in Arnstadt 139
Berger, Wilhelm 100

Berlepsch, Hans von 21
Berlepsch, Johann von 29
Berlioz, Hector 184
Bertuch, Friedrich Justin 71, 124,
    163, 179, 182 f.
Biermann, Wolf 58
Binswanger, Otto 225, 237
Birkholz, Volkmar 151
Bismarck, Otto von 86
Biterolf, Johannes 14, 16
Bobrowski, Johannes 61, 113
Boccaccio, Giovanni 19
Bock, J. C. 60
Bodenstein von Karlstadt,
    Andreas 45
Bodmer, Johann Jakob 63
Böhm, Franz 226
Böhm, Marietta 226–229
Böner, Johann Alexander 161
Böttiger, Karl August 165
Bolt, Johann Friedrich 69
Bonifatius 142
Brant, Sebastian 47
Braune, Dr. 237
Braunschweig, Erbprinz von 78
Braunschweig, Herzog Heinrich
    von 232, 234
Brecht, Bertolt 196
Brehm, Alfred Edmund 242 f.,
    257
Brehm, Christian Ludwig 242,
    253
Brendler, Gerhard 47
Brentano, Clemens 35
Brentano, Sophie Marie Therese
    166
Brockhaus, Friedrich Arnold 253
Brückner, Gebrüder 104 f.

Bruschall, F. 177
Bruyn, Günter de 111
Buchner, August 67
Büchner, Georg 58, 246
Bucker, Heinrich 109
Buel, Gräfin 79
Buffon, George Louis Leclerc
    Comte de 78
Bülow, Hans von 100
Bürger, Gottfried August 63
Busche, Hermann von dem, gen.
    Pasiphilus 146

Chronegk, Ludwig 100, 104
Christus 47
Cibulka, Hanns 88–91
Cicero 67, 166
Claudius, Matthias 63
Clauren, H., d. i. Heun, Carl 140
Comenius, Johann Amos 157, 205
Cornelius, Peter 184
Coudray, Clemens Wenzeslaus
    171
Cranach, Lucas d. Ä. 149
Crowe, Joseph, Archer 85

Dacheröden, Karl Friedrich
    Freiherr von 150 f.
Dänemark, Friedrich Christian
    Erbprinz von 177
Dalberg, Karl Theodor Freiherr
    von 149, 151
Dante Alighieri 19
Daru, Pierre-Antoine-Bruno,
    Comte 180
Diderot, Denis 37, 76, 78 f.
Dingelstedt, Franz von 154, 184,
    189

Dittrich, Janny 138
Dix, Otto 246
Döbereiner, Johann Wolfgang 208
Doebner, August Wilhelm 30
Dostojewski, Fjodor 193
Dreßler, Roland 11, 137, 199
Dürer, Albrecht 47, 147

Ebert, Friedrich 189
Eberwein, Traugott Maximilian 235
Ebner-Eschenbach, Marie von 241
Eck, Dr. Johann 44
Eckermann, Johann Peter 79, 198 f.
Eckhart, Meister (geb. Hochheim) 144 f.
Ekhof, Conrad 80–84, 162, 257
Engelmann, Richard 190 f.
England, Georg V., König von 39
Epinay, Louise von 76, 79
Erlebach, Philip Heinrich 235
Ernst, Paul 191 f.
Euripides 166

Falk, Caroline Charlotte 181
Falk, Johannes Daniel 180–182
Fallada, Hans 236–238
Ferdinand I., Kaiser 204
Fichte, Johann Gottlieb 41, 70, 166, 208, 214, 217
Fischer, Marthe Renate 240 f., 258
Flemming, Albert Graf von 248
Flemming, Jakob Heinrich von 248

Förster-Nietzsche, Elisabeth 191
Fontane, Theodor 33, 94, 138
Francke, August Hermann 205
Frankenberg, Sylvius Friedrich Ludwig von 86
Frankenstein, Herren von 12
Frankreich, Louis XVI., König von 154
Frankreich, Napoleon I., Kaiser 86, 151, 165 f., 180
Franz, Ellen, geadelte Heldberg, Freifrau von 100, 107
Freiligrath, Ferdinand 139
Frenzel, Karl 76, 106
Freytag, Gustav 32 f., 79, 84–86, 142
Freytag, Philipp 29
Frick, Wilhelm 191
Friedrich II., Kaiser 38
Fries, Jakob Friedrich 208, 221
Friesen, Graf August Heinrich von 76
Fritsch, Ahasverus 234
Fröbel, Friedrich 142
Fürnberg, Louis 89, 113
Fuß, Franziska 225

Gabelentz, Clementine von der 254
Gabelentz, Georg von der 253
Gabelentz, Hans Carl Leopold von der 253
Gabelentz, Hans Conon von der 253
Galliani, d. i. Galiani, Ferdinando 78
Gaskell, Elisabeth 141

Geibel, Emanuel 35
Geipel, Ines 61
Gellert, Christian Fürchtegott 63 f.
Gentz, Heinrich 171
Gerbing, Luise 93
Geske, Sigrid 133, 223
Giseke, Nikolas Dietrich 64
Glaser, Johann Elias 135
Gleim, Johann Wilhelm Ludwig 164
Goebbels, Joseph 193
Göchhausen, Louise von 36, 84
Göring, Johann Christoph 68
Goethe, August von 24, 170, 185
Goethe, Christiane geb. Vulpius 24
Goethe, Johann Wolfgang von 11 f., 21–26, 28 f., 32, 36, 40–42, 49, 51, 70, 78–80, 84, 86, 120, 124–136, 149–155, 160, 163 f., 166–180, 183–185, 188, 190, 192, 194, 198 f., 203, 206–209, 212–215, 222, 224, 226, 235, 239, 255, 257, 259
Goethe, Walther Wolfgang 131
Goethe, Wolfgang Maximilian 131
Göttling, Johann Friedrich August 208
Goetz, Theodor 183
Gorbatschow, Michail 90
Gottfried von Straßberg 18
Gottsched, Johann Christoph 63, 76, 162
Grabowsky 104 f.
Gratius, Ortvinus 146
Griesbach, Johann Jakob 41, 211

Grimm, Baron Friedrich Melchior von 37, 75–80, 87
Grimm, Gottlob Christian 50 f.
Grimm, Hermann 32
Grimm, Jacob 31 f., 110, 201
Grimm, Wilhelm 32, 110
Grimmelshausen, Hans Jakob Christoffel von 72
Gruner, Steuereinnehmer in Ilmenau 129
Gryphius, Andreas 36, 68
Günther, Johann Christian 206 f.
Gumbinner 106
Gundelach, Johann Daniel 135
Gutzkow, Karl 138, 154

Hadwiger, Else 225
Haeckel, Ernst 224
Haller, Frau von 229
Hammer-Purgstall, Joseph von 120
Hardenberg, Friedrich von (Novalis) 14, 18, 31, 214, 216
Hardenberg, Georg Anton von 31
Hardt, Ernst 191
Harsdörffer, Georg Philipp 67
Hartmann von Aue 99
Haupt, Moritz 85
Hauptmann, Gerhard 192, 225
Haydn, Joseph 189
Hebbel, Friedrich 31, 184, 188 f.
Hecker, Jutta 198
Hecker, Max 198
Hegel, Georg Wilhelm Friedrich 49, 208
Heimburg, Wilhelmine 139
Heine, Harry (später Heinrich) 31, 35, 48–51, 154, 172

273

Heine, Max 51
Heinrich III., König 43
Heinrich von Ofterdingen 14–16,
    18, 31, 35
Heinrich von Veldeke 15, 250, 258
Hellgreve, Heinrich 35 f.
Helmershausen, Paul Johann
    Friedrich 172
Helvétius, Claude Adrien 78
Hempel, Gustav 95 f.
Henneberg, Graf von 97
Herder, Caroline, geb.
    Flachsland 24, 173 f.
Herder, Johann Gottfried 23 f.,
    149, 153, 158, 168, 172–176, 179,
    183
Hesse, Hermann 200
Hessen, Landgräfin Dorothea
    von 77
Hessen, Landgraf Philipp von 97
Hessen, Wilhelm IV., Landgraf
    von 98
Hessus, Helius Eobanus 145, 147
Hey, Wilhelm 141 f.
Heyking, Edmund von 249 f.
Heyking, Elisabeth von 248–250,
    257
Heyse, Paul 33, 139
Hiemer, Franz Karl 218
Hirzel, Salomon 85
Hitler, Adolf 191
Hitzig, Julius Eduard 137
Hölderlin, Friedrich 217–219
Hölty, Ludwig Heinrich
    Christoph 63
Hössel, Johann Baptist 165
Hoffmann, Ernst Theodor
    Amadeus 35, 38

Hoffmann von Fallersleben,
    August Heinrich 31, 189 f.
Holtei, Karl von 154, 185
Homer 146
Horaz 166
Huber, Ludwig Ferdinand 175
Huber, Minna 175
Huch, Ricarda 142, 192, 226 f.,
    230
Huchel, Peter 58
Hufeland, Christoph Wilhelm
    38–42, 208
Hufeland, Johann Christoph
    39 f., 153
Humboldt, Alexander von 212 f.,
    215, 257
Humboldt, Caroline Friederike
    von 150
Humboldt, Wilhelm von 150,
    212 f., 215, 257
Hutten, Ulrich von 145–147

Iffland, August Wilhelm 116
Immermann, Karl 185

Jacobi, Friedrich (Fritz) 164
Jagemann, Christian Joseph 165
Jahn, Otto 85
Jean Paul, s. Richter
Jenner, Edward 40
Jens, Walter 140
Jordan, Max 86 f.
Jühlke, Ferdinand 32
Juvenal(is) Decimo Junius 146

Kaiser, Georg 191
Kaiser, Joachim 59
Kalb, Charlotte von 176, 209, 217

Kalb, Karl Alexander von 171
Kant, Immanuel 174
Karamsin, Nikolai 172
Karl der Große 258
Karl V., Kaiser 20, 97, 162, 204,
    232
Kauffmann, Angelika 127
Kauffungen, Kunz von 250–252
Kaulbach, Wilhelm von 31
Kehr, Paul 93
Keller, Gottfried 58, 140, 226, 241
Kerner, Justinus 247
Kertész, Imre 195
Kessler, Harry Graf 191, 225
Kippenberg, Anton 225 f.
Kippenberg, Katharina 225
Kirsch, Reiner 58
Kirsch, Sarah (Ingrid Bernstein)
    57–61, 258
Kirsten, Wulf 61, 108, 199–201
Kisch, Egon Erwin 154
Kisker, Karin 61
Kittel, Angelika 155
Klauer, Martin Gottlieb 183
Klee, Paul 191
Kleist, Heinrich von 58, 167, 225
Klette, Gastwirt in Berlin 106
Klinger, Friedrich Maximilian
    180
Klingsor 14–16, 35
Klopstock, Friedrich Gottlieb 21,
    42 f., 64, 70
Klopstock, Gottlieb Heinrich 42
Klüpfel, Emanuel Christoph 76
Knaus, Ludwig 106
Knebel, Karl Ludwig von 23, 78,
    173, 176, 213, 223 f.
Koch, Gottfried Heinrich 162

Koch, Herbert 205
Körner, Christian Gottfried
    175 f., 208–210
Körner, Dora 116, 175
Körner, Theodor 116, 189
Kollár, Jan 219 f., 222
Kotzebue, August von 70, 154,
    178, 185
Krafft, Johann Heinrich
    (Pseudonym) 129 f.
Kraft, Gisela 202 f.
Kraus, Georg Melchior 183
Krohne, Gottfried Heinrich 36,
    246
Kromayer, Johannes 158
Kühn, Bodo 136
Kühn, Sophie von 216
Kugler, Franz 49
Kunze, Reiner 60 f., 244–246, 258
Kurland, Peter von Biron,
    Herzog von 133
Kurland, Dorothea Herzogin
    von 250

Laage, Karl Ernst 54
La Roche, Sophie von 167
Laßwitz, Kurd 87 f.
Lavater, Johann Kaspar 168, 173
Le Goullon, François René 178
Leibniz, Johann Gottfried 190,
    205
Lengefeld, Caroline von 177,
    209
Lenné, Peter Joseph 32
Lenz, Jakob Michael Reinhold
    63, 179–181, 239
Lessing, Gotthold Ephraim 82,
    162

Lichowsky, Mechtilde Fürstin 225

Lichtenberg, Georg Christoph 63, 83

Lienhard, Friedrich 191 f.

Lietzmann, Walter 88

Lindau, Paul 106

Lindemann, Bernhard August von 255 f.

Lindenschmit, Wilhelm d. Ä. 30

Liszt, Franz 20, 26, 31, 154, 184, 186–188, 190, 199

Loder, Justin Christian 208

Löwe, Werner 65

Logau, Friedrich von 36, 67

Luden, Heinrich 208

Ludwig, Karl 85

Ludwig, Otto 118 f.

Lützow, Adolf Freiherr von 220

Lukian 146, 166

Lukrez 224

Luther, Martin 7, 20 f., 23, 28, 31, 44–48, 97, 143, 145, 147–149, 205, 220, 257

Mackensen, Fritz 191

Mahr, Johann Heinrich Christian 131

Manckenheim (gen. v. Bechtols-heim), Johann Ludwig von, s. Bechtolsheim

Manckenheim, Julian von, s. Bechtolsheim

Mandel, Eduard 49

Manesse, Rüdiger 33

Mann, Thomas 192

Mansfeld, Grafen von 97

Marlitt, Eugenie, d. i. John, Eugenie 138–142

Martial 146

Martini, Fritz 54

Materni, Undine 61

Mathy, Karl 85 f.

Matthisson, Friedrich von 93

Mayfart, Johann Matthäus 145

Meister, Jakob Heinrich 79

Melanchthon, Philipp 48, 97, 220

Mendelssohn-Bartholdy, Felix 119

Menzel, Adolph 106

Merck, Johann Heinrich 23, 163 f.

Mesmer, Franz Anton 40

Methfessel, Albert Gottlieb 235

Meyer, Andreas 72

Meyer, Carl Joseph 122–124

Meyer, Daniel 98

Meyer, Johann Heinrich (»Kunschtmeyer«) 24, 29

Meyer, Hermann 123

Meyerheim, Paul 106

Mickiewicz, Adam 172

Mielitz, Christine 106

Mommsen, Theodor 85

Moscherosch, Johann Michael 36, 67

Moser, Moses 50

Mozart, Wolfgang Amadeus 85

Muche, Georg 191

Müller, Andreas 215

Müller, Friedrich Theodor Johann Heinrich von, Kanzler 185

Münchhausen, Börries Freiherr von 254

Münchhausen, Karl Friedrich
  Hieronymus von 254
Müntzer, Thomas 43–48, 62,
  257
Musaeus, Johann 205
Musäus, Johann Karl August 82,
  110, 178
Mussolini, Benito 191

Nassau-Saarbrücken, Prinzessin
  von 77
Necker, Hans-Dietrich von 237 f.
Necker, Jacques 154
Neidhard 33
Neuber, Friederike Caroline 82
Neuffer, Christian Ludwig 218
Neumark, Georg 36, 68, 159–161
Newton, Sir Isaac 88
Niemöller, Martin 193
Nietzsche, Friedrich Wilhelm
  191, 225, 250
Nikolai, Christoph Friedrich 82
Nonne, C. L. 122
Nordheim, Johann Georg 39

Oesterlein, Nicolaus 33
Österreich, Friedrich II., Herzog
  von 33
Oesterreich, Leopold VII.
  Herzog von 14 f.
Ohlbaum, Isolde 57
Oken, Lorenz, gen. Ockenfuß
  208, 221
Opitz, Martin 36, 67, 159
Osmund, Emanuel 112
Otto II. Kaiser, König 43
Otto III. Kaiser, König 43
Otto, Christian 112

Paulus (Apostel) 47
Peitsch, Peter 245
Perthes, Friedrich 141
Pestalozzi, Johann Heinrich 122
Petrarca, Francesco 19
Pietsch, Ludwig 106
Piloty, Ferdinand 26
Plehn, Ilse 241
Plockhorst, Bernhard 106
Poniatowsky, Stanislaus, König
  von Polen 77
Pougens, Herr 78
Preußen, Friedrich II. König von
  77 f.
Preußen, Friedrich Wilhelm III.
  König von 41, 151
Preußen, Friedrich Wilhelm IV.
  König von 137
Preußen, Louis Ferdinand Prinz
  von 240
Properz 224
Pucheler, Hans 251
Pückler-Muskau, Hermann
  Fürst von 154
Putlitz, Stephan zu 249

Raabe, Wilhelm 58, 138, 241
Rabelais, François 147
Ramann, Christian Heinrich 151
Ratingh de Bercka, Amplonius
  144
Ratke, Wolfgang 156–158, 205
Raupach, Ernst 185
Recke, Elisa von der 250
Regel, Fritz 93
Reger, Max 100
Reichard, Heinrich August
  Ottokar 83

Reinhard, Carl Friedrich von 259
Reinhart, Johann Christian 116
Reinhold, Karl Leonhard 176, 208, 210 f.
Reinmar von Zweter (Zwechtin od. Zwetzen) 14, 16
Reinwald, Wilhelm Friedrich Hermann 115
Reuchlin, Johannes 145 f.
Reuß J. L. Graf Heinrich XVIII. 246
Reuß J. L. Prinz Heinrich XIV. 247
Reuß, Heinrich Posthumus 247
Reuter, Fritz 31–33
Reuter, Gabriele 191
Richter, Daniel 74 f.
Richter, Jean Paul Friedrich 63, 70, 111–113, 167, 173, 179
Richter, Leopoldine Karoline 111 f.
Riemenschneider, Tilman 48
Rieneck, Grafen von 13
Rist, Johann von 67, 160
Ritgen, Hugo von 19, 26
Ritter, Johann Wilhelm 208, 214
Röhrig, Carl 119
Rousseau, Jean Jacques 37, 76
Rückert, Friedrich 120 f., 139
Rubeanus, Crotus, d. i. Jäger, Johannes 146
Rufus, Conradus Mutianus 145
Rußland, Katharina II., Kaiserin von 77–79

Sachs, Hans 47
Sachsen, Adelheid, Pfalzgräfin von 13

Sachsen, Albrecht, Herzog von 251 f.
Sachsen, Ernst Kurfürst von 251 f.
Sachsen, Friedrich der Sanft- mütige Kurfürst von 251
Sachsen Friedrich I. der Weise, Kurfürst von 21, 145, 156
Sachsen, Friedrich III., Pfalzgraf von 13
Sachsen, August der Starke, Kurfürst von 248
Sachsen, Johann der Beständige, Kurfürst von 156
Sachsen, Johann Friedrich der Großmütige, Kurfürst von 97, 204 f.
Sachsen, Margarethe, Kurfürstin von 251
Sachsen, Moritz, Kurfürst von 204
Sachsen-Coburg-Altenburg, Herzog Friedrich IV. von 255
Sachsen-Eisenach, Johann Georg I. Herzog von 35
Sachsen-Gotha, Ernst I. der Fromme Herzog von 72–75, 156
Sachsen-Gotha, Friedrich I. Herzog von 74
Sachsen-Gotha-Altenburg, Ernst II. Herzog von 84
Sachsen-Gotha-Coburg, Ernst II. Herzog von 79, 86 f., 95
Sachsen-Meiningen, Bernhard II. Erich Freund Herzog von 30, 108 f.
Sachsen-Meiningen, Georg I. Herzog von 111

Sachsen-Meiningen, Georg II. Herzog von 99–104, 106 f.

Sachsen-Weimar, Bernhard der Große, Herzog von 255

Sachsen-Weimar, Dorothea Maria, Herzogin von 66, 157 f.

Sachsen-Weimar, Johann Ernst d. J. Herzog von 66

Sachsen-Weimar, Wilhelm IV. Herzog von 67 f., 159 f., 162

Sachsen-Weimar-Eisenach, Anna Amalia, Herzogin von 36, 40, 82, 153, 162–164, 173, 176, 178

Sachsen-Weimar-Eisenach, Carl Alexander Großherzog von 19, 26–28, 30, 184 f., 189

Sachsen-Weimar-Eisenach, Carl August Herzog (Großherzog) von 11, 21–23, 37 f., 40, 77, 84, 126, 128, 131–135, 149 f., 160, 164, 167 f., 170–172, 174–176, 183, 207, 212, 222, 224, 255

Sachsen-Weimar-Eisenach, Constantin Prinz von 84, 164

Sachsen-Weimar-Eisenach, Ernst August, Herzog von 36, 134

Sachsen-Weimar-Eisenach, Carl Friedrich, Großherzog von 185

Sachsen-Weimar-Eisenach, Louise Herzogin von 167, 173 f.

Sachsen-Weimar-Eisenach, Maria Pawlowna, Großherzogin von 26 f.

Sachsen-Weimar-Eisenach, Sophie, Großherzogin von 185, 189

Sachsen-Weißenfels, August Herzog von 67

Salomé, Lou von 225

Salza, Günther von 38

Salza, Hermann von 38

Salzmann, Christian Gotthilf 68–71, 142

Sand, George, d. i. Aurore Baronin Dudevant 141

Sand, Karl Ludwig 179

Sayn-Wittgenstein, Carolyne von 187 f.

Schaarwächter, F. C. 243

Schadow, Johann Gottfried 167

Schardt, Johann Wilhelm Christian von 36

Scheffel, Joseph Victor von 31, 96, 139

Scheffer, Ary 187

Schelling, Friedrich Wilhelm Joseph von 41, 120, 208, 214

Schiller, Charlotte geb. von Lengefeld 177, 209, 212, 235

Schiller, Friedrich 31, 41, 99–102, 113–119, 132, 149 f., 170 f., 173–178, 184, 190, 199, 208–215, 217, 226, 231, 235, 257

Schimmelmann, Ernst Heinrich Graf von 177

Schlaffer, Heinz 18 f., 47, 64, 248

Schlegel, August Wilhelm von 41, 63, 213–215, 217

Schlegel, Carl Wilhelm Friedrich 63, 214

Schlegel, Caroline 214 f., 217

Schmidt, Anna Maria 42

Schmidt, Friederike 222

Schmidt, Maria Sophia 42 f.

Schmidt-Cabanis 106
Schmoll, Georg Friedrich 181
Schnabel, Johann Gottfried
    62 f.
Schönemann, Johann Friedrich
    82
Schopenhauer, Arthur 235
Schopenhauer, Johanna 172
Schorn, Adelheid von 185 f.
Schorn, Henriette von 185
Schorn, Karl Ludwig von 185
Schott, Otto 225
Schottel, Justus Georg 67
Schreiber, Heinrich 14, 16
Schröter, Corona 130, 168, 199
Schubart, Christian Friedrich
    Daniel 63
Schütz, Heinrich 246 f.
Schulz, Friedrich 165
Schwarzburg-Rudolstadt, Graf
    Günther XXXVII. von 231
Schwarzburg-Rudolstadt, Graf
    Heinrich von 231
Schwarzburg-Rudolstadt, Gräfin
    Katharina von (Catarine)
    231–234
Schwarzburg-Rudolstadt,
    Mathilde Gräfin von 140 f.
Schwarzburg-Sondershausen,
    Christian Günther III. Graf
    von 64
Schweden, Gustav, König von 78
Schweden, Ulrike, Königin von
    77
Schweitzer, Anton 162, 164
Schwerdgeburth, Carl August 183
Schwind, Moritz von 14, 19, 26,
    30 f.

Sckell, Carl August Christian 223
Scott, Walter 137
Seckendorff, Veit Ludwig von
    73 f.
Seghers, Anna 155
Seidel, Philipp 22
Seiler, Lutz 61
Semler, Johann Salomo 205
Semprun, Jorge 156, 195, 198
Seuse, Heinrich 144
Seyler, Abel 82 f., 162
Shakespeare, William 99, 104, 119,
    166, 178, 184, 213, 217, 248
Sichem, Christoph van 45
Simrock, Karl 31
Sinclair, Isaak von 218 f.
Sommer, Anton 235 f.
Soret, Frédéric 223
Spalatin, Georg 145
Spielhagen, Friedrich 33
Spieß, August 26
Spranger, Eduard 193
Stade, Heinz 90
Staël-Holstein, Anne-Louise
    Germaine de 153 f., 172
Stahr, Adolf 154
Stark, Johann Christian 208
Starke, Carl Christian 162
Stauffer-Bern, Karl 95
Stein, Charlotte von (geb. von
    Schardt) 11 f., 22, 24, 36 f., 125,
    130, 167, 169, 171, 179, 194, 239
Steinbach, Fritz 100
Stempfel, Henker zu Eisenach 14
Stern, Adolph 188
Sternberg, Ritter von 21
Stettenheim, Julius 106
Stieler, Kaspar 35 f.

Stifter, Adalbert 58
Stockar-Escher, Clementine 27
Storm, Lucie 55
Storm, Theodor 49, 53–56, 58, 139
Streiber, Johann Lorenz 21
Streiber, Maria Sophia geb. Schmidt 21
Streiber, Victoria 21
Streicher, Andreas 115
Studnitz, Baron von 76
Sturm, Julius 247 f., 258
Sunde, Nicolai 53

Tannhäuser 33–35
Tauber, Johannes 144
Teutleben, Caspar von 66–68
Theophano, Königin, Gemahlin Ottos II. 43
Thüringen, Elisabeth von, Heilige 15, 19 f., 99
Thüringen, Hermann I., Landgraf von 7, 14–16, 19, 30, 34, 257
Thüringen, Ludwig der Bärtige 13
Thüringen, Ludwig der Springer, Graf 12 f., 21, 99
Thüringen, Ludwig II. der Eiserne 14
Thüringen, Ludwig IV. Landgraf von 15, 19 f.
Thüringen, Raspe, Heinrich, Landgraf von 20
Thüringen, Sophia Landgräfin von 14
Thun, Baron von 76
Tieck, Ludwig 31, 35, 63, 119, 214

Tischbein, Johann Friedrich August 175
Toskana, Leopold Großherzog von 77
Trebra, Friedrich Wilhelm Heinrich von 135
Treitschke, Heinrich von 8, 85, 139
Trinius, August 30, 93–95

Uhland, Ludwig 188, 247
Urban, Papst 34
Uhrig, Max-Rainer 121

Varnhagen von Ense, Karl August Ludwig Philipp 217
Veit, Dorothea 214
Velde, Henry van de 194
Vergil 147
Verne, Jules 87 f.
Vierling, Johann Gottfried 98
Vogel, Henriette 225
Voigt, Christian Gottlob von 86, 172, 213
Voigt, Friedrich Siegmund 208
Voltaire, François-Marie Arouet de 77 f.
Vulpius, Christiane 170, 172, 208
Vulpius, Wolfgang 125, 130

Wagner, Richard 14, 26–28, 31, 33, 35, 106, 184, 187 f.
Walther von der Vogelweide 14 f., 17 f., 257
Wangenheim, Inge von 7, 238 f.
Weber, Carl Maria von 190
Weigel, Erhard 205

Weigelt, Sylvia 14
Weiß, Johann Christian 42
Weltzien, Otto 94
Wenig, Ernst Karl 35
Werner, Anton von 106
Werner, Walter 108, 113 f.
Wezel, Johann Karl 64 f.
Wichern, Johann Heinrich 182
Wiechert, Ernst 193, 195, 239
Wieland, Anna Dorothea 166
Wieland, Christoph Martin 22,
    37, 63, 65, 70, 82, 149, 154,
    162–167, 172 f., 176, 180, 182,
    209, 257
Wildenbruch, Ernst von 190

Wildenbruch, Maria von 190
Wilhelm, Karl 98
Winckelmann, Johann Joachim
    199
Wolfram von Eschenbach 14–16,
    18, 258
Wolzogen, Henriette von 115 f.
Württemberg, Herzog Carl
    Eugen 115 f.

Xenophon 166

Zeiss, Carl 225
Zelter, Carl Friedrich 132
Zesen, Philipp 67

Ortsregister

Allstedt 44, 45
Altenburg 122, 231, 250, 253,
    255 f., 259
Amsterdam 253
Apolda 23
Arnsgereuth 259
Arnstadt 136–142
Athen 153 f.
Auerstedt 240
Avignon 144

Bauerbach 113–117
Bautzen 64
Bayreuth 111 f., 188
Berka 179
Berlin 25, 41 f., 49, 54, 58, 64, 82,
    86, 93, 95, 104 f., 112, 120, 137,
    150, 153, 176, 202, 225, 237, 242,
    253
Bethlehem 143, 153
Biberach 97
Bonn 49
Braunschweig 64, 162
Bremen 64, 97
Breslau 87, 189
Brotterode 259
Brüssel 110
Brüx 251
Bücheloh 126
Bückeburg 153, 172

Burgau 203 f.

Coburg 93, 104, 111 f., 120, 122
Crossen 246, 248–250

Danzig 160
Darmstadt 174
Dessau 70
Dornburg 88, 222–224
Dorpat 180
Dresden 35, 116, 119, 209, 255
Düsseldorf 49

Ebersdorf 251
Eckartsberga 16
Eichfeld 238
Eigenrode 259
Eisenach 10 f., 15 f., 21–26, 31–33,
    35–37, 43, 79, 168, 259
Eisenberg 251
Eisenberg/Thür. 259
Eisfeld 118 f., 259
Elterlein 251
Erfurt 8, 37, 43, 66, 70, 93, 122,
    142–151, 158, 231, 259
Erlangen 120
Eschwege 43
Ettersburg 169

Florenz 36, 66

Florida 89
Frankendorf 259
Frankenhausen 44, 46
Frankfurt/M. 24, 26, 49, 157, 167,
    255
Frauenwald 126
Freiberg 216, 251
Freyburg 13, 16, 250
Friedrichroda 13, 259

Gera 8, 231, 237, 246 f.
Giebichenstein 13
Göschwitz 247, 259
Göttingen 40, 49, 51 f.
Goldbach 259
Gotha 62, 71 f., 75 f., 79 f., 82–84,
    87–89, 91, 93, 120, 122 f., 141,
    156, 159, 162, 255
Graditz 222
Graz 106, 140
Greiz 244 f.
Grimmenthal 259
Großheringen 152
Grünhain 251 f.

Halberstadt 58
Halle 58, 63, 74, 195, 208
Hamburg 49, 64, 68, 159 f., 176,
    242
Hannover 64
Hartenstein 251
Heidelberg 120, 143
Heilbronn 247
Heiligenstadt, Heilbad 48 f.,
    51–56, 65
Helgoland 189
Henneberg 96, 109, 159, 259
Hersfeld 258

Hildburghausen 8, 122 f., 259
Hohenschwangau 26, 30
Husum 53 f.

Ichtershausen 141
Ilmenau 21, 124–126, 129–134, 152,
    224
Immelborn 259
Isny 97

Jägerndorf 89, 90
Jena 40–42, 66, 98, 120, 125, 152,
    158, 170, 176–178, 203–215,
    217–227, 230 f., 234, 238, 240,
    242, 247, 255, 257
Jerusalem 188, 246

Kairo 202, 249
Kalkutta 249
Karlsruhe 248
Kelbra 158
Kesselsdorf 200
Kiel 41, 159
Kindelbrück 259
Kochberg 88, 179, 239
Köln 143 f., 146
Königsberg (heute Kaliningrad)
    159 f.
Köstritz, Bad 246 f., 259
Köthen 158
Konstanz 97
Krakau (heute Kraków) 140
Kranichfeld 106, 108, 158
Kreuzberg/Oberschlesien 84
Kulmbach 111
Kunitz 220

Langensalza, Bad 38–43, 159

Leina 141
Leipzig 41–44, 58, 64, 83–88, 90, 96, 106, 109, 140, 148, 168, 236
Lemberg (heute Lwòw) 140
Leutenberg 95, 241
Lichtenhain 204
Liebenstein 259
Limlingerode 57 f., 61
Lindau 97
Linz 140
Lobeda 222
Lobenstein 259
Löbichau 250
Ludwigsburg 217
Lüneburg 159

Magdeburg 97, 158 f.
Mainz 142, 148, 150
Manebach 133
Mannheim 115 f., 209
Mansfeld 46, 147
Marburg 20
Martinroda 125, 129
Masserberg 95
Meiningen 99 f., 105–108, 110–114, 116, 118 f., 247, 259
Meißen 119 f., 200
Memmingen 97
Merseburg 93
Miehla 259
Möhra 259
Molsdorf 259
Moskau 180
Mühlberg 97, 232
Mühlhausen 8, 43–46, 48, 62, 68, 259
München 25, 109, 119, 225

Naumburg 250
Neapel 128
Nemes-Cro 64
Neuschwanstein 26
Neuses 120 f.
New York 249
Norderney 51
Nordhausen 8, 10, 56 f., 62 f.
Nürnberg 96, 122, 160

Oberroßla 167
Ofen (heute: Budapest) 219
Orlamünde 200
Oßmannstedt 166 f., 259
Osterode 48

Paris 37, 75–77, 110, 144
Passau 244
Pavia 41
Peking 249
Petersburg St. 65
Pforta 42
Poschwitz 253
Posterstein 250
Potsdam 32, 54, 56
Prag 143

Quedlinburg 42, 64

Ratibor 87
Renthendorf 242 f.
Reutlingen 97
Rom 148
Rudolstadt 35, 158, 177, 209, 231, 234, 236–240
Ruhla 95

Saalfeld 240 f., 259

Salzungen 259
Schirnrod 259
Schkeuditz 93
Schleiz 247, 259
Schleusingen 124, 159, 259
Schlotheim 43, 259
Schmalkalden 96 f., 99, 204
Schneidemühlen 203 f.
Schnepfenthal 68–70, 93
Schönberg 230
Schweinfurt 120
Seligenthal 259
Siebleben 79, 84–87
Siebenlehn 200
Sömmerda 66, 68
Sondershausen 8, 63–65, 140, 231
Sonneberg 122
Speyer 97
Stedten (bei Erfurt) 37
Steinbrück 259
Stolberg 62 f.
Stotternheim 148
Straßburg 97, 144, 173
Stützerbach 125, 133–136
Stuttgart 115 f.
Suhl 124

Tambach 144
Tannenfeld 237
Tannroda 259
Tautenburg 225
Tenneberg 93, 96
Tennstedt 39 f., 259
Tharandt 209
Thorn 160
Tiefurt 169, 176, 259
Tielenhemme 58 f.

Töttelstedt 141
Torgau 156, 222
Traunstein 64
Triest 107
Trockenborn 259
Tübingen 218

Uhlstädt 240, 242
Ulm 97
Untermaßfeld 113
Urbach 259

Vachdorf 113
Valparaiso 249
Venedig 249
Versailles 75 f., 189
Veßra 122
Volkstedt 235

Waffenrod 259
Waltershausen 68, 93–95, 217
Wandersleben 139, 259
Wangenheim 259
Wartburg 10, 13 f., 16, 19–31, 37, 79, 192, 220 f., 250
Wasungen 259
Wechmar 259
Weimar 25, 27, 35 f., 40, 45, 66, 68, 82, 84, 108, 149, 152–156, 158–160, 162–166, 168–172, 174–176, 178–180, 184–190, 192, 194, 198–201, 203 f., 209, 213, 222–224, 226, 231, 238 f., 257, 259
Weißenfels 216
Weißensee 16
Wengersgereuth 259
Wenigenjena 212

286

Wenigensömmern 65, 68
Wesselburen 188
Wiegleben 259
Wien 15, 33, 65, 75, 120, 140, 143 f.,
  189, 203, 235
Wiesbaden 87
Wildungen 106
Wilhelmsthal 12, 22 f., 37 f.
Windischleuba 254
Winsen 159
Wittenberg 44, 148, 156, 204
Worms 20

Wöhlsdorf 240
Wörlitz 169
Würzburg 106, 120, 122
Wurzbach 95

Ziegenhain 221
Zielenzig 240
Zittau 188
Zürich 79
Zwätzen 203 f.
Zwickau 44, 251 f.
Zwötzen 259

Georg Stefan Troller
Dichter und Bohemiens
Literarische Streifzüge
durch Paris
240 Seiten mit zahlreichen
s/w-Abbildungen und
zwei Registern. Gebunden
ISBN 3-538-07149-7

Vor über 40 Jahren berichtete
Georg Stefan Troller zum
ersten Mal aus der berühm-
ten Kulturmetropole – seine »Pariser Journale« sind legendär.
Abermals macht sich der Fernsehjournalist, Dokumentarfilmer
und Autor nun auf den Weg und durchstreift die Stadt auf den
Spuren der großen Dichter und Künstler. Entstanden ist ein ein-
drucksvolles Porträt, das von den aufregendsten Orten, Büchern
und Menschen anekdotenreich und atmosphärisch erzählt.

»Trollers literarische Streifzüge sind die Fortsetzung des
›Pariser Journals‹ mit den Mitteln der Erinnerung.«
Süddeutsche Zeitung

»Es ist das beste Buch über Paris dieser Art, das es gibt.«
Gero von Böhm

Die Reihe Literarische Streifzüge wird fortgesetzt.

Rüdiger Görner
Londoner Fragmente
Eine Metropole im Wort
Literarische Streifzüge
200 Seiten mit zahlreichen
s/w-Abbildungen und
zwei Registern. Gebunden
ISBN 3-538-07171-3

Auf zehn Streifzügen durch die interessantesten Stadtviertel
Londons entfächert Rüdiger Görner sein literarisches Panorama
der britischen Hauptstadt: Shakespeare, Heine und Hogarth am
südlichen Themseufer in Southwark, Virginia Woolf und Lady
Ottoline Morell in Bloomsbury, Blake und Trollope in Westmin-
ster, die Carlyles in Chelsea, John Keats im schönen Hampstead,
Bacon und Hanif Kureishi in den Londoner Suburbs und viele
andere. Leicht und klug erzählt entsteht ein bestechendes Porträt,
das Stadt, Literatur und Geschichte zu neuem Leben erweckt.

Die Reihe Literarische Streifzüge wird fortgesetzt.